本著作系 2018 年国家社科基金教育学一般项目
"中美高校创客空间培育路径的比较研究"（BDA180028）的重要成果。

"创新创业教育生态系统研究"丛书

培育未来的智造者

高校创客空间的理念逻辑与运行机制

王志强 等 著

社会科学文献出版社
SOCIAL SCIENCES ACADEMIC PRESS (CHINA)

"创新创业教育生态系统研究"
丛书总序

　　大学，作为有着上千年历史的知识型组织，其内在理念和表现形态已经发生了多重嬗变：从以培养人才、传承文化为使命的古典大学到洪堡时代的教学与研究相结合的大学，到致力于服务社会的具有"威斯康星理念"的大学，再到"二战"结束之后以美国西部斯坦福大学等为代表的创新创业型大学和以加州大学等为代表的多元巨型大学，直至今天全球大学的出现……大学在不同时代理念变化与功能扩展的历史过程，同样也是大学从封闭走向开放、从精英走向大众、从传统走向未来的历程。大学作为教育机构，其不变的使命是培养人才，但经济社会的发展赋予大学越来越多的使命和功能。今天，大学成为构造区域/国家创新创业生态系统的基础性和制度性的主体之一。在这一多元主体协同合作、"知识—技术—市场"多维聚合、全球化扩张与区域化特色发展共行的过程中，大学应该通过何种变革来融入更广阔的创新创业生态系统之中呢？大学变革所遵循的理念逻辑及现实路径又是如何表现的？王志强教授主编的"创新创业教育生态系统研究"丛书以广阔的研究视野、具有一定深度的理论创建和来自多年实践探索的宝贵经验，试图为我们找到上述问题的答案。

　　首先，该丛书深度阐释了"创新驱动发展"阶段经济社会变革的趋势以及大学面临的种种挑战，提出了大学变革的三重维度。创新驱动发展战略是党和国家顺应时代发展趋势和我国经济社会转型需求提出的重大国家战略，这一发展战略描绘了我国中长期社会变革和经济转型的核心领域与关键特征。王志强教授认为，"'创新驱动'的社会必然是一个从封闭的创新链到开放的创新生态系统、从分布式创新到集群式创新、从层级组织到蜂巢组织的多维度变革体系"，具体到大学这一社会组织体，推动其变革的内在理论逻辑来自知识生产模式演进的新变化，即知识生产模式从"大学—企业—政府"三螺旋系统发展为"大学—企业—政府—公民"的网络模式。王志强教授这一理论上的分析准确地指出了大学等教育机构构建创新创业生态系统的逻辑起点。在此基础之上，他提出了"创新驱动"阶段我国大学变革的三重维度：在理念维度上，大学必须从当前的经济话语体系回归到作为知识主体的学习话语体系；在结构维度上，大学要完成从知识创造主体向知识扩散主体的身份转型；在制度维度上，促进大学创新的外部规范与引导是关键的制度性安排。

其次，该丛书在全球视野之下考察世界各发达国家（地区）大学参与构造创新创业生态系统的主要路径与政策支持体系。国务院印发的《关于大力推进大众创业万众创新若干政策措施的意见》明确提出要"构建创业生态，建设创业创新平台"。"创新创业教育生态系统研究"丛书在大范围比较研究的基础之上，对美国、欧盟、英国等国家（地区）、组织的创新创业教育生态系统的结构与功能进行了完整的理论分析，以大学在生态系统中的主体功能建构为主线，从创新创业文化培育、师生共创的创新创业活动、基于技术转移的知识创新创业制度、产学研协同创新机制等不同维度分析了大学内部创新创业教育生态系统的关键领域及主要特征，特别是对近年来大学内部出现的创客教育、STEMA 教育的价值内涵进行了深度剖析，完善了创新创业教育的理论基础。

王志强教授对创新创业时代大学变革的研究进行了诸多富有洞见的思考，进行了既具有理论创新，又体现全球视野和本土实践特色的研究探索。作为一名高等教育领域的研究者，他既有扎实的学术基础和广博的研究视野，又有在指导和孵化大学生创新创业项目上的多年经验，同时还负责全校层面创新创业教育体系的实施，这些优势的集合使得他的成果能够很好地将学术性与思想性、理论性与实践性有机结合在一起。这对于一名年轻的教育研究者来讲，实属可贵。我希望他能够锲而不舍、砥砺前行，在未来的学术研究道路上做出更多高质量、有影响力的学术成果。

　　是为序。

瞿振元

国家教育咨询委员会委员

中国高等教育学会会长

2016 年 12 月

序

  创客运动成为变革传统教育、培养学生创造能力与创新精神的一股浪潮。全球范围内的创客运动方兴未艾，承载创客精神与创客思维的创客教育，也对世界各国的教育体系产生了影响。创客教育近年来的蓬勃发展，其基础绝不仅仅是技术层面的扩散，而更多地体现了文化对人的塑造作用。创客文化在本质上就是一个崇尚"玩"的过程，创客教育在其本真层面上所体现出来的，无非就是一种放松、惬意、自由的文化氛围，强调手脑兼用、知行合一的实践文化，与他人共同创造、共享快乐的分享精神，接受变化、允许失败和批评的包容态度——这些才是创客教育能够在短短几年时间里迅速地被许多国家和地区的青年群体所接受和喜爱的根本原因。教育创客空间在不断现代化和标准化过程中，其价值取向逐渐由技术创新和产品创造价值走向社会服务价值，逐渐强调培养人的创客精神和创造能力，创客教育功能得到进一步凸显，完全以兴趣为导向进行创新创造的创客团队在历史的潮流中逐渐消失，一种兴趣与社会需求相结合的创客文化正在形成并成为创客空间的主流文化。

  正是在这样的背景下，创客运动、创客教育及关于创客空间的研究成为近年来我国教育理论研究与实践探索中的热点领域。王志强教授的新作《培育未来的智造者：高校创客空间的理念逻辑与运行机制》，就对创客空间的教育价值意蕴与现实实践路径展开了全面而富有深度的研究。

  作为一种激发和培养学生创造性人格、融合多学科知识与新技术的创客空间，其内在的教育价值与秉持的理念核心到底是什么？这是研究创客空间绕不开的第一个问题。王志强教授对该问题进行了深入的学理阐释。他认为，"创客教育强调分享，强调学生快乐体验的获得，这是创客教育的核心理念之一"。"创客教育重视与学生生命体验的共同成长。学生浸润在这一过程中的时间越长，创客教育对其创造潜能的激发就越持久，影响也就越深远。因此，创客教育应该是一个伴随学生不断成长的过程，而这一过程则充满着快乐的满足、对未知的探索以及与他人的合作分享。"可以说，上述表述精准地分析了创客教育的本质特征，也勾勒出了创客空间所应该呈现的教育形态。创客并非为了物质的激励而进行实践，他们非常执着于自己所动手创造的事物——即使这个事物或这个项目没有所谓的商业价值，也依旧无法减少他们在创造过程中所得到的欢乐。教育创客空间的价值意蕴即建基于此。

在分析了教育创客空间的价值意愿与核心理念之后，王志强教授从组成创客空间的多个维度——空间、技术、结构、课程，对创客空间的内在逻辑与核心特征展开了深度分析。他选取美国的部分高校，对创客空间及其附带资源、学校学术课程整合实践进行了研究，特别是对体现在创客空间中的创客课程形态及其学习机制进行了颇有创新性的研究。他对耶鲁大学、加州大学伯克利分校、富兰克林欧林工程学院三所高校的课程进行整合发现，尽管三所高校的课程整合方式不尽相同，但整合后的课程类型基本可以归纳为入门课程、基础课程、核心课程、高级课程及拓展课程五个逐步递进的课程形态。而由于每类课程所需要的关键因素和追求的核心素养存在差异，其形成的学习机制也有所不同。分层分类的课程形态和灵活的学习机制不仅高效利用了创客空间及其资源，增强了学校传统学术课程的活力，而且它在学生跨学科知识习得的基础上对其自主学习意识、高阶思维能力和知识迁移能力的培养具有不可估量的意义。该书对我国高校利用创客空间资源进行课程整合并创新学习机制具有一定启示和借鉴意义。

作为我国教育理论研究领域优秀的中青年学者，王志强教授近年来专注于创新创业教育、创客教育、STEM 教育的理论与实践研究，综合运用多种比较研究和历史研究的方法，对上述领域展开了持续的、深入的研究与分析，产出了一批具有代表性的学术成果。这充分体现了他作为一名青年学者所具有的敏锐的学术洞察力、开阔的研究视野、多元化的研究方法及鲜明的问题意识。我与王志强教授有着数面之缘，深感他在教育研究中理论功底扎实，同时也有较为丰富的实践工作经验，这对于年轻的教育理论研究者来说是难能可贵的。我希望他能够在未来的学术研究道路中持续地对这一主题进行更加深入的研究，取得更为丰硕的成绩。

是为序！

刘宝存

北京师范大学国际与比较教育研究院

2021 年 12 月

目　录

第一章　创客教育的内在价值及其核心理念

第一节　从全民消费到全民创造：创客运动的兴起

一　创客的兴起及其精神内核

随着移动互联网时代的到来以及 3D 打印技术、智能制造技术、开源硬件（Open Source Hardware）平台的迅速发展，"创客运动"（Maker Movement）正在成为一股席卷全球的变革力量。创客源自英文单词"Maker"，原意是指"创造者"。现在，创客被广泛指代那些能够利用 3D 打印技术和开源硬件平台，迅速地通过互联网进行学习和创造，将自己层出不穷的创意和想法转化为现实、勇于创新的一群人。[①] 创客这个群体最早出现在美国绝非偶然，它不仅仅是 20 世纪 80 年代以来技术消费主义和"黑客"（Hacker）思潮的产物，其思想来源甚至早已潜藏在美国国家形成的历史文化背景之中。《创客》（*Maker*）杂志的创始人戴尔·道尔特（Dale Dougherty）认为"创客是一群富有创造性的、创新精神的，能够产生源源不断的新发明和具有合作精神的人，他们看待事物的角度有所不同，而能够善于利用技术实现创意的他们，将是未来新一代的科学家、工程师、发明家"。[②] 创客将技术看作实现自己个人理想和满足内心创造欲望的工具，他们喜欢探究事物的

---

① 李凌、王颉：《"创客"：柔软地改变教育》，《中国教育报》2014 年 9 月 23 日，第 5 版。
② New York Hall of Science，"A Blueprint：Maker Programs for Youth，" http：//nysci．org/wp - content/uploads/nysci_ maker_ blueprint．pdf，2015 - 5 - 13．

构成、事物运行的内在机理，并在此基础上探讨如何进一步地改进它、完善它，或者说，在全新的方式之下使用它。创客是非线性思维的思考者、富有好奇心的发明者和问题解决者。白宫科学与技术政策办公室副主任托马斯·凯利认为，创客运动"发端于创客群体自身——这是一群依靠创意和想法来制作、发明、改进、进行问题解决、探索和分享内在荣誉的人"。[①]

在创客们看来，自己不仅仅是工业生产和产品设计的最终消费者——自工业革命以降，人类社会就被分为生产者与消费者两大阵营，他们彼此之间唯一的纽带就是基于需求满足的利益竞合关系。在消费主义盛行的时代里，"用户体验""标准化生产""流程控制"等概念成为构建工业文明中人与人之间关系格局的基本概念。伴随互联网的出现，每个人不再是精神产品和物质产品的消费者，他们同样也是创造者，创客的理念正是建基于此。创客们所具有的充沛精力和旺盛的探索意愿成为推动他们创造新事物的内驱力，特别是通过原型设计和在线分享等交互体验方式寻求对创造感的满足。与传统的工业文明所孕育的手工业者相比，虽然二者都是一种以实践动手为主的活动，但支撑传统手工业者实践活动的原动力来自自身生存的经济利益，而支撑创客各种实践的原动力则来自物质产品极大丰富和社会经济达到较高阶段后的自由意志探索。简言之，创客并非为了物质而进行实践，他们会非常执着于自己所动手创造的事物——即使这个事物或这个项目没有所谓的商业价值，也依旧无法减少他们在创造过程中所得到的快乐。与传统手工业者相比，创客更加开放与包容，他们愿意吸纳任何对创造感兴趣的人或群体，他们也愿意为新创客们提供各种支持，这种建立在共同兴趣之上的相互激励与支持，构成了创客群体内生发展和演进的循环系统。

二　创客运动的技术与环境基础

自 2000 年以来，技术发展已经大大降低了 3D 打印技术的成本，移动互联网的繁荣使人们在线实时交流更加频繁和有效。更重要的是，上述技术进

---

① Martinez et al. , *Invent to Learn: Making, Tinkering, and Engineering the Classroom*, California: Constructing Modern Knowledge Press, 2015, p. 74.

步不是来自工业，而是来自学术研究者和狂热兴趣者的活动，他们的首要目标是利用这些技术制作出各种新颖的成型产品，基于开源平台的自主设计与创新，随后在以互联网为平台的社群之中进行广泛扩散。正如媒体所描述的那样，创客运动使得"无论是作为业余爱好者还是作为专业人士，创客都是富有创造性的，具有好奇心的，能够使用资源实施项目展示他们如何与周围世界互动"。① 创客运动遵循着三大原则：第一，人们使用桌面工具设计新的产品；第二，人们通过互联网在创客社群中进行合作，免费分享这些设计；第三，人们使用标准化文档设计，以利于个体将自己的设计发送到工厂。

此外，开源硬件的出现及低成本化趋势也促使创客运动朝着更为广阔的空间发展。由个体组成的在线社群则通过免费交换信息和协作进行创造活动。开源硬件平台体现了开放设计的理念——人工制品的核心组成部分及其设计信息的过程可以由终端用户便捷地获取——无论其地理位置、社会和经济水平如何。只需要通过互联网连接，地球上任意地方的人们都可以在任意时间进行创造性的实践合作。迭代设计的理念则构建了渐进式创新与协同创新的意义，将过去那种在封闭的知识组织中才能够进行的创新转化为开放式的、民主化的参与过程。

三　创客运动的发展现状

创客运动方兴未艾。目前全球的创客空间（Maker Space）已超过 1400 个，而创客空间数量的增长速度仍然保持着上升趋势。各种类型的创客活动，如创客嘉年华（Maker Faire）、创客节、创客工坊、创客社区也层出不穷，它们向人们展示着创客的理念、创客的设计、创客的产品，从而吸引了更多的人对创客产生兴趣。3D 打印技术和以 Arduino 为代表的开源硬件平台提供给了人们更便宜、更便捷的原型设计和产品制造元素。《创客》杂志认为创客运动的流行将为社会提供一种类似于火箭发射的推动力，使人类社会中最有创造力的、对技术有着狂热兴趣的人获得高度的满足感和成就感。②

---

① Makermedia, "Leading the Maker Movement," http：//makermedia. com，2015 - 4 - 20.
② Maker Education Initiative, "The Maker Education Initiative's Mission," http：/ maker. org / about - us /mission，2015 - 4 - 17.

今日的创客运动已然发展成为一种社会运动，它在利用互联网联结全球不同国家、不同文化的人群时，也在纵向的时间维度上将过去、现在与未来相连接。

克里斯·安德森（Chris Andersen）在《创客：新工业革命》（Makers：The Industrial Revolution）一书中认为，创客不仅具备接受技术挑战和将创意转化为现实的能力，更重要的是他们拥有一种首创精神、实践精神以及与他者分享和交流的价值观。① 互联网时代的到来使得人类的创新理念与创新产品可以得到实时的分享与交流，也激励了更多的人加入创客的行列。在这种背景之下，美国、英国等发达国家出现了众多的创客空间——具有加工车间、工作室功能的开放的实验室，创客们可以在创客空间里共享资源、创意、技术、知识，并通过协作和基于项目的实践来实现各种天马行空的创意。实践革新技术、发展新的生产工具是人类文明不断进取的原动力，而进行创造的冲动则是这一原动力最核心的那个"原点"——以这一原点为核心所产生的各种思想与知识"爆炸"使得人类大脑中的创新潜力得到激发。今天，互联网时代的到来使人与人之间的迅捷沟通成为可能，3D 打印技术、机器人技术、开源硬件平台、可穿戴设备、交互式电子设备、可拆解材料——这些正在实现或即将实现的技术变革使得个体第一次在现实世界中拥有了充分发挥自身创造潜能的机遇。对于青少年来讲，他们正处在最具有创造力的阶段，而充分利用上述工具能够实现他们自己的各种疯狂想法。免费与分享是互联网最核心的精神，在今天这个时代，任何人都可以利用、改进、分享这些工具，讲解创造的过程，分享创造的喜悦与经验，从而通过虚拟世界中的在线合作解决现实生活中的种种难题。

第二节　当创客遇见学校：美国创客教育兴起的背景及其现状

一　美国社会对创客教育的支持

2009 年 11 月，美国总统奥巴马在"教育创新"（Educate to Innovate）

---

① 〔美〕克里斯·安德森：《创客：新工业革命》，萧潇译，中信出版社，2012，第 5 页。

大会上的发言中呼吁"每个学生都应该成为创造者，而不仅仅是消费者"。这体现了创客运动与教育的融合已经引起了社会各界的关注，通过跨学科、重实践、充分利用各种新技术和新方法来促使每一名学生从知识的消费者转向知识的创造者，成为美国教育改革浪潮中的一股新力量。同年，在奥巴马访问匹兹堡的 Techshop 创客空间之后第二天举办的嘉年华邀请了超过 25 个州的 100 多位创客参加，展示超过 30 个产品。随后，奥巴马在白宫举办了创客嘉年华活动，奥巴马在这次活动中与创客、企业家、媒体人、教育工作者共同出席，这表明了创客运动已经引起了美国高层的重视，甚至将创客教育（Maker Education）视为美国制造业复兴的基础性工作之一。奥巴马提出美国政府要在未来一段时间制定一系列的政策，推动创客运动的发展，为创客产品的商业化模式提供必要的资源与政策支持。最近几年来，包括商务部、联邦教育部在内的多个联邦政府机构以及 Intel、Autodesk、Disney、Etsy、Kickstarter、Indiegogo 和 Local Motors 在内的众多创新型企业也开始为全美各地的创客社群提供技术、资金等支持。有超过 150 所大学和学院建造了不同类型的创客空间，启动了一系列的创客项目。

2012 年美国政府开始启动"创客教育计划"（Maker Education Initiative，MEI），该项目由创客运动的发起者、《创客》杂志创始人戴尔·道尔特作为首席负责人。该计划旨在激发学生的创造天赋，培养他们的自信心和动手实践能力，使每一个学生都有可能成长为创客。该计划目前正在对传统的中小学进行设计与改造，大力推动创客空间和各种类型的创客项目发展，最终推进美国中小学创客教育的繁荣。美国的创客教育正在试图将学校内教育与学校外教育连接起来，构建无所不在的创客空间，为所有孩子发挥创意提供公平的机会和自由的环境。

创客运动的盛行以及迅速融入学校教育的趋势激发了美国学生的想象力，培养了他们面对未来工业 4.0 时代所需要的技能和创造力。创客教育所营造的团队协作与动手实践过程不仅提升了学生的创造力、问题解决能力、沟通协作能力和自我表达能力，也有力地支撑了 K-12（学前教育至高中教育）阶段 STEM 教育的实现方式。除了"创客教育计划"之外，目前，美国联邦教育部也启动了"Make Over"计划，该计划将在全美 K-12

阶段的各类型学校中建造更多的创客空间，对现有学校的职业与技术教育课程（CTE）进行重新设计，融入创客的理念和实践经验。此外，联邦教育部还与企业、非政府组织等合作，引入"职业和技术教育克服挑战"（Career and Technical Education Make Over Challenge）项目，在全美范围内的高中将职业生涯教育与创客教育相融合，提供专业发展指导、技术保障、信息合作网络等支持。联邦教育部的另一个项目"通过 21 世纪社区学习中心进行创客"（Making through the 21st Century Community Learning Center，21st CCLC）则是专门针对 K-12 阶段学生的暑期活动，利用图书馆、博物馆、科学夏令营等多种形式进行创客教育的实践，并将实施重心放在如何将创客教育与 STEM 教育有机融合上。目前，全美已有超过 10 万名学生参与了该项目。

二 创客教育与学校传统教育模式的融合

自 2013 年以来，美国有超过 20 个州的 K-12 教育机构开始投入资金和资源建造创客空间或创新实验室（Fab Lab）。这些创客空间一般配备了各种制作工具和材料（如螺丝刀、硬纸板、米尺、3D 打印机、机器人配套元件、平板电脑、笔记本等），还有用于演示交流的交互式墙体以及储物箱，鼓励学生以团队形式开展基于项目的探究式学习，综合应用多种学科知识，解决现实生活问题。合作实验室开展的每个项目都遵循规范的流程，包括：发现问题、头脑风暴、设计方案、动手制作、测试优化、分享作品。阿尔比马尔社区公立学校的校长帕姆·墨兰认为，"创客运动以技术和互联网为节点，重新将社区与学校有机地衔接在了一起，唤醒了每一个人身上所蕴藏着的创造性潜力"。[①] 弗吉尼亚大学STEM 领域的学者格兰·布尔教授则认为目前的创客运动"是由更加便宜和迅捷的技术所支撑，无论是在成本方面还是使用的便利性方面，这一运动都有利于学校教育的发展，从而推动创客文化在中小学之中

---

① Maker Education Initiative，"The Maker Education Initiative's Mission," http：//makered. org / about - us /mission，2015 - 4 - 17.

的发展"。① 纽约市的玛丽蒙特学校所建造的创客空间 DEC 就是一个典型的例子。这所位于曼哈顿区的私立学校率先在全美进行了创客空间的尝试，他们认为推广创客文化以及将创客运动与学校传统教育模式相融合的最佳方式无异于建设自己的创客空间，让学生参与到整个过程之中，从而最大限度地激发他们对创客运动的兴趣。

　　一些受资源限制暂时无法创建创客空间的学校则采取了改造传统教室和图书馆的做法，使之能够发挥创客空间的部分功能。在这样的创客空间里，学生可以通过移动互联网搜索和分析创意所需，教师则扮演了创客导师的角色，指导学生利用 3D 打印设备和开源硬件平台进行相应的创造活动。每一名学生全身心地投入创造各种新鲜有趣的产品之中，这样的创客空间在于激发每一名学生的创造潜力。X - space 由加州伯克利的瑞尔姆特许学校（Realm Charter School）建造。该校校长认为，X - space 的功能不仅在于为学生提供一个发挥想象力和创造力的场所，还可以"对学校的课程体系进行改造，融入现有的 STEM 课程体系，通过课程之间的融合促进学生学习质量的提升"。② 当然，创客空间的设计并非为了满足学校中某一部分学生群体的需要，而是为全体学生创设了一个自我发展的契机，特别是创客教育中对技术、设计、创意的追求，使其成为推进 STEAM 教育最有效的路径。创客教育也很好地与科学、技术、工程、艺术、数学（STEAM）教育进行了融合。在创客的过程中，艺术的设计与创造的产生同等重要。创客教育不仅鼓励学生有创造性思维、批判性思维和实践精神，也非常重视对学生审美观念的塑造。将二者结合起来才能够有效激发学生对 STEAM 课程的关注，提高他们学习上述课程的积极性。2010年总统科学与技术咨询委员会的报告就认为"STEAM 教育的关键并非美国学生缺乏对知识的精通与熟练，而是缺乏对 STEAM 领域的兴趣。未来的经济发展与就业创造依赖我们创新的能力，创客运动展示了如何激发

① G. Stager, S. Martinez, "The Maker Movement: A Learning Revolution," http：//www. iste. org /learn /publications /learning - leading /issues/featurethemakermovementalearningrevolution, 2015 - 3 - 21.

② Suzie Boss, "Make the Most of the Maker Movement," http：//www. edutopia. org/blog/make - most - maker - movement - suzie - boss, 2015 - 5 - 12.

创新的激情和个人的内在驱动力"。① 这一观点也得到了相关研究的证实，创客教育可以明显地提升学生对 STEAM 课程的参与兴趣，也正是这种参与者的兴趣能够维持较好的学习质量和学习体验，并最终激励学生愿意去学习 STEAM 课程中更有难度和挑战性的知识内容。保尔·巴金斯在 2012 年的一份研究报告中认为，受到创客教育影响的学生群体中，有 34% 的人群科学课程的平均成绩接近于大学科学或工程学院一年级学生的水准，其他没有参与创客教育的学生，只有 19% 能够达到这一水准。②

现代学校教育体系中一个最核心的支柱即班级授课制，当我们考察这一制度形成的历史背景时，可以看出大工业生产时代的需求对建立此种制度的巨大影响。随着知识经济时代的到来，或者更准确地说，在一个以知识密集型的产业发展为主导的时代，社会发展所需要的劳动力不仅要具备静态的知识存量，更重要的是具备"学会做事"的知识增量，这必然要求学校教育强调学生学习知识、利用知识、改进知识，甚至是创造知识。传统的班级授课制显然无法做到这一点。移动互联网、3D 打印技术以及开源硬件平台的兴起使创客教育成为可能，这也有力地推动了学校教育的变革。创客教育意味着学校所培养的学生一定是爱玩的学生——基于自己的兴趣与天赋潜能，他们可以玩转设计、玩转创意、玩转生产、玩转营销，他们也知道在哪里能够找到必要的材料，并且可以协助自己的伙伴，不同年龄和背景的人在一块儿学习和协作，伴随简单的规则，生成复杂的内容，创造新的知识。激发每一个个体的创造潜能，使之在基于实践的学习过程中寻找到快乐和满足，这才是教育的本质，除此以外，教育没有其他目的。我们可以看到，创客运动的发展为这一目标的实现提供了可能。开源硬件 Microduino 的尺寸和价格，使得一个电子产品单独印刷一个电路板变得没有必要；3D 打印机精度的提升和独特肌理及工艺的研究，使得给电路板开一个模具变得没有必要；Makeblock 这种

---

① S. Martinez, G. S. Stager, "How the Maker Movement is Transforming Education," http://www.weareteachers.com/hot－topics/special－reports/how－the－maker－movement－is－transformingeducation, 2015－4－8.

② New York Hall of Science, "A Blueprint: Maker Programs for Youth," http://nysci.org/wp-content/uploads/nysci_maker_blueprint.pdf, 2015－5－13.

积木式的可以构建类似小型流水线装置的开源结构件，使得购买专门的机器变得没有必要，况且使用完之后还可以分零件卖给他人，只需要支付少量的折旧费用。[①]

　　理想的教室环境是一种翻转课堂和基于项目的学习相复合的模式，教室周围是电子图书馆，学生可以根据精选视频和社区资料自学，教师负责组织标准化考试以判断基本知识和技能的落实情况，而教室的中心则是讨论桌、加工工具、实验仪器和展示平台，学生基于具体的项目，解决真实情境下的问题，在协作中综合运用知识、提升情商、了解自身、学会生活、明确人生定位，寻求巅峰体验和自我实现。在地平线报告中，翻转课堂被视为教育技术的重要进展，将会在一年内得以采纳，并且在线学习的演进被视作长期趋势，而扩大教学规模则被视为严峻的挑战，在创客教育的视角中，服务于所有人的优质的在线学习可以视为一种培养创客的方式。而创客空间正具有这种理想的教师环境的基因，目前欠缺的是翻转课堂的资源和标准化的考试，但从长远来看根本上欠缺的还是营造学习环境的教师的工作方式和方法的转变。

三　创客教育所面临的挑战

　　虽然创客教育在美国方兴未艾，引领着一股技术浪潮下的教育变革，但是它依然面临诸多挑战。

　　第一，最基本的挑战来自现有的学校教育系统的接受与支持。创客教育的技术创造性特征与传统学校中强调分科教学、理论知识的学习与构建形成了鲜明的对比。由于创客运动只是近年来才出现的，因此教育政策制定者、学校领导者、教师、家长都还需要更多地理解创客教育的理念。

　　第二，创客教育的内容是完全个性化、开放式、非线性的，它追求的是个体创造性与团队合作的融合，不强调统一、规范、有序的知识学习过程，因此，目前还非常缺乏能够对创客教育的结果进行量化评价的机制，

_____

① G. Thompson，"The Maker Movement Conquers the Classroom，" http：／/thejournal. com/Articles/2014 /04 /30 /The－Maker－Movement－Conquers－the－Classroom. aspx？Page ＝ 2# TyWCLl2buiLGVBYO，2014－4－30.

要设计出直接体现学习者学习效果的课程体系也十分困难。

第三，创客教育挑战了传统教育理念中的威权结构。创客运动的学习哲学是通过自我导向的实践体验来实现自我的发展与学习经验的内化，这必然要求学校领导者和教师要最大限度地减少对学生在学习过程中的影响和控制，要更多地扮演引导者和促进者的角色。这还是回归到最初的问题，即相关利益群体如何看待创客教育的内涵及其价值并将之纳入学校教育之中。

第四，创客教育的实施需要一定的资金与资源支持。创客空间或创客课堂中的各种3D打印设备、开源硬件平台、专门的创客实验室等都需要学校投入相对较多的资金，这对于很多经费困难的学校来讲，是创客教育难以获得推广的一大原因。

第五，资金和资源的匮乏并非创客教育所面临的核心挑战，从最核心的层面来讲，创客教育需要的是一批本身就是创客或者具有创客精神的教师，他们对技术有着天然而狂热的兴趣爱好，他们拥有极为丰富的想象力和对生活的热爱，愿意引导学生进行创造，愿意与学生和他人分享创造的快乐。在此基础之上，则是一个鼓励创造和创新、接纳创客精神的学校环境。

第三节　我创故我在：创客教育的核心理念及其现实路径

创客教育潜在的影响不仅在于提高学生的动手实践能力，也营造了一种积极的学习氛围。因为创客教育的核心即在于培育好奇心、探索精神、与他人在实践之中的协作意识，而这种价值观却在常规性的学校分科教育中无法得到完美的呈现。学生在创客活动中的合作消除了彼此间的隔阂，强化了他们在情感方面的联结，将知识、技能、情感有效地融合在了一起。创客教育创设了一种基于学习者需求的学习生态系统，鼓励探索、合作、分享，从而确立了一种从传统意义上的"知识钻研与知识获取"向"知识创造与知识分享"的转型趋势，学习者的知识获取、创造与扩散过程不再是所学内容与真实情境脱离，而是在一个"知其然，知其所以然，以行释其所然，知行合一"的过程中完成个人学习中的创造性经验与客观知识的结构性框架之间的结合。

一　创造·实践·分享：创客教育的核心理念及其关键因素

创客文化是一种基于创造的文化，它鼓励人们从知识和技术的消费者转向创造者。创客运动的集聚化发展鼓励了自由人的自由联合，降低了人们成为创客后的学习成本和互动成本。通过创客空间、创客嘉年华、创客学堂等多样化的呈现方式，个人能够更加便捷地获取所需要的原材料；借助 3D 打印设备进行原型设计与产品开发；通过众筹平台获取产品生产与制作的资金来源。如果说借助先进的智能制造技术，创造的过程实现了某种程度的"自动化"，"复制"替代了"学习"，那么这也意味着基于创造的产品与建模同样变得自动化，这虽然使得创造过程更加容易，但是也减少了学生在创造过程中面对的调整、考验、失败、修改、迭代设计等不确定性事件的可能性。创造的过程本身就是创新，而创新却充满了风险与不确定性。创客教育中的一个核心理念就是强调人的创造性潜力而绝非单纯地依赖各种新技术。创客教育需要的是一种原创精神，它强调提高学习者的创造力和动手实践能力，对每一个细节的改进和完善，在不断的试错过程中获取成功的基础，这才是创客理念的精髓。

"教育即生活，学校即社会"，这是杜威的社会愿景与教育理想，杜威所强调的坚持"从做中学"（Learning by Doing）的观点，就是儿童生来就有一种要做事和工作的愿望，对活动具有强烈的兴趣，而学校教育存在的唯一必要性，则是将学校中知识获得的过程与生活过程中的活动联系在一起，使儿童从那些真正有教育意义和有兴趣的活动中进行学习，这将有助于儿童的成长和发展。今天，创客教育正在一个新的时代语境中实现杜威的教育理念。传统的学校教育强调权威、控制、合规、标准等要素，知识获得的完整性及其代际传递、社会道德与习俗的规训、为社会经济发展培养合格的劳动力成为学校教育的目的。我们有必要进行深刻的反思：学校教育的目的和功能到底是什么？理想的课堂又应该是基于何种思维逻辑建立起来的？完美的师生关系又应该通过何种情感互动方式所维系？近年来，以学生为本、建构主义、儿童学等理论的冲击已经极大地改变了我国学校教育的面貌，但是在具体的实践过程中，我们没有找到在现实层面实现上述理想的最佳途径。创客教育的兴起为我们提供了未来的某种可能答案。在创客文化影响下的学校，从领导者到普通的员工，每个人都可以成为创客或具有创客精神的人，他们热爱创造、鼓励合作、推动以技术为基础的创造性学习。

对于学校中的教育工作者而言，在学校中开展创客教育，培养学生的探索精神和提高动手实践能力，其实就是约翰·杜威在约70年前所提到的"从做中学"的过程，而创客教育无非是这一理念在新的时代背景下呈现的新形态。创客教育有利于激发每一名学生的创造潜力，培养他们的团队协作和动手实践能力，更重要的是培养他们在任何时间和任何地点进行创新和创造的能力。而开源硬件平台和3D打印技术成本的不断降低使得学校大量采购这些设备变得更加容易。美国的很多中小学对教室和图书馆进行了改造，使之成为既能够进行传统的学科教学，又能够开展创客活动的场所。创客空间的设计与制作过程本身就包含着各种挑战和问题解决，学生在第一环节的参与已经培养了他们如何进行基于生活情境的实践性问题解决能力，而这种价值观的塑造则是我们长期以来所倡导的教育回归生活、教育即人生、教育即生长的核心。正如皮亚杰所言，"知识是一种经验的结果"。学生们第一次可以利用自己充满想象力的大脑来亲自创造某种实际的事物，而不仅仅是依赖纯粹的学科知识学习。学生可以利用自己的发明解决现实中的问题，创客教育本身的复杂性也使得学校教育必须为学生提供真实的跨学科经历而非隔离的技术技能传授。

二 教师·文化·环境：促进创客教育发展的关键因素

在创客教育中，教师的主导性作用得到了最好的诠释。一个充满了创客精神的课堂，教师是一个引导者而非掌控者，是一个激励者而非阻碍者，是一个参与者而非旁观者。如果做一个比喻的话，教师应该是创客课堂中的精灵、魔法师和剑客——它们分别隐喻了创客中的创意者、设计者和实施者身份。当然，在真实的创客教育教学实践过程中，教师往往融合了上述三种身份。我们也由此可以得出一个结论：教师是创客教育能否成功开展的关键因素。在创客实践的过程中，学生全部活动的意义在于创新、创造和问题解决。他们通过灵感的激发、设计的呈现、流程的制定和最终产品的制作而获取这种创造的满足感与快乐感。对于教师而言，这种通过激发学生创造力而获取的事业成就感与满足感，同样显得至关重要。因此，创客教育中的教师，首先必须是一个具有创新和探索精神的人，他通过对自身批判性思维和想象力的超越，激励和引导着学生进行创造。对于那些还对创客缺乏理解的教师而言，目前更重要的是增进对这一领域的了解。马丁内斯（Martinez）认为，基于项目的创客教育使学生能够对知识有着更为完整的理解，而教师则是促成这一变革的关键。为了激励教师参与创客教育，以下八项原则应当作为基础：

①界定并识别那些对创客课程设计有兴趣的教师，确保他们可以参与到创客课程的开发过程之中；

②找寻学校自身具备的特色，鼓励教师就自身所感兴趣的主题开展创客教育的尝试；[①]

③培养教师对创客教育的参与感与认同感；

④建立教师与创客群体之间的交流学习机制；

⑤创设一个基于实施标准的矩阵，教师可以在创客教育过程中随时检查、评估、反馈、改进；

⑥教师主导的创科课程应该是开放性的，允许"局外人"的观察与评价；

⑦教师需要大量的自主时间，用于创客的学习；

⑧鼓励教师展示自己的创客作品。

2010 年美国联邦教育部的教育技术办公室发布了国家教育技术规划，其中认为 21 世纪的学习模式将会是一个所有学习者参与和赋权的过程。这一模式要求学校领导者关注教什么以及如何教，由此来匹配人们所真正需要的知识。学习不再是一个单向度的传播过程，而是一个呈现网络结构的

---

① Heather Wolpert - Gawron，"Supporting the Teacher Maker Movement，" http：//www. edutopia. org/blog/supporting - teacher - maker - movement - heather - wolpert - gawron，2016 - 7 - 31.

互动式交互体验过程。在这一过程中，创客教育的各个利益相关者群体都可以进行充分而持续的经验分享与学习。

创客教育近年来的蓬勃发展，其基础绝非技术层面的扩散而更多地体现了文化对人的塑造作用。创客文化在本质上就是一个崇尚"玩"的过程，创客教育在其本真层面上所体现出来的，无非就是一种放松、惬意、自由的文化氛围，强调手脑兼用、知行合一的实践文化，与他人共同创造、共享快乐的分享精神，接受变化、允许失败和批评的包容态度——这些才是创客教育能够在短短几年时间里迅速地被许多国家和地区的青年群体所接受和喜爱的根本原因。对于创客教育仍处于起步阶段的社会来讲，来自社会层面的资源和资金的支持、政府政策和文件的倡导、学校层面"自上而下"的制度设计固然重要，但最核心的因素则在于创客文化的塑造——我们需要鼓励创新，允许失败，接受学生种种奇思怪想甚至是作为成年人的我们所无法理解的创意想法。从本质上来讲，创客就是一群喜欢或者享受创新的人，他们追求自身创意的实现，至于是否实现商业价值、是否有什么"实际功用"，并不是他们的主要目的。只有深刻理解并接受创客文化的内涵，中小学创客教育的实施才会如有源之水，滋润每一个学生的内心，全面而持续地培养他们的创造潜力。

创客教育的载体主要体现在各种形式的创客空间之中。目前，全世界有超过1400个创客空间并且保持着极快的增长速度。对于中小学创客教育的开展而言，每一个创客空间都应该是独特的、个性化的，每个学生都能在其中找到适合自己的学习方式和享受个人体验。创客空间不仅要与学校STEAM教育相结合，在视觉艺术、音乐、摄影、科学、设计等课程中增加学生的基础知识与培养基于实践的创造能力，还可以引入不同行业中最前沿的理念和技术，通过开源硬件平台和互联网，使学生可以与全世界任何地方的任何人进行创造方面的分享与交流。从创客教育的环境要素来讲，需要体现以下几个方面的内容。

第一，亲身实践是核心，学校必须为儿童提供一个能够设计、制作、创造、合作的环境。

第二，在创客教育的实施过程中，教师首先应该是一名创客或者对创客有浓厚兴趣的人，他能够在实践过程中帮助学生设定一系列的流程，将

STEAM 教育的知识内容与创客教育的实践相结合，引导学生在实践过程中习得知识。

第三，创客教育是一种不断试错、不断改进、迭代设计的过程，学校应该鼓励学生进行创新性的尝试。

第四，创客教育强调分享，强调学生快乐体验的获得，这是创客教育的核心理念之一。当学生完成一件作品的设计之后，他有权利将自己的创造在任意的平台进行展示和分享。

第五，创客教育重视与学生生命体验的共同成长。学生浸润在这一过程中的时间越长，创客教育对其创造潜能的激发就越持久，影响也就越深远。因此，创客教育应该是一个伴随学生不断成长的过程，而这一过程则充满着快乐的满足、对未知的探索以及与他人的合作分享。

近年来，我国的一些中小学也开始逐步引入创客教育的理念并进行了卓有成效的实践探索。当我们透过对创客教育的实践形态分析转而从更深层次来理解创客教育的内涵及其价值潜能之时，我们会发现它蕴藏着深刻的教育哲学观。其中最明显的便是杜威提出的"从做中学"的思想。"从做中学"也就是"从活动中学""从真实体验中学"，将所学知识与生活实践联系起来，知行合一。杜威提出的"从做中学"主要涵盖艺术活动（如绘画、唱歌）、手工活动（如烹饪、纺织）和需要动手操作的科学研究（如机器人研发、物质合成）三个方面。今天，伴随互联网平台的出现和智能制造技术的成熟，杜威所强调的"做"被赋予了更多的技术呈现方式，学生之间在"做"的资讯获取与信息交流、"做"的技术实现以及"做"的成果扩散方面都比工业时代更加便捷、更加广阔。在尝试创客教育的学校中，孩子们可以利用 3D 打印技术制作出美术作品的原型产品并添加最新的创意设计，随后通过创客社区、社交媒体等渠道进行分享和传播；在综合实践课堂中，学生们则完全可以通过 Arduino 等开源硬件平台和 Makeblock 等模块搭建平台进行包括各种小型智能机器人、飞行器、体感驾驶设备等原型产品的设计和制作；学生也可以利用音乐编程软件进行原创音乐的创作与分享，创编属于自己的音乐世界……一系列充满创新与崇尚快乐的快乐教育也是创客教育背后的重要理念。创客教育往往指向现实问题的解决，是一种问题导向式教育，让学生发现现实问题，寻求创意的解决方法并通过努力使之变成现实。

笔者认为，创客教育的出现为我国未来的基础教育改革提供了一种新的思路和新的机遇。目前，我国是一个区域发展不均衡、教育资源分配不均、有着应试教育传统的国家，创客教育在未来发展中必然存在资源和经费不足、师资欠缺、理念滞后等各种内外不利因素。在当前分数至上和应试教育的强大压力之下，未必有多少学校会主动去接受创客教育的理念。教育者和家长也许意识到了提升学生综合素质和培养创新能力的重要性，但却更加重视学生的成绩和排名。正如有"创客教父"之称的米奇·阿特曼（Mitch Altman）所坚持认为的那样，体现创客文化的创业教育"课程可以帮助每位学生在科学、技术、工程和数学领域做得更好。所以 STEM 的理念是很好的，体现 STEM 精神的活动常常自发地在创客空间当中发生"。① 创客教育与传统教育的课程要求与知识体系并不冲突，二者完全可以进行有效的结合，产生更优的效果。对于我国中小学创客教育的未来发展而言，我们首先需要的是增强对创客文化的理解，特别是来自学校领导者的支持和"创客教师"群体的扩大——只有让人们沉浸在创客活动所带来的愉悦之中，使人们发现自身的创造潜力并以群体的方式进行情感沟通与互相扶持，分享创造的喜悦，创客教育才能真正在我国未来的教育变革浪潮中发挥重要的引领作用。

第四节　造物与智造的相遇：创客教育
与 STEM 教育的融合

一　STEM 教育发展路径

STEAM 最初的雏形是 SME，1986 年美国国家科学委员会在《本科的科学、数学和工程教育》（National Science Board Undergraduate Science，

---

① 吴俊杰：《创客运动与 STEM 教育——专访"创客教父"Mitch Altman》，《中小学信息技术教育》2013 年第 12 期。

Mathematics and Engineering Education）报告中首次提出 SME 的概念。[1] 20
世纪 90 年代初，Technology（技术）被纳入其中，SME 因而转变成为
SMET。2007 年，美国国家科学基金会发表了《塑造未来：科学、数学、
工程和技术研究生教育的展望》（Shaping the Future：Perspectives on under
Graduate Education in Science，Mathematics，Engineering，and Technology）
的报告，这份报告使英文缩写由 SMET 变为 STEM，也使 STEM 教育从本科
阶段贯穿至基础教育中小学阶段。英文缩写的调整体现了当代美国对技术
和工程教育的重视，反映了当代美国教育对实践型、应用型人才的培养需
求，渗透了教育哲学观的转变。2006 年，弗吉尼亚理工大学的乔吉特·雅
克曼提出在 STEM 中加入 Art（人文艺术），STEM 扩展为 STEAM，STEAM
中的 A（人文艺术）是指美（Fine）、语言（Language）、人文（Liberal）、
形体（Physical）等含义。这里的 A 不仅指艺术，还是一种更为广泛的人
文范畴。甚至也有学者增添了更多的学科领域演进为 STEMx，使之发展成
了包容性更强的跨学科综合素养教育。

　　STEM 教育在美国的重要性不亚于中国的素质教育，STEM 教育是为解
决美国本土科技人才储备问题而由政府主导的教育改革，是美国倡导和重
视科学、技术、工程、数学教育的集中表现。美国建立了专门的 STEAM
中学，如重点培养学生未来在科学、技术、工程领域发展的布朗斯科学高
中，学生可以申请经费，得到专家的指导，学校为表现好的学生设立了大
学先修课程，大幅度提高了学生在这些领域的知识及科研水平。[2] 并且，
美国大部分中小学都设有 STEM 教育的经费开支，而 STEM 教育也被老师、
校长、教育家们所重视，着力于打破常规的学科界限，促进学生的跨学科
学习。在 STEM 教育理念的号召下，机器人、3D 打印机进入了学校；帮助
孩子们学习数学、科学的教育科技产品层出不穷。与此同时，世界各发达
国家也采取国家行动，大力发展 STEM 教育，如英国在 2017 年发布《建立
我们的工业战略绿皮书》，澳大利亚在 2015 年提出了《STEM 学校教育国
家战略 2016—2026》，德国提出了与 STEM 具有相同思想的 MINT，可以发

---

[1]　高云峰：《创客与 STEAM 教育结合的实践》，《力学与实践》2016 年第 1 期。
[2]　正非：《STEM 中学：孕育美国"科学、技术、工程和数学"创新人才的摇篮》，《中国民
族教育》2013 年第 3 期。

现 STEM 教育具备自上而下政府主导的国家教育改革特征。

在国内，2015 年 9 月教育部在发布的《关于"十三五"期间全面深入推进教育信息化工作的指导意见（征求意见稿）》中指出，"推进信息技术在日常教学中的深入、广泛应用……有效利用信息技术推进'众创空间'建设，探索 STEAM 教育、创客教育等新教育模式……"。2017 年 1 月，教育部印发《义务教育小学科学课程标准》，首次从官方的角度提出了 STEM 教育的标准，结束了此前国内小学科学课程没有统一标准的局面。2017 年 6 月，中国教育科学研究院发布了《中国 STEM 教育白皮书》，详尽地阐述了当前我国 STEM 教育的时代背景、现状及未来将要达成的目标。在国内基础教育中，教育工作者将编程类、机器人项目、媒体制作类软件广泛应用在中小学 STEAM 教育中，课程形式上以综合实践课程、信息技术课程、通用技术课程为主：北京的吴俊杰老师研发了"人工智能""Scratch 编程"课程；温州谢作如老师依托 Arduino、Scratch 软件开发并实施了"互动媒体技术"课程；广州吴向东老师和武汉毛爱萍老师依托 Scratch 软件，研发了"儿童数字文化创作"课程；常州管雪沨老师研发并实施了"小学生趣味编程"课程。①

二　STEM 教育与创客教育关系辨析

创客教育和 STEM 教育是当前教育领域普遍关注的热点问题，也是当前社会比较推崇的两种重要创新教育方式，它们之间既有联系又有区别。创客教育和 STEM 教育理论基础相同，但侧重有所不同。创客教育和 STEM 教育都主张以杜威的"从做中学"理论为主要的理论基础，倡导把"从做中学"理念贯穿到学生学习过程、课程、教学方法、学生学习组织形式等教育活动中。认为知识不是通过教师传授获得的，而是学生在一定的社会生活背景下，借助教师和学习伙伴的帮助，利用必要的学习资料，通过活动而"生长"出来的。创客教育中通过创客制造理解一切，强调通过设计或制作物品去内化和应用知识，认为"造物"即真实作品（即实物

---

① 傅骞、王辞晓：《当创客遇上 STEAM 教育》，《现代教育技术》2014 年第 10 期。

化成果）的产出，并将之作为学习发生的主要载体。借助实物成果的创造过程以及实物化、可视化的成果带来分享、交流与反思，以及学生学习的成就感。STEM 教育强调教师要引导学生积极、独立地解决某个真实问题或参与某个项目，鼓励学生以小组的形式开展交流与合作，共同学习跨学科的综合知识。使学生在原有知识的基础上对新知识进行主动的意义建构，更关注学生在问题解决的过程中获得对科学、技术、工程、数学等多个学科知识的综合性理解。

创客教育和 STEM 教育都需要社会的共同参与，但社会缘起不同。当下，学校方面需要使现有课程体系适应学生创造能力培养需求，激发学生创新意识，促进丰富多彩的创客教育与 STEM 教育转型并且与当前学校学科教学融合。学校创客空间和家庭创客空间可以与社区创客空间、创业孵化中心等互通联动，形成整个社会 STEM 教育的有序链条与创客文化的良好生态。创客教育基于传统的 DIY 运动和黑客文化，伴随 3D 打印、开源软硬件、互联网等新技术的发展，创客门槛大幅降低，创客运动在社会范围内得到长足发展。创客运动进入教育领域，教育工作者希望借此培养更多具备创新意识的学生，提升学生创新创造思维与能力。由此，创客教育先由社会文化引起，后来引介到教育体系并受到重视，是一种自下而上兴起的教育现象。不同于创客教育的兴起，STEM 教育起源于国家需求，是在美国亟待提升国家竞争力的背景下发展起来的，它最早来自美国国家科学委员会的报告，后来出现在美国大学以及 K – 12 的报告和文件中。美国政府企望通过 STEM 教育打破学科壁垒，将科学、技术、工程、数学等学科有机整合在一起，为学生创设真实的问题情境，激发学生对上述学科的学习兴趣。由此，STEM 教育是国家需求映射到教育系统中的产物，是一场自上而下的教育理念推广运动。

创客教育和 STEM 教育都需要跨学科知识，但偏重有所不同。STEM 的教育理念是，不提倡传统的单学科、重书本知识的教育方式，学生需要进行的是不同学科的跨学科学习、知识的整合应用。创客教育重视真实问题的具体解决以及解决结果的物化表达，创客制作过程往往需要运用不同学科的知识，好的创客作品背后也一定需要跨学科知识的支撑。STEM 教育是为了应对传统教育过程中出现的分科教育的弊端，学科阻隔不利于学生探索和解决真实世界中的具体情境中的问题。比如在数字电子产品的制造中，我们不但需要科学技术，运用高科技手段创新产品功能，还需要好看的外观，也就是艺术等方面的综合才能，所以单一技能的运用已经无法支撑未来人才的发展。未来，我们需要的是多方面的综合型人才。因此，STEM 教育理念强调的是任何事情的成功都不能仅仅依靠某一种学科知识和单一能力的实现，而是需要应用跨学科的知识与多种能力，跨学科是STEM 教学的核心要义。而在创客教育中学生在真实复杂的问题情境中，思考、分析和设计自己的制造目标与过程，验证项目制作方案的合理性，利用相关材料制作出原型作品，并对自己实物作品进行分享、反思与改进。在此过程中，会涉及不同的学科知识，但其本身不强调学科，"创造即学习"是创客教育的核心概念。

创客教育和 STEM 教育都以学生为中心，但教师定位不同。STEM 教育和创客教育都提倡项目式学习，倡导以学生为中心，让学生在学习的过程中去发现问题、提出问题、分析问题和解决问题，达到培养创新精神、实践能力、科学素养的目的。在 STEM 教育中，教师扮演的更多是教学设计者、活动组织者、知识讲授者和学习引导者等，教师根据学生的个性、兴趣、文化差异等组织学生开展多样化的探究性活动，给出预测、解释并交流结果。学生在教师的指导下，主动发现问题、提出问题，在问题解决的过程中去获得知识。STEM 教育最好由不同教师相互配合，共同引导学生完成某个具体项目。但在创客教育中，教师主要扮演支持者的角色，不会过多干预学生的想法，由学生发挥自己的想象力和创造力，完成作品的设计、创作、分享及改进。这是一个贯穿了"创造性"思维的学习过程，教师不需要预设太多具体的问题以及讲授固定的知识体系，学生在这一系列完整的制造过程中自然而然会获得各类知识与技能。

从理论基础、社会缘起、跨学科学习及学生与教师角色上来说，两者各有侧重，但相辅相成、互为补充和拓展，形成了良好的互相完善的关系。在实践层面来看，STEM 教育与创客教育实践又常常呈现一种"你中有我、我中有你"的状态——创客教育总是蕴含一些跨学科科学探究的要素，STEM 教育在开展的过程中有时也需要学生去创造一些实物化成果，创客教育和 STEM 教育体现相互融合和趋同的走向。

三　STEM 教育与创客教育的融合与共同追求

随着知识经济时代的到来，这是一个强调创新与创造的时代，社会发展所需要的劳动力不仅要具备静态的知识存量，更重要的是批判性思维、创新思维、问题解决能力等高阶思维以及创造能力和动手能力等。STEM 课程设计大多围绕着学科知识而展开，相比于单科课程的学习，STEM 课程能更有效地促进学科知识的相互链接，方便回忆提取。STEM 教育注重课程建设，是多学科交叉融合并付诸实践，使学生广泛参与其中的一种新方式，着重体现了培养学生综合素质学科知识和跨学科应用的深层理念。但是，STEM 教育在一定程度上只是培养了学生对知识的记忆与理解能力，对未来人才的核心竞争力——批判性思维、创新思维、问题解决能力和创造力的关注较少。创客教育以培养"未来创客"为目标，培养在某个领域具有独创能力的人，提高学生的动手实践能力。创客教育强调学习者综合利用身边资源和相关知识，动手将自己的创意变成现实，但在实施过程中可能存在过分强调动手能力而忽略了学科知识学习的现象，这不利于学生的持续发展。

创客教育为全体学生创设了一个自我发展的契机，特别是创客教育中对技术、设计和创意的追求，使其成为推进 STEM 教育的最有效路径。并且，创客教育的数字技术及工程技术也可以为 STEM 教育提供更多支持。在传统教育中，学习者不能随意选择学习环境和资源。创客空间模式将学习空间延伸到诸多非正式场合，如工作坊、科技馆、博物馆等，在空间上和资源上均有更多优势，拓展学习空间到非正式场合。创客教育与 STEM 教育相融合，共同为学习者提供更好的学习环境和更丰富的学习资源，将全面推动学生创新能力、高阶思维能力的培养，获得高级技能，建立与现实生活的连接。

创客教育是 STEM 教育实施的有效手段，STEM 教育是创客教育的重要基础。在学校教育中，深度融合 STEM 教育和创客教育，对于培养学生核心竞争力更加重要。以移动互联网、3D 打印技术以及开源硬件平台等为基础的创客教育可以极大地提升 STEM 课程的丰富性、创造性和娱乐性，一些创新的技术理念的支持可以更好地将 STEM 教育落到实处。创客教育和 STEM 教育相互融合，两者能够相互促进，以螺旋式上升的形式促进学生对知识的记忆和理解，同时，培养学生的批判性思维、创新思维、问题解决能力、创造能力和动手能力。[①] 应该聚社会之力推动创客教育和 STEM 教育活动全面深入开展，通过将创客教育与 STEM 教育相融合，以克服二者在各自实践发展中所遭遇的困难，为教育带来时代性的变革。

第五节 创造—创新—创作：荷兰创客教育的 发展理念与实践路径

创客运动成为变革传统教育、培养学生创造能力与创新精神的一股浪潮。全球范围内的创客运动方兴未艾，承载创客精神与创客思维的创客教育，也对世界各国的教育体系产生了影响。作为传统的教育强国，荷兰早在 2007 年就开始实施旨在激发学生创造力、培养探索与创新精神的创客计划。时隔 9 年，荷兰政府又颁布了《荷兰创客教育的理论与实践》白皮书，提出了国家层面的"创造—创新—创作"创客教育发展理念，强调创客教育的实践路径应该是引导鼓励学习者开展基于自身创造能力的、建构性的实践活动。2018 年 9 月 28～30 日，荷兰第一届 Fab Learn 会议召开，与会者从设计和教育的角度对荷兰创客教育的概貌进行探讨，在过去十年创客教育发展的基础之上，进一步总结了荷兰创客教育实践的经验，以期推进荷兰创客教育的可持续发展。[②] 从未来的发展趋势来看，荷兰创客教育的核心是在学校层面建立起促进创客文化繁荣、技术融合教育的创客教育整体发展路径。

---

① 王佑镁等：《设计思维：促进 STEM 教育与创客教育的深度融合》，《电化教育研究》2019 年第 3 期。

② Karien Vermeulen，"Proceedings of Fab Learn Netherlands 2018，" http：//fablab. nl/ proceedings – of – fablearn – netherlan9ds – 2018/，2018 – 9 – 25.

一 创客文化的兴起及荷兰创客教育的发展理念

《创客》杂志的创始人克里斯·安德森将创客运动定义为"一场新的工业革命"，他通过引用三个关键特征来区分创客运动和旧时代的修补匠、发明家和企业家的不同之处：创客通过使用技术、共享设计和可以在线协作的创客文化以及共享设计标准来促进发展。[①] 《创客》杂志的出版和2006 年在旧金山首届创客博览会的举办催生了创客运动的新理念，即通过建模、游戏等多种形式对现有物品进行多样化创造，而学校则通过这种方式对学生进行创造性教育，某种意义上来说它的特点是 DIY 文化的再发展。[②] 同一时期，以移动互联网的快速发展、开源软件的兴起为代表的新经济浪潮催生了创客运动的技术基础。从 1990 年最初的网络新媒体、2000年的 Web 2.0 至 2010 年的 STEM 教育，互联网思维的出现与新教育理念的不断涌现进一步促进了创客运动在学校教育中的推进。尽管创客运动的早期阶段以少部分创客、极客群体为主，但是随着创客运动在博物馆、图书馆等公共文化空间的传播，创客运动的教育价值也逐渐吸引了学校教育的关注。美国的众多学校开始注重通过图书馆创客教育机会同自身社会资源相结合的方法，着力解决创客教育发展中关键的信息不对称问题，不仅为社会成员提供免费的进行创客教育机会，还合理利用其空间资源为创客教育提供场所，丰富了高校图书馆的教育和信息服务职能。[③] 现今美国全国各地的图书馆均设有向民众开放的创客空间，多数大学校园配备创客空间并提供相应的资源以供创客群体使用。随着科学技术的飞速发展，创客空间也不再局限于专门的空间场所与简单的加工器具，新型 3D 技术与虚拟现实技术使用率大幅度提升。以美国北卡罗来纳大学为例，为满足创客的创造需求，该校在一个全新创客空间的基础上，正在筹备再建造两个创客

---

① Chris Anderson，*Makers：The New Industrial Revolution*，New York：Crown Publishing Group，2012，p. 37.

② L. S. Vygotsky，*Mind in Society*，Cambridge：Harvard Unwersity Press，1978，p. 27.

③ 张巧娜：《美国高校图书馆创客教育实践研究——以 DeLaMare 科学与工程图书馆为例》，《图书馆建设》2017 年第 10 期。

空间，同时将在宿舍中建设小型创客空间，促进各个专业领域在思想上碰撞交流。在创新教育领域，美国更是将 STEM 战略提升到国家优先政策地位，奥巴马政府于 2009 年 11 月宣布实施"教育创新"计划，意在动员全国各界力量来促进美国学生进行知识创新和创造，以维持其在未来世界范围内的科技领先优势。[1] 哈佛大学、麻省理工学院等多所院校通过建设创客空间、开展创客教育等措施积极响应该计划，至 2013 年包括美国中小学在内的数百所学校均开展了创客教育，并在部分课程教学中将创客教育理念同课程内容相融合，同时为了提升多元化人才队伍素质，各校间成立了相关 STEM 教师团队，扩大了创客集群队伍，其中不乏少数民族创客及女性创客，创客教育较以往更具包容性与创新性。至 2018 年 8 月，创客博览会已在全球 44 个国家包括中国、法国和德国等国家举办了 225 次，参加创客会议的人数达到了数十万人，由此可见创客教育正在改变美国的教育方式甚至正在转变全世界的教育方式，与此同时，创客运动也正向解决科技领域多元化问题方向发展。[2] 除美国外，其他各国也在国家、政府及学校层面制定了教育措施，至今越来越多的国家参与到创客教育发展的队伍中，培养了一批能够将新技术创造转化为产品并使之服务于社会的创客。例如，英国在其每个城市均配备创客空间，格外注重 STEAM 教育的发展和编程等信息技术的教学与应用，为国家经济发展乃至世界经济发展做出了实质性贡献。

长期以来，荷兰创客教育以世界成功教育经验为基础并在此基础上主动探索创新以发展具有该国特色的创客教育模式。早在 2007 年，荷兰便提出了第一个关于创客教育的倡议，该倡议提倡拓宽荷兰创客教育发展的新思路，培养复合型人才，在此之后荷兰创客教育开始了创新之路并取得新的进展。2014 年 11 月 4 日，玛琳·斯蒂克·瓦格（Marleen Stikker Waag）

---

[1] The White House, "Remarksbythe President at the National Academy of Sciences Annual Meeting," https：//www. energy. gov/articles/remarks - president - national - academy - sciences - annual - meeting, 2009 - 04 - 27.

[2] Western Bonime, "World Maker Faire Comes to New York, How the Maker Movement Is Solving Diversity in Tech," https：//www. forbes. com/sites/westernbonime/2018/08/26/world - maker - faire - comes - to - new - york - how - the - maker - movement - is - solving - diversity - in - tech/#68a1da0371c7, 2018 - 08 - 26.

等人发起请愿，呼吁重视荷兰的创客教育，教育者也必须重视课堂教育作为知识创造、传播以及应用的关键场合并将其同创客教育进行巧妙的融合，以培养学生的创造力和批判力，更好地提升荷兰国家的创新竞争力。这份请愿书由 330 人在网上签名，并提交给了荷兰众议委员会，这引起了重大反响。受到该倡议的启发，荷兰随即成立了 Fab 基金会以支持相关创客活动。① 2016 年 2 月 11 日 Waag Society 等组织为进一步推进荷兰创客教育发展成立了荷兰创客教育组织，并发布了《荷兰创客教育的理论与实践》白皮书，推出了荷兰创客教育在线平台。在此背景下，许多 Fab Labs 更名为"创客空间"，被赋予创客教育环境的重要地位。随着创客教育组织的建立，51 所荷兰学校引入凭单制来进行创客教育活动，凭单大部分设立为工作室，分别给予老师和学生 40% 与 60% 的名额。这些工作室位于荷兰的 9 个不同省份，其中 50% 的学校为初等教育，45% 为中等教育，剩余的 5% 为管理阶层教育。② 荷兰创客教育组织在组织创客活动方面扮演了更为积极的角色，自组织成立以来已经举办了多次大规模工作会议及活动，其中包括演讲、研讨会及课程晚会等在内的多种形式的思想交流会，吸引了上万的荷兰民众参与，同时数十个创客教育项目在线呈现并在 Open Things 平台上共享，意图举办全社会共同参与的创客活动，激发全社会成员的创新创造热情。2018 年 9 月 28~30 日，荷兰第一届 Fab Learn 会议召开，该会议会聚了荷兰国内外的研究人员、教育工作者及各地区创客等，会议内容涉及探索创客教育中的设计和创造新方法、教学过程中的数字制造新技术及 21 世纪教育的实践学习新需求，会议还提到目前荷兰境内创客空间数量指标与质量指标也呈良性发展趋势。据统计，截至 2018 年 12 月，荷兰创客空间数量已达到 92 个，创客空间具有结构趋于多样化、规模不断扩大、投入持续增加、创新能力显著增强的特点。③ 以荷兰阿纳姆的黑客空间 Hack42 为例，该区域由一个旧全景式监狱改造而成，为来自不同领

---

① Waag Society, "Petitie: Maken Moet Weer Terug in Het Onderwijs," https: //waag. org/nl/article/petitie - maken - moet - weer - terug - het - onderwijs, 2014 - 04 - 11.

② I. Douma et al., "Maker Education Theory and Practice in the Netherlands," Nederland: Platform Maker Education, 2016.

③ Makerscene, "Overzicht Van Makerspaces, Fablabs Hackerspaces," https: //www. makerscene. io/, 2018 - 12 - 10.

域的创客们自由地孵化创新创造发明提供了良好的平台，是荷兰具有特色的创客空间之一。

总的来说，在荷兰创客教育的发展过程中，创客教育被不断地赋予新的内涵，其发展得益于一批坚定的创客教育倡导者，同时创客教育组织的发展也为荷兰创客教育提供了交流的平台，扭转了荷兰创客教育理念薄弱的局面，为未来荷兰创客教育的发展奠定了坚实的基础。

二　荷兰创客教育的指导理论及其实践模型

荷兰初等教育法构建了以学生为中心的教育体系，以从学生需求与学生背景的分类为特征规定儿童从 5 岁开始必须接受义务教育（大多数的学校也会接受 4 岁以下的儿童），通常至 12 岁，学生将根据测试结果直接进入不同类型的高中接受中等教育。而在荷兰的初等教育中，学校已经承诺将更多的信息技术引入他们的课程。由数据可知，荷兰初等教育学制相较于其他国家具有其特殊性，大多数学生会经历 8 ~ 9 年的初等教育，因此创客教育组织针对其特殊的教育体制进行了创客教育实践，提出了适应荷兰创客教育特征的教育理论与方法，并建立了将创客教育理论融入实践的普适性教育模型。

（一）理论基础

荷兰创客教育模型是基于荷兰初等教育学校理论基础上的实践成果，其中创客教育理论与实践是协调互补的共生关系，而创客教育学习途径和创客空间则是作为教育理念与学习理念互动的载体，在此过程中荷兰创客运动与教育的融合冲击着荷兰传统教育的形式、内容甚至组织。[①]

1. 荷兰创客教育教育理论

美国著名实用主义教育家杜威提出的"从做中学"理念在荷兰教育中发挥了重要作用，尽管后期荷兰教育方式呈现新的发展趋势，但创客教育形式仍围绕着该理念逐步展开。虽然从一定意义上来说实践创新自始至终

---

① 　饶书林、田友谊：《创客教育本质的悖离与回归》，《中国教育学刊》2017 年第 9 期。

贯穿在荷兰教育之中，但是在早期荷兰中等教育仍以理论学习目标为教育重点，创新活动现实情况较为严峻。随着21世纪信息技术的兴起以及制造业需求的大幅增长，市场对跨专业领域的技能与能力类型人才（创新创造能力、研究能力、沟通能力等人才）的需求随之增加，其中创新创造能力即创客教育的一项重要目标。2016年由2032教育平台（由荷兰教育、科学等领域专家组成的智囊团）向荷兰OCW（荷兰教育部和文化部）提出重个人发展的合理倡议，为学生提供更多的选择，促进学生探索、开发与发展能力的培养，再一次提出了创新能力的重要性，将"从做中学"理念进一步推向现实。[①]

2. 荷兰创客教育学习理论

行为主义理论、认知学习理论、人本主义学习理论及建构主义理论是广为人知的四种学习理论，其中创客教育作为一种学习方式与建构主义理论密切相关，建构主义理论也是目前荷兰创客教育的主要学习理论来源之一。建构主义理论最早由瑞士著名心理学家提出，后在布鲁纳和维果斯基等人的推动下该理论得到充分发展并形成了较为完整的体系，该学习理论强调理论学习同实践相结合，注重学习的主动建构性、学习的社会互动性和学习的情境性，即学生主动运用自我调节和反思建构基础概念，同时也强调知识存在于具体的、情境的、可感知的活动中。因此，荷兰创客教育的学习方法论可以被认作建构主义的形式之一，而学习者则可以在此过程中基于各自的经验背景建构其对于现实世界的定见，从而为实践过程奠定理论基础。

3. 荷兰创客教育理论学习途径

为进一步提炼荷兰创客教育理论学习途径，荷兰创客教育组织根据学习者的不同视角将学习方式分为以下四种与建构主义理论具有相似特征的学习方式：基于设计的学习、基于探究的学习、基于问题的学习和基于经验的学习。这四种学习方式相互联系又各有特点，基于设计的学习方式以在学习过程中催生创造力和共鸣感为主要方法，基于探究和问题的学习方式主要集中于解决问题，而基于经验的学习方式在学习方向上则较为宽

---

① I. Douma et al. , "Maker Education Theory and Practice in the Netherlands," Nederland: Platform Maker Education, 2016.

泛。根据荷兰各校课堂实践现实情况可知，在创客教育的过程中学习者可能选择不同的学习方式，有些学习者偏向基于经验的学习，而另一些可能偏向从基于问题或设计的学习中借鉴，多种学习方式及其融合针对不同类型的人才给予不同的学习方法，这些学习方式均在学习者学习过程中发挥了较大的积极作用。

（二）实践模型

为了更深入地了解荷兰创客教育模式，探索其理论和实践在发展过程中的内在联系，荷兰创客教育组织采用两种不同的方法对其进行深入研究。其一是通过对荷兰四所不同的中小学展开样本研究，同时展开普遍调查与个案研究，以获得相关荷兰创客教育实践成果。本次荷兰两所初等教育学校的 175 名学生和两所中等教育学校的 67 名学生参与了本次创客教育研究，参与调查的还包括 6 位教师。其二是荷兰创客教育组织通过开展创客教育会议集思广益，多位创客教育工作者与专家将创客教育概念化并推动建立完善的创客教育组织模型作为理论与实践的比较方法。随后相关人员通过对荷兰四所学校的学生和老师的观察和访谈进行随访，验证了该模式的主要构成要素，明确了当前荷兰创客教育背景、荷兰创客教育组织愿景并合理分析出了该模型同荷兰创客教育实践的不契合之处。荷兰创客教育实践研究模型见图 1-1。

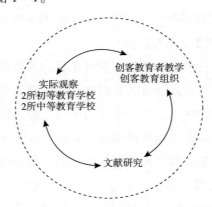

图 1-1　荷兰创客教育实践研究模型

资料来源：I. Douma et al. ，"Maker Education Theory and Practice in the Netherlands，" Nederland：Platform Maker Education，2016。

　　经各方观察和全体讨论，荷兰创客教育组织将理论成果同实践结果相结合，以荷兰创客教育环境为背景的创客教育模型得以形成。该模型由三个关键因素构成，辅之次要因素并融入实践方法，学习者将经历由创客教育者指导的创新研究过程。学习者通常从具有目的性的相关主题学习任务开始，教育者给予充分的自由使其通过高科技材料或者简单工具材料辅助其完成想象创造，最后得出该学习任务或学习方法是否可行的直接结论。首先就创客教育课程的目的而言，一些创客教育者倡议从学生出发，利用现有材料来促进其体验和探索不同的方式找到创客教育方向。其次从现实角度出发，当现实世界中的真实公司为学生提供项目任务时，更能激发学生的参与性和积极性。在创客教育过程中，教育的过程是逐步开放的，学生需要反复地经历探索、体验、感知研究的不同阶段，在此过程中，教师为学生提供足够的个人思想空间和动手空间，以帮助学生正确认识工具以及材料，并通过提出合理的问题引导学生独立地完成下一步工作。最后该创客教育课程教育的直接结果即使学习者得到现实产品原型，而间接结果则是其在开发过程中所得到的知识、想象力及创造力（见图1-2）。该学习过程的任一要素均可逆向进行，由此循环往复的学习帮助学习者从以解决问题为驱动的学习过程变成以探索为动力的学习研究。

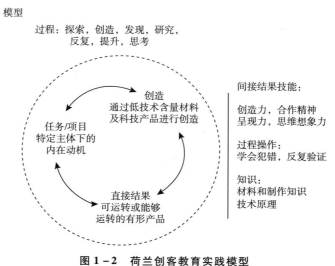

图1-2　荷兰创客教育实践模型

　　资料来源：Bureau Platform Onderwijs 2032，"Ons Onderwijs 2032 Advisory Report，"Nederland：Impressed Druk，2016。

实践证明，主动的创新思想能够衍生出活跃的创新行为，在经历过反复思考动手后，大部分学习者能够根据结果反馈调整设计并丰富内容，最终将知识创新转变为成果。该实践模型作为荷兰现存的创客教育典型模型之一，通过在创客课堂上运用"将理论融入实践"的教学模式，激发了学生的潜在动力，促使学生在学习过程中持续不断地构建新的思维架构，形成自我学习体系。从现实案例来看，创客课堂教育仍有改进之处，从学习心理角度出发，学生虽然对自己的设计感到十分的自豪，但也会显示出害怕犯错误的倾向，对自己的工作缺乏安全感。而对教师而言，往往由于时间的限制并不能够给予每位同学充分的指导和分析。

（三）实践结果

荷兰创客教育课程实践的目的是提升学习者完成开放性任务的能力、培养学习者团结合作精神及创造力，实践表明，相较于有针对性的荷兰传统教育而言，课堂创客教育更能使受教育者的其他技能得到发展。为更好地对实践结果进行分析并反射出课堂实践过程中的利弊情况以为创客教育模型提供积极有效的反馈信息，相关人员将创客课程的实践调研结果分为硬结果（直接结果）和软结果（间接结果）。

就学习者而言，创客教育课程的硬结果即参与者在参与创造的过程中所发明创造的现实产品。在本次创客课堂实践中不同年龄段学生的成果不同，初等教育学生更多地使用了模块化等简单物体的形状构建，如利用LED、积木等构建发光产品，而中等教育学生则能够运用所学知识实现自己的想法，如用激光切割器设计切割出长度测量器等具有一定专业性的产品。从宏观角度来看，创客教育的硬结果是给予参与者可操作的现实产品，该产品具有实现技术转化乃至经济化的可能性，而在产品产生初期这种可能性不易被察觉。从微观角度来看，创新主体更倾向于对现实产品的创造，究其心理原因则是现实产品往往给予创新主体一定的激励，创新主体在产品成形后通常具有满足感。此外，创客教育的直接结果并非需要创客主体提供完整的创新成果，在实际操作中由于时间限制，部分创新产品往往处于半成品状态或非成品状态，创客课程也并非完全注重产品结果的教育过程，还包括知识与能力等其他要素。在某种程度上来说，置于物质世界的现实产品是对创客课程的一种知识与经验存储,因此创客课程通常以创造产品作为课程的结束点,并在此基础上提出新的创新点和创新方法以供改进。

创客教育课程的软结果即创新主体在创客课程中所掌握的技能、所开发的创造力及所学习到的经验等。在实践观察中,软结果往往处在创客教育课程之中,学习者在课堂教学中充分发挥自己的创造力与想象力以挖掘他们的潜力,在创造过程中学习者通过特定的工具、材料获得技能、获取相关基础知识并得到了创造经验,技能包括产品的呈现、协作创新能力、创造力以及灵活的思维等。由于学习者的思维方式在其犯错与纠正中反复进行,大部分的学习者会在此过程中意识到犯错也是产品创造的一部分,并且当他们能够清晰地解释事情失败的原因时,学习者就从中获取了经验并能够较好地控制他们的学习过程,并在此学习到管理学习的经验和学习的方法。而对于教师而言,以丰富的个例组成的大量样本是其创客教育经验中弥足珍贵的经历,师生之间的双向互动以及彼此在不同文化资源背景下的信息不对称为双方沟通协作提供了更为客观的开发空间。创客教育课程的直接结果同间接结果相结合,共同构成了创客教育课程的实践结果,两者之间的结合往往还具有"1 + 1 > 2"的效果,为荷兰创客教育模型的随访提供了良好的数据反馈,也为荷兰创客教育创新体制的发展培育了优秀的人才。

三 从引进走向融合:荷兰创客教育本土化的发展趋势

由荷兰创客教育模型可知,荷兰创客教育意在通过创新驱动发展推动社会经济全面转型升级,利用当下有限的手段向大量受众提出倡议以刺激荷兰自上而下的创客教育,为创客运动和教育相结合提供了新的可能性,同时又保持了二者应有的使命。目前,荷兰创客教育逐渐呈本土化良性发展趋势,但在创客教育发展初期仍对经济、制度和人才等方面均提出了严峻的考验,这种发展趋势主要表现在以下几个方面。

首先,确保现有政策框架下的可用资金是荷兰创客教育发展的关键。荷兰创客教育在发展过程中也并非无往不利,资金在其创客教育相关创新活动中起到关键作用，尽管政府在其中提供了大量的资金扶持，但是由于荷兰相关创客教育政策的缺失，项目推广者很难获得足够维持荷兰创客组织所有推广计划实施的费用，这阻碍了相关学校及组织开展系统化创客教育课程。随着荷兰本土创客教育的进一步发展，荷兰政府资金扶持力度及相关企业的支持赞助力度会进一步加大以促进创新成果的市场转化，从某种程度上来说这加快了产品经济的良性运转。因此，荷兰政府将在创客教育发展前期给予教育系统充分的经济支持，同时也会给予创客教育发展充分的自主权，以寻求产学研之间的互利共惠点。除资金支持外，荷兰区域多元创客空间的场地支持数量规模也在逐步扩大，类似"学习社区"模式的创客空间不仅简单地汇集区域内的创客，更着力于构建产学研结合的创客平台，意在统筹协调多方位资源，促进行业产业融合创新。除"学习社区"外，荷兰图书馆创客空间也在蓬勃发展，其主要利用丰富的馆藏资源在降低创新运营成本的同时促进地区创客教育发展，自上而下地提高区域内全社会创客教育参与度。

其次，培养专业化创客教育人才是荷兰创客教育发展的必然要求。在一个新的教学模式中，教师和学生并非天生具有创造力，并不总是容易扮演他们的"新"角色，然而创客教育的改革已然开始，荷兰创客教育所需要教育的人群并不仅仅是创客，作为受教育者的引导者，相关学校和教师也必须进行长期规划。由于创客教育课堂具有区别于其他知识传授课堂的特殊实践性，在一堂成功的创客课堂里，教师必须配备专业的教材和教具，同时也应具备专业的指导知识与积极的现场反应力，因此在运用信息技术通用技术等的创客教育课堂中，对教师的设计思维能力与实践运用能力均提出了较高的要求。培养荷兰专业化创客教育人才需针对相关创客领域教师进行课程培训并收集成功的教学案例，在培训的基础上围绕设计思维主题通过面授与在线教学等方式展开分步教学，这有利于更多教师了解并应用到其教学实践之中。[①] 从荷兰创客教育发展长线来看，目前的荷兰创客教育者不仅培养中小学生的创造力、想象力和问题解决能力，更是为以后更加更具质量的创客课堂提供可行性经验。

---

① 　陈鹏、黄荣怀：《设计思维：从创客运动到创新能力培养》，《中国电化教育》2017 年第 9 期。

再次，继续深化创客教育理论研究是荷兰创客发展的重要途径。当下荷兰创客教育研究的关键问题是如何对以往荷兰创客教育系统地总结经验，并探索如何将最初美国的创客教育概念转化为适合荷兰学生的教育方式。创客教育在区域发展理论中占据越来越重要的地位，当下荷兰的创客教育研究主要围绕中小学教育进行，而未来的创客教育研究将更加深入到高校及社区，因此保证持续的创新活动及深入研究是激发创客主体未来创新活动的有效手段之一。与此同时，荷兰教育政策知识产权保护制度亟待完善，荷兰政府未来将继续加强创新合作理念的发展，在遵循教育发展客观规律的基础上构建以创新为主导的创新教育生态系统，以促进区域内的创客教育科研成果的推陈出新。另外，进一步开展创客教育研讨会以促进各地区乃至各国科研人员的创新交流是促进荷兰创客教育的另一项重要举措，荷兰创客组织始终鼓励将现有的创客教育国际研究同荷兰的创客教育实践联系起来，并不断深化研究为创客教育交流提供良好的平台，对其中成功经验进行借鉴与总结，以促进荷兰地区及世界范围内创客文化和资源的聚集，为荷兰创客教育的发展奠定坚实的理论基础。

复次，发展信息技术是荷兰创客教育发展的重要条件。新时代背景下发展信息技术是大势所趋，美国创客教育的领先发展，在很大程度上归功于其优秀的科技实力，因此未来的创客教育必须培养科技创新力。随着STEM教育在世界范围内的兴起，科学技术在教育领域凸显了其重要地位并成为创新改革的催化剂，越来越多的荷兰创客教育者将计算机思维以及信息技术看作创客教育领域方向性、根本性的问题，荷兰创客教育将立足于更广泛的目标，为未来快速变化的社会做好充分准备。就现实情况来看，信息技术逐渐突破了现有创客空间的技术障碍，目前现有的3D打印技术、机器人编程技术及VR技术等均为创客教育开辟了新的道路，这种技术创造将更加民主化、自由化，给予受教育者更优越的技术支持以建构其想法，帮助其获得面向未来的新技能。新技术作为创客课堂的重要载体，主要有两个作用：其一，帮助学生掌握新技能；其二，利用新技能发明创造。与此同时，信息技术也逐渐打破了教学过程中的桎梏，科学技术的优势已经改变了师生之间的互动方式，远程教学等新模式极大地扩大了教学范围，教学空间不再仅仅局限于空间内部，各领域随时随地可共享人才与资源，创新行为得到激励，荷兰区域网络创新体系得以建立，创新效率大幅提升。

最后，推广创客教育实践是荷兰创客教育发展的未来方向。荷兰创客教育的发展已逐渐深入到社会生活中，而在未来，其创客教育的发展必然是纵横交错的。横向创客教育发展即向荷兰各领域推广创客教育，鼓励跨专业跨界的交流与创新，利用综合性创客空间为创客提供资源整合进而获得高效的性能输出，在此基础上多领域多行业的融合创新与知识共享使复杂性产品的综合性能得到大幅度提升。而纵向创客教育发展则是无差别地向各年龄阶层推广创客教育，创客实质上并非某个特定年龄段人群，年轻的创客往往富有创新力擅于运用创新思维解决问题，而年长的创客在行业经验方面具有独到的见解，目前许多创客正在寻求优势互补，将创新思维同经验相结合可以发现多元化人才的双向互动，这能够极大地提升产品质量，提高创新成果市场转化率。荷兰创客教育将中小学作为出发点进行改革，但不仅仅局限于中小学之中，其还将目光投向了更高层次更富有经验的创客，在更多领域之中各界对创客教育也富有需求，未来更高质量与更多数量的创客空间将持续激发创新主体的创新能力，将荷兰创客教育推向更具深度、更具有发展前景的环境之中。

总的来说，荷兰创客教育组织从学生出发，摆脱了理想主义，结合荷兰中小学创客教育的现实情况系统地内化荷兰创客教育者的经验，将荷兰创客教育实践落到实处，为荷兰地区中小学创客教育带来了诸多改变。而《荷兰创客教育的理论与实践》白皮书将创客教育的国际研究同荷兰创客教育的现实实践相结合，创建了"将理论融入实践"模型，为荷兰中小学自上而下的创客教育发展奠定了坚实的基础，为当前荷兰中小学创客教育提供了成功范例。目前，荷兰各校在实践中灵活运用"将理论融入实践"模型，并仍在积极拓展创客教育发展的新模式新内容，未来荷兰创客教育的发展值得拥有更多期待。

第二章 从创新实践到人格培养：国内外创客研究的文献综述

第一节 国内创客研究综述：发展脉络、热度与态势

为了更加直观地表现国内外创客研究的相关现状及热点趋势，可采用知识可视化研究方法呈现。知识可视化是近年来兴起的通过词频分析、共现分析、社会网络等构建知识图谱的研究方法，广泛应用于某一研究领域的热点发现、前沿探索以及趋势预测等，是推动相关主题研究深入发展的有效路径。以下将采用 Excel、Spss 20.0、Bibexcel、CiteSpace 等相关软件作为主要研究工具。其中 Bibexcel 软件是近年来科学计量学统计分析常用软件，用于科学计量与可视化的数据预处理，由瑞典科学家欧莱·皮尔逊（Olle Persson）开发，因其在科学计量学研究中的卓越贡献，2011 年欧莱教授获得该领域最高奖项——普赖斯奖，该软件的最大特点即可获得后续分析的所有原始数据，在此基础之上研究者可根据自己的需求和优势，结合其他软件进行科学计量及知识单元共线的分析，因此，它与其他软件之间的兼容性更强，数据分析结果清晰简洁且操作更为灵活。其中，Excel 工具主要用于文献信息基本统计；Spss 20.0 主要用于聚类分析；CiteSpace 是基于共引分析理论（Cociation）和寻径网络算法（Path Finder）等，应用Java 语言开发的一款信息可视化软件，在绘制知识图谱以及研究热点和研究前沿的可视化分析等方面具有较强的技术和功能优势。它能够对特定领域文献（集合）进行计量，以探寻出学科领域演变的关键路径及其知识拐点，并通过一系列可视化图谱的绘制形成对不同学科的知识基础、动态演

变历程、研究热点、不同研究前沿之间内部关系以及研究趋势的分析与探测。①

一 国内创客研究现状数据来源

为了较为全面地了解国内创客研究的发展脉络，我们以 CNKI "中国学术期刊网络出版总库"中刊载的期刊文献为统计源，将检索主题设置为"创客"，检索时间不限（分析数据搜集截至 2020 年 2 月 10 日）。并且，为使检索到的数据具有权威性与代表性，我们将期刊来源限定为核心期刊及 CSSCI 期刊。共检索到 1173 篇相关文献，剔除刊物总目录信息、产品介绍信息、会议信息等创客研究非学术性的研究文章后，最终确定选取有效研究文献 1144 篇。在上述基础上规范资料，保持检索资料编码格式以及关键词含义的一致性，将检索到的论文结果自定义保存下载分析。科学文献的数量是衡量科学知识的重要尺度之一，某一时期文献的增加速度在一定程度上反映了该学科领域的理论水平和发展速度。② 我们将通过上述检索策略得到的 1144 篇文献按照文献分布的年代次序进行统计处理（见表 2 - 1），并以折线图（见图 2 - 1）形式呈现，清晰地反映出国内创客研究领域历年文献的变化趋势，用以描述和预测该领域学术研究的发展状况。

表 2 - 1　国内创客研究文献数量（数据来源截至 2020 年 2 月 10 日）

单位：篇，%

年　份	发文量	占　比	年　份	发文量	占　比
2013	6	0.52	2017	283	24.74
2014	19	1.66	2018	239	20.89
2015	138	12.06	2019	173	15.12
2016	286	25.00			

从表 2 - 1 和图 2 - 1 中我们可以看出：我国创客教育研究兴起于 2013年。2013 ~ 2016 年该领域的文献数量呈现快速递增的态势，从 2013 年的 6

---

① Jeannette M. Wing, "Computational Thinking," *Communication of the ACM* 49 (2006): 44.
② 邱均平主编《信息计量学》，武汉大学出版社，2007，第 44 页。

图 2 - 1　国内创客研究文献数量（数据来源截至 2020 年 2 月 10 日）

篇，跃升到 2016 年的 286 篇，"大众创业、万众创新"的热潮以及培养创新型人才的国家战略促使创客相关研究达到高峰。从 2018 年开始创客研究热度有所放缓，体现在 2018 年与 2019 年的创客研究相关文献数量有所下降，分别为 239 篇、173 篇。总体来说，自 2013 年起我国创客相关研究正在持续地受到学者关注，国内创客研究热度提升明显。

　　因本书的数据收集截至 2020 年 2 月 10 日，故文献数量趋势不考虑 2020 年的。我们依据发文量将国内创客研究划分为萌芽期、快速发展期、平缓期。结合表 2 - 1 及图 2 - 1，我们可以发现前两年（2013 ～ 2014 年），国内创客的相关研究处于萌芽阶段，文献数量少，2013 年为 6 篇，2014 年为 19 篇。2010 年我国出现了第一个创客空间——上海"新车间"创客空间，由此，创客运动开始在国内迅速发展起来。这股风潮也进入高等教育领域，在清华大学深圳研究院、深圳大学等一些院校已经出现了创客团体或创客社团。2014 年 6 月，清华大学举办了由 Intel 赞助的创客教育论坛。中国教育部和清华大学、新奥集团联合主办了中美青年创客大赛。在基础教育领域中，2013 年 8 月，温州中学的几位一线老师得到温州电教馆的支持，举办了首届全国中小学 STEAM 教育论坛活动。① 邀请了国内关注教育的知名创客，如李大维、叶琛、于欣龙、程晨、王建军等，建立了教

---

　　① 谢作如：《"虽然很困难，但我们都在努力"——"第一届中小学 STEAM 教育创新论坛"的共识》，《中国信息技术教育》2013 年第 10 期。

师和创客对话的平台。2013 年 11 月，在上海举办的创客嘉年华中，谢作如、吴俊杰、管雪沨、李梦军等教师，做"创客文化和 STEM 教育"专题演讲，呼吁关注中小学教育领域中的创客教育。主流媒体的关注和教育界的大力支持使得创客活动影响逐步扩大，到 2013 年底，我国的创客活动开始有更广泛的基础——中国发明协会主办了首届"中华创客大赛"，这对国内学术界创客研究的萌芽起了很大的作用。

2015～2017 年，国内创客研究进入快速发展期，创客研究发文量迅速跃升，即从 2015 开始，国内有关创客研究的文献发表数量快速增长。出现这一现象的原因是 2014 年 9 月的夏季达沃斯论坛以及 2015 年初李克强总理访问深圳柴火创客空间，这极大地促进了创客和创客教育的发展。社会各界也开始逐步认同，创客教育是以培养各类创新型人才为目的，以学为中心，互动合作，重在分享，对加快推进创新型国家建设，以及实施科教兴国战略、人才强国战略和创新驱动发展战略具有重大意义的新型教育方式，这为创客教育进入快速发展做好了充分准备。在 2015 年全国两会上，李克强总理提出"大众创业、万众创新"的"双创"战略，极大地促进了创客和创新创业的发展，推动了国内对创客的研究。"大众创业、万众创新"的热潮以及培养创新型人才的国家战略促使国内关于创客研究的发文量迅速跃升。2016 年，教育部印发了《教育信息化"十三五"规划》，规划要求有条件的地区要积极探索信息技术在"众创空间"、跨学科学习（STEAM 教育）、创客教育等新的教育模式中的应用，这标志着由"创客运动"引发的"创客教育"热潮正式进入国家层面的教育发展规划中。

国内创客研究的开展如火如荼，传统教育中被诟病的各种问题似乎都可以用创客教育这枚"灵丹妙药"解决。然而，究竟如何让创客研究从大受欢迎的教育理论转化为有效的教育实践，如何将创客教育中蕴含的理念真正地转化为教育教学中的具体策略，如何使创客研究回归到对人的培育这一本质目标呢？从趋势图看，国内创客研究经过三年的快速发展，2018 年和 2019 年的发文量较 2017 年有所降低，进入了平缓阶段，这也代表了国内创客研究热潮逐步回归理性，学者们开始对创客的概念与内涵、创客教育、创客空间等进行了广泛的研究，显然这些才是值得深入、持续探索的。从 2018 年开始的平缓期正是引领创客研究超越现象研究、回归实践本质、进入理性发展与可持续发展的阶段。

二　国内创客研究高频关键词分析

利用 Bibexcel 软件对从中国知网数据库（核心期刊及 CSSCI 期刊）中下载的 1144 篇创客相关研究文献中的关键词进行词频统计，经过优化合并相同含义关键词后，得到 2105 个关键词，共抽取词频大于等于 9 次的 53 个高频关键词，进行统计排序，结果见表 2 - 2。

表 2 - 2　国内创客研究前 53 个高频关键词排序

单位：次

序号	关键词	频次	序号	关键词	频次	序号	关键词	频次	序号	关键词	频次
1	创客教育	323	15	美国	45	29	创新教育	25	43	空间再造	12
2	创客空间	305	16	高校	45	30	智慧教育	24	44	教学设计	12
3	创客	282	17	核心素养	42	31	人工智能	21	45	工程训练	11
4	图书馆	189	18	创新服务	41	32	创客课程	21	46	企业	11
5	众创空间	166	19	创新能力	39	33	翻转课堂	20	47	服务创新	11
6	高校图书馆	158	20	教育信息化	37	34	实践教学	19	48	信息素养	11
7	创新创业	134	21	大学生	36	35	众创	17	49	创客学习	10
8	STEM	125	22	3D 打印	32	36	教学模式	17	50	大学生创客	9
9	创客文化	119	23	高职院校	31	37	扎根理论	17	51	对策	9
10	互联网 +	106	24	创业	28	38	工程教育	16	52	大众创新	9
11	创客运动	86	25	创业教育	28	39	图书馆空间	15	53	发展路径	9
12	创新创业教育	71	26	生态系统	27	40	启示	13			
13	创新	59	27	人才培养	25	41	大众创业	13			
14	图书馆服务	48	28	移动创客空间	25	42	地平线报告	13			

对关于国内创客研究的前 53 个关键词进行排序，可以初步地了解到近年来我国创客研究领域的集中热点和趋势。具体为，除去"创客"之外的频次最高的 14 个热点词分别为：创客教育（323）、创客空间（305）、图

书馆（189）、众创空间（166）、高校图书馆（158）、创新创业（134）、STEM（125）、创客文化（119）、互联网＋（106）、创客运动（86）、创新创业教育（71）、创新（59）、图书馆服务（48）、美国（45），这些词语构成了国内创客研究的核心关键词。简单地梳理以上关键词，我们可以发现，频次最高的关键词为创客教育，国内对创客的相关研究是紧密结合教育学视角的，创客教育是教育界在创客运动的浪潮影响之下，开始兴起的教育创新现象。在我国，创客教育和 STEM 教育都已经在部分中小学和高校发展起来。创客教育继承了项目教学法、"从做中学"、探究学习等以学生为中心的教学思想，并借助与信息技术的融合，开拓了创新教育的实践场。[①] 我国渐渐关注与创客教育有关的概念、环境、价值以及在高校的创新创业教育。国内创客研究热点也涉及国内外图书馆创客空间建立及其发展情况，分析了图书馆创客空间的服务功能。当然，仅对高频关键词的词频统计分析，还难以发现创客研究高频关键词之间的联系，需要进一步通过关键词共现技术来深入挖掘它们之间的联系。

将上述创客研究领域的 53 个高频关键词统计生成 53 × 53 的共词矩阵。共词（Co－word）分析方法属于内容分析法的一种，其原理是对一组词两两统计它们在同一篇文献中出现的次数，以此为基础对这些词进行聚类分析。为了消除共现频次差异较大对数据分析造成的影响，选用 Ochiia 系数将共词词频矩阵转换成相关矩阵，[②] 由于相关矩阵中零值过多，会使统计时误差较大，为了减少误差，方便进一步分析，用"1"减去相关矩阵中的各个数字，得到高频关键词相异矩阵（见表 2－3）。高频关键词相异矩阵的基本原理是：相异矩阵中的数字表明数据间的相似性，数字的大小表明了相应的两个关键词之间的距离远近，其数值越接近 1，表明相应的两个关键词之间的距离越远、相似度越小；反之，数值越接近 0，则表明关键词之间的距离越近、相似度越大。

---

① 祝智庭、孙妍妍：《创客教育：信息技术使能的创新教育实践场》，《中国电化教育》2015年第 1 期。

② 付瑶、杨畋：《基于共词分析的我国关联数据研究进展探析》，《图书馆学研究》2013年第 4 期。

表 2 - 3　国内创客研究高频关键词 Ochiia 系数相异矩阵 （部分）

	创客教育	创客空间	创客	图书馆	众创空间	高校图书馆	创新创业	STEM	创客文化	互联网 +
创客教育	0.0000	0.8671	0.7913	0.9599	0.9880	0.9867	0.9296	0.7520	0.9652	0.9130
创客空间	0.8671	0.0000	0.8278	0.6203	0.9577	0.6601	0.8980	0.9502	0.8079	0.9651
创客	0.7913	0.8278	0.0000	0.9313	0.8958	0.9558	0.9272	0.9120	0.9305	0.8842
图书馆	0.9599	0.6203	0.9313	0.0000	0.9504	0.9563	0.9228	1.0000	0.9141	0.9284
众创空间	0.9880	0.9577	0.8958	0.9504	0.0000	0.9656	0.9324	1.0000	0.9850	0.9699
高校图书馆	0.9867	0.6601	0.9558	0.9563	0.9656	0.0000	0.9553	1.0000	0.9336	0.9834
创新创业	0.9296	0.8980	0.9272	0.9228	0.9324	0.9553	0.0000	1.0000	0.9219	0.9414
STEM	0.7520	0.9502	0.9120	1.0000	1.0000	1.0000	1.0000	0.0000	0.9794	0.9587
创客文化	0.9652	0.8079	0.9305	0.9141	0.9850	0.9336	0.9219	0.9794	0.0000	0.9783
互联网 +	0.9130	0.9651	0.8842	0.9284	0.9699	0.9834	0.9414	0.9587	0.9783	0.0000

从表 2 - 3 可以看出，各关键词分别与 "创客" 一词的距离由近及远的顺序依次为：创客教育 （0.7913）、创客空间 （0.8278）、互联网 + （0.8842）、众创空间 （0.8958）、STEM （0.9120）、创新创业 （0.9272）、创客文化 （0.9305）、图书馆 （0.9313）、高校图书馆 （0.9558）。这个结果说明，创客自从进入学界的视野以来，与国内的创客研究联系最紧密的就是创客教育与创客空间研究，其不断丰富着该领域的研究内容，并且 "创客" 一词经常与 "创新创业" 等结合在一起讨论，助推 "大众创新、万众创业" 的热潮。同时，从相异矩阵中我们也可以发现创客文化研究、图书馆领域创客空间研究受到学界一定程度的关注。但总体来说，受实用理性传统与时代风气的影响，国内创客领域研究理论基础研究、实证研究相对较少，缺少对创客教育研究方法论的探索。

同时，从表 2 - 3 中我们也可以发现，创客教育与 STEM 联系非常紧密 （0.7520），二者在同一篇文章关键词中共同出现的概率比较高。在数字化时代，创客教育与强调跨学科的 STEM 教育同为适应现代社会发展而产生的创新创造教育，二者都正在悄然改变着教与学。美国国家科学委员会的报告中最早出现 STEM 概念，继而在美国高等教育领域以及 K - 12 的报告和文件中频繁出现。相比于 STEM 概念的教育界起源，创客教育由社会创客运动引发，后来引介到教育体系并受到研究者重视，希望借此培养更多具备创客意识的学生，提升将想法变成现实的能力。开源硬件、3D 打印机、物联网等技术的成熟使得创客门槛大大降低，创客教育得以实现和发展。我们知道新型的教育形式是建立在成熟的教育理念之上的，STEM 教育与创客教育也有着较为共同的理论基础，诸如"从做中学"理论、"建构主义"理论等，这也是二者相互借鉴与相互促进的基础。①

创客空间与图书馆也是一对紧密联系的词语（0.6203），"创客空间"一词出自全球第一本以"创客"为主题的杂志——《创客》，其中对创客空间的定义是"一个真实存在的物理场所，一个具有加工车间、工作室功能的开放交流的实验室、工作室、机械加工室"。② 创客空间一般建造在大学、社区中心、成人教育机构中，为人们提供一个一起学习新技术、接受技能培训、分享创意、进行制造的场地。图书馆作为重要的文化场所，能够为人们提供学习支持、教学支持、科研支持、阅读指导，是文化启蒙和创新思维激发的重要园地。创客空间为新时代下图书馆的转型发展、改革创新提供助力，可以增强图书馆的多元化服务能力，这二者的结合本质上促进了知识与实践体验的结合与衍生。

三　国内创客研究领域聚类分析

聚类分析法在一定程度上能够反映关键词之间的亲疏关系，我们可以通过聚类分析方法发现国内创客研究领域主要聚焦的类团。关键词聚类分析的原理是以它们成对在同一篇文章中出现的频率（共词）为分析对象，利用聚类的统计学方法，把关联密切的关键词聚集在一起形成类团。对关键词聚类进行分析时，首先最有影响的关键词（种子关键词）生成聚类；其次，由聚类中的种子关键词及相邻的关键词再组成一个新的聚类。关键词越相似，它们的距离越近，反之则较远。采用 Spss 20.0 对关键词相异系数矩阵进行系统逐次聚类分析，得到的聚类结果见图 2 - 2。

---

① 杨晓哲、任友群：《数字化时代的 STEM 教育与创客教育》，《开放教育研究》2015 年第 5 期。

② 维基百科，2013 年 4 月 8 日，http: zh. wikipedia. org/wik - i/% E9% BB % 91% E5% AE % A2% E7% A9% BA% E9% 97% B4。

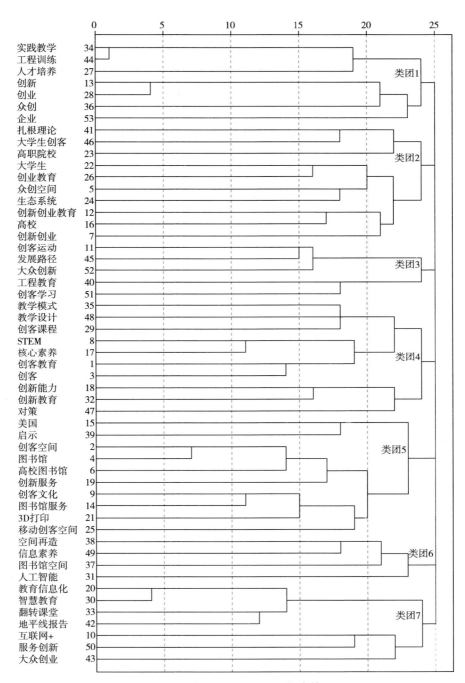

图 2 - 2 国内创客研究关键词聚类情况

聚类分析结果显示类团连线距离的远近，从图2-2可以直观地看出国内创客研究领域高频关键词可以分为7个类团，具体类团内关键词分布见表2-4。

表2-4　国内创客研究高频关键词聚类结果

分　类	关键词
类团1	人才培养、实践教学、工程训练、创新、创业、众创、企业
类团2	高校、高职院校、大学生创客、大学生、创新创业教育、扎根理论、创业教育、众创空间、生态系统、创新创业
类团3	创客运动、发展路径、工程教育、大众创新、创客学习
类团4	教学模式、教学设计、创客课程、STEM、核心素养、创客教育、创客、创新能力、创新教育、对策
类团5	图书馆、高校图书馆、图书馆服务、创客空间、美国、启示、创新服务、创客文化、3D打印、移动创客空间
类团6	图书馆空间、空间再造、信息素养、人工智能
类团7	教育信息化、智慧教育、翻转课堂、地平线报告、互联网＋、服务创新、大众创业

从表2-4可以看出，类团1是关于创新创业人才培养的实践研究，包含创新、创业、人才培养、实践教学、众创、工程训练、企业共7个关键词。我国社会产业结构也正处于一个由低端代工制造业向高科技产业转化的阶段，大数据、新兴产业的产生给社会经济带来了活力，在新形势、新社会环境和新的教育发展要求下，创新创业人才培养更凸显出其重要性，我国各高校创新创业人才培养面临着新的机遇和挑战。党的十九大报告中50余次提到了"创新"一词，特别强调创新是建设现代化经济体系的战略支撑，并指出培养创新人才是实施创新驱动发展战略、加快建设创新型国家的重要举措之一。① 加快加强创新创业人才培养是实现由"中国制造"到"中国创造"的重要基石，政府需要给予创新创业人才培养计划以足够的资金作为保

① 《习近平：决胜全面建成小康社会　夺取新时代中国特色社会主义伟大胜利——中国共产党第十九次全国代表大会报告》，新华网，2017年10月27日，http://www.xinhuanet.com//politics/19cpcnc/2017-10/27/c_1121867529.htm。

障，高校需要建立合理的人才培养质量评价机制，突出创新创业个性化、特色化特点。创新创业人培养应致力于培养具有创新思维和创新专业能力的复合型年轻人，否则大学生创新创业就是无本之木，必将导致低层次、低效率的创新创业。① 总体来说，我国的创新创业人才培养中存在的问题主要在创新创业师资方面，包括创新创业师资难以满足普及性的创新创业教学开展的需求；师资水平不足以满足高质量的创新创业人才培养需求；师资队伍结构缺乏有实践经验的校外导师，难以满足创新创业的实践需求。创新创业人才培养的实践教学应以"分类施教"为导向，积极搭建众创空间等学习实践平台，达到"普及性"与"专业性"的辩证统一。该类团表明了国内创客研究领域学者对人才培养的关注，有利于创客研究与创新创业教育的融合发展，抓住创新创业人才培养的命脉，开展具有创新生命力的创客研究。

类团 2 是关于高校双创教育生态系统的研究，包含众创空间、创新创业、创新创业教育、高校、大学生、高职院校、创业教育、生态系统、扎根理论、大学生创客共 10 个关键词。高校双创教育中所包含的"创新"和"创业"二者既相互区别又相互联系。相互联系的地方在方向上存在一致性，创业的基点和关键是创新，创新是创业的内在支撑点。相互区别之处在于，创业一词强调行动层面的变革，是指个体或团体在社会、经济、文化、政治领域内开办符合国家政策和法规要求的新企业或者创造新岗位。而创新更为注重思维层面上的更新变化，是指打破已存在的规则，对客观现实条件进行改造，是一种勇于探索和变革的精神和态度。我国创业教育起步较晚，20 世纪 90 年代初才开始萌芽。新中国成立初期，我国社会经济基础薄弱，创业教育起点低、底子薄。高校通过教学科研活动，将文化科技软实力转换成经济生产发展的硬实力，激发了社会创业因子。进入 21 世纪，我国创业教育随着时代的发展和政策的支持走上了快车道，我国高校创新创业教育经历了从无到有，从简单的课堂教学到开发多种模式教学，由简单的知识本位到以人为本的核心素养的过程。②

---

① 袁利平、廖欣：《我国高校创新创业教育研究的主题构成与未来趋势》，《贵州师范大学学报》（社会科学版）2019 年第 5 期。

② 李伟铭、黎春燕、杜晓华：《我国高校创业教育十年：演进、问题与体系建设》，《教育研究》2013 年第 6 期。

　　当前，国家层面对高校的双创教育进行大力的支持和引导，国务院和教育部将双创教育写入了政府工作报告，在《国务院关于推动创新创业高质量发展打造"双创"升级版的意见》中更是提出了以下内容：增加大学生创新创业培训的时间，在高校中推广导师制—带动学生创业模式，高校必修课体系须纳入创新创业实践课程，具有市场前景的大学生创业项目被允许用于申请高校学位论文答辩。① 因为高校是"大学生创客"生成的主阵地，更是国家科技创新的主力军，双创教育是高校一项长期、艰巨和复杂的系统工程，应树立整体的系统思维，结合大学生群体的独特性，构建完整的双创教育生态系统。高校创新创业教育生态系统主要以高校为主体，发展出产学研一体化、协同创新、创业教育等多种理论，其最终目的是促使高校创新创业研究成果得以自发演进并转化，从而形成一个系统。② 该类团表明了当前随着社会与教育的发展与变革，在政府、社会、大学生等强有力的支持与参与下，国内高校双创教育氛围得到提升，创新创业成果转化得到加强。无论是产学研一体化研究，众创空间或孵化园的建设，还是大学生创客群体的探索实践，都力求让学生获得真实的创新创业体验，突出实践意识和专业意识，有利于培养学生的创新精神和创造能力。

　　类团 3 是关于创客运动发展路径研究，包含创客运动、创客学习、发展路径、工程教育、大众创新共 5 个关键词。第一次工业革命以来，人类的生产工具从蒸汽机到电力设备，从标准化流水线到智能化机器人，生产技术发生着快速变革。进入 21 世纪，随着 3D 打印技术、微控制器等开源硬件平台日益成熟，进一步降低了科技创新的门槛和成本，使得每个人都可以快速地掌握和利用这些新技术、新工具，进而实现自己的创新想法。创新和创造迅速普及到广大普通人群，形成了大众创新的局面。在全世界范围内鼓励人们利用身边的各种材料及计算机相关设备、程序和其他技术性资源（如开源软件），通过自己动手或与他人合作创造出独创性产品的

① 《国务院关于推动创新创业高质量发展打造"双创"升级版的意见》，中国政府网，2018年9月26日，http://www.gov.cn/zhengce/content/2018-09/26/content_5325472.htm。
② 黄兆信、赵国靖、唐闻捷：《众创时代高校创业教育的转型发展》，《教育研究》2015年第7期。

行动，被称为"创客运动"。美国《连线》（*Wired*）杂志前任主编克里斯·安德森认为"创客运动"将数字化与个人制造相结合，实现了全民创造，由此推动新工业革命。[①] 简言之，从一定程度上来说，工业革命也可以称为一场"创客运动"。纵观国内"创客运动"的发展路径，其发展离不开四个背景条件的支撑：一是技术革新的驱动，开源硬件等奠定"创客运动"萌芽的基础；二是经济发展的需求，推动创新驱动发展的"新业态"；三是国家政策的引领，掀起"大众创业、万众创新"的热潮；四是推崇创新的社会环境，促进"创客运动"的发展，一些社会主体如政府职能部门、企业、学校、图书馆和各类支持中小企业发展的基金，也通过提供资助、成立创客空间、引导学生进行创客学习、举办竞赛等方法促进创客发展。该类团表明国内创客研究领域对创客发展的整体进程、演变进行研究，当前国内创客运动发展成为一种必然的趋势，是创客力量不断壮大的成长历程，也是政府追求社会发展新动力的探索过程。创客研究将成为国内社会、经济转型发展的重要推力。国内创客运动萌芽发展历时仍较短，仍然处于发展的初始阶段，其发展形态尚未定型，其发展推动力仍需增强，其现有的发展效益、启示也值得创客研究者们去开发、利用。

类团 4 是关于创客教育与 STEM 教育的课程体系与教学模式构建研究，包含创客教育、创客、STEM、核心素养、创新能力、创新教育、创客课程、教学模式、教学设计、对策共 10 个关键词。创客教育和 STEM 教育的开展，是回应深化教育改革创新这一时代需求的前瞻性教育探索，势必对我国教育领域产生积极影响。创客运动的浪潮席卷到教育领域，产生了创客教育。当前在国内创客研究领域关于创客教育还未形成统一的定义，存在多种说法，但创客教育的理念已渐渐明晰和成熟。祝智庭、孙妍妍认为，创客教育建立的理论基础是多样而成熟的，创客教育是一种教育模式，倡导体验性、合作性及共享性，对教学模式的创新具有实质性的指导作用。[②] 杨晓哲、任友群认为广义上不存在所谓的创客教育，只能说是创客培养，重点强调创造创新精神。当前，国内所倡导的创客教育更多以数

---

① 〔美〕克里斯·安德森：《创客：新工业革命》，萧潇译，中信出版社，2012，第 46 页。
② 祝智庭、孙妍妍：《创客教育：信息技术使能的创新教育实践场》，《中国电化教育》2015 年第 1 期。

字化工具为基础，创客更集中体现在数字化创客上。^① STEM 是个多学科交融的领域，STEM 教育不仅把科学、技术、工程和数学知识进行简易叠加，还特别强调将原本分散的四门学科组成新的整体。^② STEM 教育是为了更好地帮助学生不被单一学科的知识体系所束缚，促进教师在教育教学过程中更好地进行跨学科融合，鼓励学生跨学科解决问题，有助于提升学生创新能力和跨学科思维能力。创客教育应基于建构主义与创新理论，运用技术手段促进与 STEM 教育学科相融合，从而达到培养学生的开放创新意识、核心素养、跨学科能力的目标。创客教育和 STEM 教育都坚持创新发展的原则，以实践操作为学习方式，以提升创新能力为教育目标，以培养创新人才为归宿。

创客课程体系是创客教育开展的重要载体，应用创客理念改革现有课程结构和内容，是从初级到高级逐步深入的课程体系，而不是简单的一门或几门课程。创客教育的学习活动与课程设计有助于提高学生的核心素养，核心素养包括"科学精神"、"责任担当"、"人文底蕴"、"健康生活"、"学会学习"和"实践创新"六大素养。^③ 创客教育课程与教学设计应注重理论与实践相结合，体现各学科的交叉与整合，紧紧围绕综合性的创新实践，采用项目教学法，结合当前的经济、科技热点，针对某个具体项目或课题，由学生组建团队制订方案、完成项目。该类团表明了当下创客教育与 STEM 教育正在成为已有教育体系中积极应对教育所面临时代挑战的关键组成部分，正在深度影响和改变着教师的教学方式、学生的学习方式，重构着课程体系、教学模式以及教育教学的评价体系。但该类团的研究要走的路还很长，需要充分发挥创客教育和 STEM 教育的自身优势，扬长避短，不断完善，打造出适合自身发展的教育教学体系。

类团 5 是关于图书馆创客空间的建设探索研究，包含创客空间、图书馆、高校图书馆、创客文化、图书馆服务、美国、创新服务、3D 打印、移

---

① 杨晓哲、任友群：《数字化时代的 STEM 教育与创客教育》，《开放教育研究》2015 年第 5 期。

② J. Morrison, "Workforce and School," SEEK – 6 Conference, Washington, D. C.：National Academy of Engineering, 2005, pp. 4–5.

③ 林崇德：《构建中国化的学生发展核心素养》，《北京师范大学学报》（社会科学版）2017 年第 1 期。

动创客空间、启示共 10 个关键词。图书馆汇集了海量的知识与情报，高校图书馆可以为学生提供获取技术指南和第一手情报资料、基于问题解决的文献搜索服务，保护学生创新成果的知识产权，普及创新创业知识政策，提供创新素养能力培训服务等。① 创客空间是为创客们提供实现创意，交流创意思路，创客们聚集在一起学习新技术、接受技能培训、分享创意、进行制造的场地。图书馆与创客空间本质上是提供信息资源与技术共享的服务平台，都紧紧围绕着"知识、学习、分享、创新"这 4 个关键词。目前，图书馆创客空间的建设主要利用图书馆内闲置或未被充分使用的空间，引进各种新兴的软件资源（开源的程序代码、绘图编码等各类应用软件）、硬件资源（电路元件、3D 打印机等新兴制作工具）、人力资源（图书馆馆员、学生志愿者以及本地的专家、学者）。通过举办个人创作型或团体协作型的活动，诸如举办创客大赛、写作沙龙、工艺课程，或者进行其他类型的群组制造、分享与教学的尝试，为用户提供图书馆创新服务，以达到激发灵感、促进交流与共同劳动的目标。

　　创客空间这一图书馆服务的开展，使更多的人开始使用图书馆的资源，并对图书馆有了新的认识。以中国科学院图书馆为例，从 2006 年开始探索在常规的图书馆服务外建设信息共享空间的可行性，2009 年该图书馆针对研究生信息素质培训、学习服务的需求，对原有检索服务空间进行改造，建立了学习共享空间，2011 年以建设图书馆"智慧服务中心"为目标，进行了第三次阵地服务改造，设立了"信息墙"、协同讨论空间、沙龙培训空间等，2012 年再次调整功能布局，探索建设科技协同创新、开放创新与创业的信息服务平台，"创意空间"由此创建。② 此外，通过文献的整理查询可以发现，国内图书馆创客空间的建设探索主要借鉴国外的模式，尤其受到了美国图书馆创客空间相关研究的启示。受 2008 年世界金融危机影响，美国公共图书馆预算紧缩，提供了更加多样的服务来吸引读者，图书馆创客空间服务成为美国公共图书馆领域的

---

① 曾韦靖、刘敏榕：《高校图书馆创客空间定位与服务研究》，《数字图书馆论坛》2018 年第 2 期。

② 《中国科学院国家科学图书馆打造创意空间的实践》，http://kan.weibo.com/con/3604788806544179，2013 年 7 月 28 日。

一个热门话题。① 该类团的研究表明当前创客空间和创客文化赋予了图书馆新的服务内容，图书馆应该打破传统的空间利用理念，接受和欢迎创客空间的入驻，以知识和学习为核心进行规划，探索图书馆空间的多元化功能。

类团 6 是基于人工智能的图书馆空间再造与信息素养的研究，包含图书馆空间、空间再造、人工智能、信息素养共 4 个关键词。"人工智能"的概念于 1956 年首次提出，② 研究如何用计算机模拟人类从事推理、学习、思考、规划等思维和行为。"信息素养"的概念于 1974 年正式提出，包括文化层面、信息意识、信息技能等层面，指的是能确定何时需要信息，并已具有检索、评价和有效使用所需信息的能力。信息素养教育需要空间环境的支撑，空间环境的作用需要信息素养活动来体现，图书馆空间再造更好地服务信息素养教育，更好地发挥图书馆的职能。当前人工智能技术已在社会多个领域空间再造及服务中得到应用，利用人工智能技术对图书馆资源空间进行有效提取、合理布局、总结归纳，有利于实现公共图书馆的精细化发展。关于图书馆空间再造，不同的视角下有着不同的解读与再造方式，如纸媒保存视角下的物理场馆再造、读者休闲体验视角下的"第三空间"再造、"双创"视角下的"创客空间"再造等。③ 现代信息技术的发展无疑是推动图书馆空间变革最为主要的驱动力之一，基于人工智能的图书馆空间再造和信息素养研究更加注重学习者个人体验感和获得感，其发展态势是使图书馆从知识社区向智能空间变革。该类团表明技术发展视角下特别是数字技术、人工智能技术视角下的图书馆空间再造和信息素养研究也受到国内创客研究领域的关注，学界的实践探索、技术的迅猛发展、理论体系的逐步完善，为该类团的研究提供持续性支撑。

类团 7 是关于教育信息化发展的研究，包含教育信息化、智慧教育、翻转课堂、地平线报告、互联网＋、服务创新、大众创业共 7 个关键词。教育信息化变革了传统的教学手段，丰富了教育信息资源，大大提高了教

① 王敏、徐宽：《美国图书馆创客空间实践对我国的借鉴研究》，《图书情报工作》2013 年第 12 期。
② 贲可荣、张彦铎：《人工智能》，清华大学出版社，2013，第 2 页。
③ 王筱雯、王天泥：《基于人工智能的图书馆空间再造与服务》，《图书与情报》2018 年第 3 期。

学质量，为教育创新发展创生蓬勃的前行动力，成为国家教育改革与发展的支撑性力量。《国家中长期教育改革和发展规划纲要（2010—2020年）》、《教育信息化十年发展规划（2011—2020年）》、全国教育信息化工作电视电话会议、《教育部关于实施全国中小学教师信息技术应用能力提升工程的意见》、《构建利用信息化手段扩大优质教育资源覆盖面有效机制的实施方案》、国际教育信息化大会、《教育信息化"十三五"规划》等系列文件和会议，都体现了国家对教育信息化给予了充分重视，以"信息技术对教育发展具有革命性影响"的定位，从教育信息化战略定位确立、教育信息化实践体系深层建构到教育信息化社会服务支撑环境的优化，面向常态化教学与教学创新发展的信息化实践生态正日益呈现。

当前，我国教育信息化正进入"互联网＋"时代，以互联网力量聚合更广泛的资源，为学习者提供了高效的学习资源获取条件和全新的学习环境，用信息技术发展推动教育变革和创新，构建网络化、数字化、个性化、终身化的教育体系，建设"人人皆学、处处能学、时时可学"的学习型社会。随着信息技术在教育领域的应用逐渐深入，这种线上与线下、课前与课后的交流互动促进了学习者知识建构的深化，使得获取的知识更具有情境性。"MOOC元年"以来，在线视频开始迅速崛起，这为翻转课堂（Flipped Classroom）的实施提供了丰富的、高水平的视频资源，为学生通过微视频自主学习提供了坚实的资源基础。翻转课堂教学模式颠倒了学习内容传递与内化的顺序，将知识内化与知识吸收在课内外翻转。该类团表明国内创客研究领域关注到教育信息化背景下的教学手段和工具、教与学环境、教学方式、教学内容与教学方法已发生历史性变革，教育模式不断创新，鼓励采用新型教育理念和方法，转变教育模式，大力推广教学创新。

四　国内创客研究的战略坐标分析

1998年Law等提出了战略坐标的思想，就是用战略坐标图来表示某个领域的主题类团现状的一种方法，该方法还能映射出主题类团内部和主题类团相互之间的联系状况，主要通过横坐标代表的密度和纵坐标代表的向心度表示。[①] 密度值是表示主题类团内部联系强弱的指标，主要用主题类团中的关键词相互之间共现总和的平均值表示，它可以衡量该主题类团维持和发展自己的能力。向心度值则是表示主题类团之间联系强弱的指标，也就是该主题类团关键词与其他主题类团关键词的共现次数，向心度值越大，该类团的关键词与其他类团中的关键词共现的可能性越大，也就表示该主题类团在所属研究领域中的位置越重要。[②]

为了进一步探寻国内创客研究领域类团之间隐藏的内涵，通过计算每个类团内关键词的密度值、向心度值，以 7 个类团的密度平均值、向心度平均值作为原点，计算每个类团的横坐标值、纵坐标值（见表 2 - 5）。

表 2 - 5　国内创客研究各类团密度值、向心度值

分　类	类团名称	密度值（真实值）	向心度值（真实值）	密度值（横坐标值）	向心度值（纵坐标值）
类团 1	创新创业人才培养研究	6.29	15.29	- 10.82	- 7.14
类团 2	高校双创教育生态系统研究	11.40	21.90	- 5.71	- 0.53
类团 3	创客运动发展路径研究	4.00	22.80	- 13.11	0.37
类团 4	创客教育与 STEM 教育的课程体系与教学模式构建研究	32.00	38.10	14.89	15.67
类团 5	图书馆创客空间的建设探索研究	58.00	37.30	40.89	14.87
类团 6	基于人工智能的图书馆空间再造与信息素养研究	1.50	7.75	- 15.61	- 14.68
类团 7	教育信息化发展研究	6.57	15.86	- 10.54	- 8.57

根据表中坐标，用横轴表示密度，用纵轴表示向心度，密度与向心度真实值的平均数为坐标原点，绘制出的坐标称为战略坐标，它以向心度值和密度值为参数绘制成二维坐标（见图 2 - 3），可以概括地表现国内创客研究领域的结构。

---

① J. Law et al., "Policy and the Mapping of Scientific Change: A Co - word Analysis of Research into Environmental Acidification," *Scientometrics* 14（1988）.
② 程慧平、万莉：《学术期刊评价指标结构研究——基于结构方程模型》，《情报杂志》2014年第 11 期。

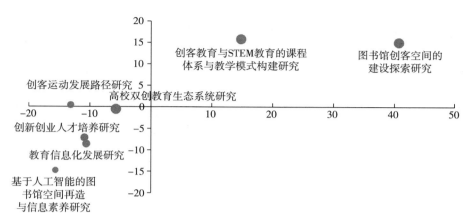

图 2 - 3 国内创客研究战略坐标

由战略坐标图可以看出，划分为四个象限，在横轴方向上主题类团越靠右，代表类团内部关联越密切，意味着类团的关键词共现较为频繁，说明该主题类团在其所属的研究领域中研究历史较长，研究学者较多并且已形成较完善的理论体系，研究趋于成熟。在纵轴上主题类团越靠上向心度值越大，意味着主题类团之间关联越紧密，说明该研究领域是学者们关注的焦点，即该主题类团在所属的研究领域中起着至关重要的作用。在战略坐标划分的四个象限中，一般而言，第一象限的主题类团内部联系紧密且处于研究网络的中心地位。第二象限的主题类团内部结构比较松散，这些领域的研究工作在整个研究网络中具有较大的潜在重要性，有进一步的发展空间。第三象限的主题类团在整体工作研究中处于比较边缘的地位。第四象限的主题类团内部题目明确，并且一部分研究机构在对其进行正规的研究，但是在整个研究网络中处于边缘。这个图将每一个二维空间的题目领域划分为四个象限，可以用来描述各主题的研究发展现状。[①] 由图 2 - 3 可知，上述 7 个类团分布于一、二、三象限，我们分别对每一象限的主题类团进行分析。

第一象限中创客教育与 STEM 教育的课程体系与教学模式构建研究（主题类团 4）的向心度值为 15.67，是所有主题类团中最高的，表明主题

---

① 冯璐、冷伏海：《共词分析方法理论进展》，《中国图书馆学报》2006 年第 2 期。

类团 4 与其他主题类团关联非常紧密，是一个交叉性较强的类团，在国内创客研究领域中最活跃。并且类团 4 的密度值为 14.89，代表创客教育与 STEM 教育的课程体系与教学模式构建研究的内部联系也比较密切。这可以表明：一是创客教育与 STEM 教育的课程体系与教学模式构建研究是现在国内创客领域研究的热点与核心，在国内创客研究领域中具有举足轻重的作用；二是创客教育与 STEM 教育的课程体系与教学模式构建研究的研究学者众多，相关研究理论不断创新，具有远大的研究发展前景。由主题类团 4 可以看出，教学模式、教学设计、STEM、核心素养、创客教育、创新教育等是现今国内创客研究核心的视角，多数创客研究理论都是在该背景下得以实践的，所以这一主题类团不仅与其他类团关联紧密，而且主题类团内部也关联密切。

图书馆创客空间的建设探索研究（主题类团 5）的密度值为 40.89，是所有主题类团中最高的，表明主题类团 5 是国内创客研究领域中内部联系最紧密的类团，且其向心度值为 14.87，代表图书馆创客空间的建设探索研究与其他主题类团的联系也较为密切。创客空间和创客文化能够促进图书馆信息共享与空间建设，图书馆的创客空间建设研究很容易推动图书馆的改革和创新，增强图书馆的多元化服务能力，进而为传统图书馆转型提供了契机，为图书馆注入了新的活力。因此，对图书馆创客空间的兴起、发展历史、图书馆与创客空间的关系、空间规划等是国内创客研究领域的重要议题。学者们纷纷以高校图书馆、图书馆服务、美国图书馆建设启示、创客文化、3D 打印、移动创客空间等为研究对象，探索图书馆创客空间的建设。由此可见，国内图书馆创客空间的建设探索研究的研究视角比较聚焦，内部生命力很旺盛，不易衰退。

第二象限中的创客运动发展路径研究（主题类团 3）的密度值为 -13.11，向心度值为 0.37。这可以表明：一是创客运动发展路径研究内部结构较为松散，内部主题之间互动并不频繁，而且自身发展不成熟；二是与其他主题类团存在关联，在国内创客研究领域中出现较为频繁。国内"创客运动"的发展起源于国外，经历了从一开始创客个人 DIY 的萌芽的阶段，到由创客俱乐部、创客空间、创客嘉年华等机构化扩散阶段，再到现在进入政府、企业、教育机构、图书馆共同参与的蓬勃发展阶段，与经济直接相关的创新、创业获得了热切关注，即与其他主题类团有所关联。创客运动经历了如火如荼的发展，当前发展已有所放缓。可以看出创客运动发展历时并不长，研究时间虽然尚早，创客运动发展路径研究内容目前已有逐渐减少的趋势，在国内创客研究领域相对独立，主题类团 3 和其他类团既有交叉，也有自己特有的研究内容。创客运动发展路径研究在今后的发展中不易确定，可能进一步地演变成国内创客研究领域的重要主题，具有强大的发展潜力；但不容忽视的是类团内部结构较松散、联系不密切，发展相对独立，也极有可能被分解。

　　第三象限中的主题类团占了国内创客研究领域的绝大部分，也代表了当前国内创客研究领域研究程度较浅，没有形成系统的理论体系，有待加强研究。第三象限的主题类团包括创新创业人才培养研究（主题类团 1），其密度值为 - 10.82，向心度值为 - 7.14；高校双创教育生态系统研究（主题类团 2）密度值为 - 5.71，向心度值 - 0.53；基于人工智能的图书馆空间再造与信息素养研究（主题类团 6）密度值为 - 15.61，向心度值为 - 14.68；教育信息化发展研究（主题类团 7）密度值为 - 10.54，向心度值为 - 8.57。表明这些主题类团：一是与其他主题类团联系少、较独立；二是主题类团内部研究聚焦点分散、联系不密切，发展不成熟且没有形成核心研究主题。主题类团 1 和主题类团 2 都相对于处在第三象限靠近横轴的位置，"创客"一词与"创新创业"发生碰撞、融合的时间较为短暂，现在正处于缓慢发展的阶段，需要我们不断地深度挖掘，尤其在创新经济大力倡导的今天，如何依托创客研究加强创新人才培养，构建高校双创教育生态系统都是需要加以重视的，相信随着时间的推移，这一研究主题将会越来越重要。主题类团 7 的研究主题是创客研究领域中的教育信息化发展，与现今兴起的计算机技术和信息技术结合较多，研究相对独立，属于交叉学科，但是计算机技术与信息技术飞速发展，需不断融入新的技术成果，否则极易落后，被淘汰。主题类团 6 处在整个第三象限的最边缘，其密度值与向心度值都很低，表明基于人工智能的图书馆空间再造与信息素养研究相对独立，并且也不是国内创客研究领域的学者们所研究的热点与核心，与其他主题类团的联系并不密切，表现不活跃、生命力较薄弱，所以该研究发展到一定阶段后，可能因缺少新鲜的动力，随时间逐渐淡化。

第四象限中的类团具有较高的密度和较低的向心度，说明内部联系紧密，而与其他类团中的关键词共现频度较低。国内创客研究领域没有处于第四象限的主题类团。

第二节　国际创客研究综述：发展脉络、热度与态势

现如今是一个全球互联、信息爆炸的时代，信息联通与技术更新的速度超乎我们的想象，在这个瞬息万变的时代，"创新"精神成为一种追求，创客文化与创客运动被视为经济社会转型发展的重要驱动力量。在创客运动席卷全球的大背景下，学界也掀起了一股创客研究浪潮，在各国不同形势不同背景下，也催生出各有特色的创客研究。

当前，创客运动在我国也开展得十分热烈，但由于"创客"一词概念起源于国外，国际上创客研究领域的经验值得我们学习。通过知识图谱研究方法，对国外创客研究主题的相关文献进行梳理和综述，分析国际创客研究的发展脉络、热度与态势对于我们更好地梳理和理解创客研究具有重要意义。并且，可以在此基础上对我国创客研究中存在的突出问题进行反思，为国内创客研究发展提供宝贵的经验，为未来创客研究与实践领域的发展提供相关线索。

一　国际创客研究现状数据来源

为了较为全面地了解国际创客研究的发展脉络，我们以 Web of Science（WOS）数据库中刊载的期刊文献为统计源，检索时间不限（分析数据搜集截至 2020 年 2 月 10 日）。WOS 数据库作为权威且专业的综合数据库，广泛收录了 SCI 和 SSCI 的高质量文献，包含科学、社会科学、艺术等领域的世界一流学术性期刊、书籍，其收录的文献质量较高，因此本书所采集的数据均来自 WOS。[①] 国际创客研究相关期刊文章可通过 WOS 数据库检索

---

① 齐青：《Web of Science 的检索和应用》，《图书馆工作与研究》2013 年第 2 期。

下载获得，具体检索条件：时间跨度为 1986～2020 年，选择数据库为
WOS 核心合集。由于和中文的"创客"一词不同，英文的"maker"不是一
个特制的词语，所以利用主题＝"maker education" or "maker movement" or
"maker space"进行检索，在文章类型中去除书评（Books Review）、新闻
（News Item）等非研究性文献，剔除无关结果且去重后，共得到时间为
2011～2020 年的 289 篇国际创客研究相关文献。将 289 篇文献信息纳入后
续分析研究中，规范资料，保持检索资料编码格式以及关键词含义的一致
性，将检索到的论文结果自定义保存下载分析。

我们将通过上述检索策略得到的 289 篇文献按照文献分布的年代次序
进行统计处理（见表 2－6），并以折线图形式呈现（见图 2－4），清晰地
反映出国际创客研究领域历年文献的变化趋势，用以描述和预测该领域学
术研究的发展状况。

表 2－6　国际创客研究文献数量（数据来源截至 2020 年 2 月 10 日）

单位：篇，%

年　份	发文量	占　比	年　份	发文量	占　比
2011	1	0.35	2016	28	9.69
2012	0	0.00	2017	70	24.22
2013	5	1.73	2018	58	20.07
2014	12	4.15	2019	89	30.80
2015	22	7.61	2020	4	1.39

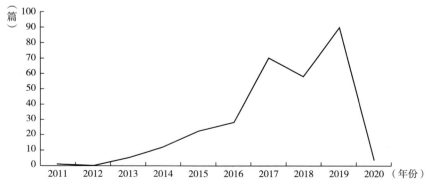

图 2－4　国际创客研究文献数量（数据来源截至 2020 年 2 月 10 日）

从表 2-6 和图 2-4 中我们可以看出：国际学界对创客研究的关注兴起于 2011 年，此后该领域的文献数量呈现快速递增的态势，发文量从 2011 年的 1 篇上涨至 2017 年的 70 篇，国际创客研究热度提升明显。

2011 年初，《创客》杂志使用 makerspace. com 作为网址，创客和创客空间（Makerspace）的表述开始流传开来，并很快引发了全球性的创客浪潮。《创客》杂志是一本结合杂志与书籍形态的季刊，目的是协助读者将 DIY 制作的理念运用到生活中。同年，斯坦福大学的保罗·布里克斯坦（Paulo Blikstein）召开了首届"Fab Lab 进校园"项目大会，吸引了全球众多 K-12 教师参加，这些教师后来成为许多学校创客空间的领导者。

2012 年，美国《连线》杂志前任主编克里斯·安德森出版《创客：新工业革命》一书，迅速让"创客"理念风靡全球。美国非营利性组织 Maker Ed 提出了"创客教育计划"（Maker Education Initiative，http：//makered. org），旨在为教育者和教育机构提供培训、资源和社群支持，帮助他们为学生开展有吸引力的、包容性和激励性的学习活动，使学生通过参加活动增加对创客学习的兴趣，提升信心和能力。美国政府宣布未来 4 年将在美国 1000 所学校引入创客空间，在这一倡导的影响下，美国众多学校开始实施创客教育。

自安德森提出创客理论以来，创客群体逐渐涌现，并迅速蔓延，掀起一场轰轰烈烈的"创客运动"。自 2013 年开始，WOS 数据库中创客研究主题的文献发文量增加明显，创客研究进入快速发展阶段，2014 年 6 月美国白宫举办了"制汇节"（Maker Faire），全美有 153 所大学支持创客教育，坚信创客运动对美国未来的发展具有深远意义。[①] 2015 年，《地平线报告》（高等教育版）就指出，在未来 2~3 年里，创客教育将引起基础教育和高等教育的深度变革。[②] 地平线项目主要是预测并描述未来 5 年全球范围内对教育产生重大影响的新兴信息技术的项目。该项目从 2004 年开始每年均以报告的形式发布研究成果，以帮助人们及时获得国

---

① Davidson Catherine, "State of Making Report (Make Schools Higher Education Alliance)," http：//www. wtoutiao. com/p/wacoPI. html.

② 龚志武等：《新媒体联盟 2015 地平线报告高等教育版》，《现代远程教育研究》2015 年第 2 期。

际教育信息化发展的最新实践成果及其发展趋势，帮助教育决策部门更好地制定政策。[①]

受美国创客教育的影响，世界上很多地区也开展创客教育活动，如欧盟以原有的 Living Lab 计划开展创客运动，Living Lab 可被翻译为"实地实验室"、"生活实验室"、"体验实验室"或"应用创新实验室"。欧盟在全欧洲范围内采取了具体和明确的措施，以支持欧盟提升竞争力和创新，欧盟各国斥巨资在 Living Lab 建设，用户需求的组织挖掘，志愿者参与激励，政府、企业、社会共同创新机制设计上，通过开放创新平台推动全民参与科技创新、创客制作。西班牙等国家建立了创客空间实验室等。

二　国际创客研究国家分布及合作情况

国际创客研究力量来自多个国家，为了更为全面地了解国际创客研究的国家分布及合作情况，我们使用 CiteSpace 软件对 WOS 数据库中下载的文献做相应分析。根据社会网络分析理论，中心度测量的是某节点对经过该节点并彼此相连接的另外两个节点的控制能力，一定程度上表征某节点与其他节点所具有的广泛和密切的联系以及在整个网络中的重要地位和作用。[②] 在 CiteSpace 软件界面，网络节点选择国家（Country），主题词来源（Term Source）为文献标题（Title）、摘要（Abstract）、关键词和标识符（Descriptorsand Identifiers），选择寻径网络算法（Path Finder），数据抽取对象为 top50，设置"Time Scaling"的值为 1，即将 WOS 中主题为"创客"的文献（2011～2020 年）按年份为时段进行处理，选择适当阈值，运行 CiteSpace，得到研究创客的国家分布图谱。其中，节点代表国家，处于分支上的小节点则代表机构，发文量越多，节点越大（见图 2－5）。

从地域分布来看，国际创客研究领域的研究力量主要来自美国。从图 2－5 和表 2－7 发文频次来看，美国的发文量最多，为 173 篇，远远高于

---

① L. Johnson et al. , "NMC Horizon Report: 2015 Higher Education Edition. Austin," Texas: The New Media Consortium, 2015.

② 邢美凤、许德山：《可视化的共词聚类系统分析及实现》，《现代图书情报技术》2011 年第 Z1 期。

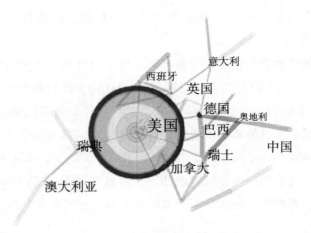

图 2 − 5　国际创客研究国家分布

其他国家。英国、加拿大、中国、德国等紧随其后。从中心度来看，美国的中心度远远领先于其他国家，中心度为 0.45，位居第一，德国和意大利位居第二和第三，中心度分别为 0.13 和 0.12。由此可见美国和德国在国际创客研究中取得的成就显而易见，而英国虽然发文量不高，但是其中心度达到 0.1，在国际创客研究领域的研究也是不容忽视的。相比之下，中国在国际创客研究领域方面的影响较小，在 WOS 数据库检索到的创客研究领域的相关文献仅有 12 篇，中心度为 0。此外，整体国家发文量知识图谱网络密度仅为 0.05，也反映出目前在创客研究领域还没有形成较广泛的国际科研合作规模，各国间的学术交流和科研合作有待加强和深化。

表 2 − 7　国际创客研究领域研究国家分布

名次	国家	中心度	发文量（篇）	名次	国家	中心度	发文量（篇）
1	美　　国	0.45	173	6	澳大利亚	0.06	11
2	英　　国	0.1	17	7	西班牙	0.02	10
3	加 拿 大	0	12	8	巴　　西	0.1	7
4	中　　国	0	12	9	意 大 利	0.12	6
5	德　　国	0.13	12	10	丹　　麦	0.05	6

　　美国是创客运动的发源地，更是国际创客研究中最中坚的力量。值得注意的是，虽然 WOS 数据库中关于创客主题研究的文献最早出现于 2011 年，但是创客理念早在 20 世纪 60 年代末就已出现。麻省理工学院（Massachusetts Institute of Technology，MIT）教授西摩·帕佩特（Seymour Paper）被称为"创客运动之父"，他的团队于 1968 年开发了小学编程语言，致力于引导儿童通过编程来进行数字化创作，并在这一过程中主动建构与内化知识。这一理念被麻省理工学院媒体实验室（Media Lab）的众多研究者传承下来，2001 年尼尔·格申菲尔德（Neil Gershenfeld）开展"微观装配实验室"（Fabrication Laboratory）的创新项目。[①] Fab Lab 是一个拥有几乎可以制造任何产品和工具的小型工厂，以个人创意、个人设计、个人制作为核心理念，使人们在不需要长时间专业培训的情况下，利用各种工具进行 DIY 创作。据 Fab 基金会统计，目前全球已有 30 多个国家建设了 Fab Lab，通过标准化制作工具（激光切割器、数控铣床、嵌入式处理器、CAD/CAM 软件、电路板等）与流程分享，形成了全球规模最大的分布式创新制作实验室。2005 年，戴尔·道尔特和马克·弗劳恩菲尔德（Mark Frauenfelder）注意到，越来越多的人参与到将手工制作、工程制造、计算机科学联结在一起的奇思妙想的活动中来，他们创办了《创客》杂志，并于 2006 年举办了第一届创客嘉年华，而以 DIY 和高科技为特征的创客制作受到全社会的广泛关注

　　学术界普遍认为美国"创客教育"的兴起与 2009 年 11 月美国总统奥巴马在"教育创新"大会上的发言有直接关系。奥巴马在这次大会上呼吁"每个学生都应该成为创造者，而不仅仅是消费者"。随后，美国白宫立即启动了"创客教育计划"。[②] 目前，全美已有包括麻省理工学院、哈佛大学、斯坦福大学等名校在内的几百所高校设置了创客空间，开展了创客教育；一直到 2013 年前后，美国开始有较多的中小学校参与创客运动，探讨在 K - 12 教育中如何进行创客教育，将"创客行动"融入"创客教育"，将"基于创造的学习"视为学生真正需要的学习方式，注重培养学生创造

----

① E. R. Halverson，K. M. Sheridan，"The Maker Movementin Eduction," *Harvard Educational Review* 4（2014）.

② Mark Hatch，*The Maker Movement Manifesto*，NewYork：McGraw - Hill，2014，p. 142.

的爱好、决心和能力，运用科技的发展为学生供应新东西、新材料、新技术，为每位学生提供成为真实创造者的可能。奥巴马在 2014 年美国白宫创客嘉年华活动（White House Maker Faire）中，呼吁："全体国民加入激发创新和鼓励社区发明的行动中来"，[①] 从而引导创客教育进一步扩展与深入。美国政府层面支持创客的方式有两种：其一是美国政府签署的《就业法案》允许更多为创客提供资金支持的众筹平台的出现；其二是军方提供支持，例如美国国防部高级研究计划局（DARPA）资助美国数千所学校"创客空间"的建设。从政策层面到实践层面创客研究成为美国推动教育改革、培养科技创新人才的重要内容。

英国是工业革命的摇篮，自第一次工业革命后制造业快速崛起，1950年出口贸易占全球工业品出口的四分之一，是当时的"世界工厂"。但工业化大批量生产使得设计师们希望复苏中世纪的艺术与手工艺传统，由此在 19 世纪末 20 世纪初英国产生了工艺美术运动（The Arts and Crafts Movement），建立起许多可共用工具的工作坊，以满足人们手工制作的需求。同时，随着科学技术的进步，数字化工具的使用也逐渐成为手工制作的重要部分。而创客联结了手工艺与数字制造技术、设计与生产、软件与硬件，成为创意经济与未来制造业之间的纽带。英国于 1999 年建立了伦敦黑客空间（London Hackspace），为人们提供共享工具与知识，在一定的程度上也可以说是英国的第一家创客空间。在英国的创客运动中，第三方机构和非政府组织发挥了较为重要的作用。在英国，以创客社群、创客教育及创客节展活动为内核，与基金会、大学、地产商、相关空间（如孵化器、加速器和联合办公空间）等共同组成了英国的创客生态。例如，NESTA 作为英国最大的支持创新发展的非政府组织，在 2012 年联合 Nominet Trust、Mozilla、Raspberry Pi、O'Reilly 等多家机构设置了数字创客基金（Digital Maker Fund），鼓励并帮助英国青少年理解、改造甚至发明技术，为多个创客教育项目提供了资金支持。[②] 在英国，几乎每个城市都至少有一个创客空间。英国政府

---

① White House, "Presidential Proclamation—National Day of Making," http：//www. whitehouse. gov/ the－press－office/upl2014/06/17/presidential－proclamation－national－day－making－2014，2014－7－1.

② Nesta, "Digital Makers," http：//www. nesta. Org. uk/project/digital－makers/，2018－5.

也从战略和具体措施两方面支持和引导着创新经济发展，为创客相关研究提供了良好的政治环境。在战略层面上，为了提振制造业，2013 年英国政府推出《英国工业 2050 战略》；[①] 2015 年，面对共享经济的发展，英国政府商业、创业和技能部（Department for Business，Innovation and Skills）出台了一系列共享经济扶持政策，提出要将英国建设成为"共享经济全球中心"。同时，英国政府也通过一系列具体措施为创客空间的发展提供直接的支持。例如，2009 年，英国国际生命中心开始每年举办英国"制汇节"；[②] 2014 年，北爱尔兰文化艺术部门为已建立的创客空间提供了 35 万英镑的资金支持；等等。[③] 值得一提的是，英国的创客空间相对倾向于同政府和企业保持一定的"疏离感"，更多依赖民间力量发展，呈现以数字化制造技术为工具、以草根创新为路径和以可持续发展为目标的特征。

英国的创客发展也对教育提出了新的要求，目前英国的创客教育也已经渗透到中小学阶段日常教育中，从小学至初中一以贯之的 8 门基础课程分别是：设计与技术、艺术与设计、计算、外语、地理、历史、音乐和体育。在这样的课程中，学校根据学生不同的年龄段，与社区、企业、博物馆、文化行业有效联系与配合，将课堂从校内拓展到校外，让学生在真正的动手实践中接触到绘图、制作模板、切割、焊接、电路维修等各项实际生活中需要具备的技能，了解机械、纺织、建筑等多方面的基础材料和审美特质，掌握通过计算机进行艺术设计的基本方法，学习领域涉及能源、农业、食品、建筑、园艺、时尚等多个方面。英国政府支持开展一系列与创客教育相关的项目、行动、计划，如国家科学工程大赛、"STEMNET"、"你的生活"等，为英国创客教育的研究提供了一个有利的平台，将艺术家、企业与社会、学校联动起来，形成互动圈，极大地提升了学生的创造力和增强了社会对创客教育重要性的意识。

在加拿大有 40~50 个创客空间，大部分创客空间在大学、图书馆或者一些工艺品商店中。因为加拿大的创客运动更关注的是手工艺品和文化的实践，这是跨纬度多行业的融合，也是社区性的实践和活动。加拿大创客

---

① 张蓓：《英国工业 2050 战略重点》，《学习时报》2016 年 2 月 15 日，第 2 版。
② Maker Faire UK，http://www.makerfaireuk.com/，2016-11-5.
③ A. Sleigh et al.，"Open Dataset of UK Makerspaces：A User's Guide，" London：Nesta，2015.

运动的特点也反映在创客教育的开展中。加拿大没有全国统一的教育制度，其10个省及3个地区都有各自的教育体系。以加拿大新不伦瑞克省为例，政府官网2019年9月25日消息称，该省为"卓越实验室"（Brilliant Labs）投资50万美元，用于帮助学校发展和促进学生的实践性学习和创新。卓越实验室是一个实践式和体验式学习平台，为加拿大大西洋地区的青少年提供接触新技术和技术方案的机会，致力于在课程中帮助学生综合运用自身的编码能力、创造力、创新思维和企业家精神。这笔资金将推动该非营利组织在2018年完成的170个项目的基础上继续发展，2018年该平台已通过夏令营等形式为数千名在校生提供了支持。他们在全省的学校中建立了150多个创客空间，提供了超过225个创客辅助设备和工具包。这些空间和设施使学生可以在有趣的实践性学习环境中使用不同的工具、技术和材料进行创新。此外，针对如何引导学生参与基于项目的学习，该组织还对教师进行了相关的培训，以更好地促进学生计算思维、数字能力、科学探究能力、创造力等各项能力的综合发展。项目教学主任雅各布·林利（Jacob Lingley）说："卓越实验室希望能够持续为新不伦瑞克省的学生和老师提供创客活动支持，乐于看到学生在结合新的和熟悉的材料来解决复杂的、基于社会实际的问题时所表现的热情。"对此，新不伦瑞克省教育和早期儿童发展部部长多米尼克·卡迪（Dominic Cardy）表示，"长期以来，新不伦瑞克省政府致力于帮助本省学生获得未来就业所需且能够促进全球经济发展的技能，本次资助让学生有机会将他们在课堂上学到的知识应用到动手实践项目上，这是至关重要的。我们鼓励学生以新颖和创新的方式解决问题，便于学生从课堂过渡到以后相应的工作环境"。①总之，虽然加拿大比较特别——没有统一的教育制度，所以通过全国性的政策、计划等来推行创客教育，基本上是不可能的，但各个地区都意识到创客教育和创客空间建设的重要性。

德国一直以其卓越的工业水准和创新能力闻名世界，德国经济的根基是制造业，从汽车工业、医疗设备到新能源相关风力发电等领域，显示了

---

① New Brunswick Government, "Funding to Support Innovation, Hands – on Learning in Schools," https：//www2. gnb. ca/content/gnb/en/news/news_ release. 2019. 09. 0512. html，2019 – 9 – 25.

德国制造业体系的强大和稳固。德国的创客运动发展有其深远的根基。1981 年，全球第一家黑客空间"混沌计算机俱乐部"（Chaos Computer Club，CCC）于德国创建，随后美国的许多黑客参加了德国的混沌计算机俱乐部，在此之后黑客空间的理念和模式传播到了美国。黑客空间连接了一群有兴趣探索事物运作方式，尝试将其分解再次加工优化，学习电脑编程以及尝试更多其他创作的人们，这也正是麻省理工学院最初所使用"黑客"一词的意义。黑客空间是创客空间的前身和雏形，其发展证明了在共享空间中进行点对点学习、知识共享的可行性，并由此诞生了一批最早的开源硬件和开源硬件公司。① 1983 年德国出版公司发行了《计算机技术》（*Magazinfür Computertechnik*），目前是整个欧洲最受欢迎的计算机杂志，并且杂志的 70 位编辑中有许多也是创客身份，亲自参与创客项目制作。《计算机技术》杂志的前身是《电子杂志》（*Elrad - Magazinfür Elektronik*），主要介绍些酷炫的电子项目，由德国出版公司 Heinz Heise 发行。正是基于此，Heinz Heise 对创客运动并不陌生，并在 2012 年承办了德国首届汉诺威创客博览会，参与者有 4500 多名。德国联邦教育和研究部（BMBF）也意识到创客空间对德国作为经济和科技强国具有潜在意义，进而帮助一些高科技企业和新一代创客发明者展开合作交流。慕尼黑、汉诺威和柏林，每年都举行各类大型、小型的创客主题活动及会议，慕尼黑创客集市的组织者之一马丁·拉尔曼（Martin Laarmann）表示，"创客空间能为公共生活做出更多贡献，也是富有前景的创业公司的摇篮。创客社区是一个聚点，它能促进黑客和手工爱好实验室之间，代与代之间，以及地方性企业和新生力量之间的对话"。

德国的创客教育主要以"数学、信息、自然科学和技术"（MINT）教育项目为载体。依托强大的工业反哺，德国历来有重视职业教育和实践能力的传统，通过参与大学实验项目、进入企业体验学习等方式，让儿童和青少年在解决具体问题的过程中对相关职业有更加深入的了解。近年来德国为助力"工业 4.0"，同时应对技能人才的巨大缺口，德国联邦政府和联

---

① Goli Mohammadi，"Maker Movement Blossoms in Germany，"https：//makezine.com/2015/06/03/maker - movement - blossoms - germany/，2015 - 6 - 3.

邦教育部 2012 年正式共同提出了有关促进 MINT 教育和人才培养的政策倡议。希望吸引更多的年轻人通过学习 MINT 相关专业，最终进入 MINT 相关行业，所以 MINT 教育最早的实施对象主要为 16～25 岁的青年学生。2013 年在柏林 "MINT 教育先锋论坛" 上，与会的教育界、政界及企业代表对 "科技意识教育" 达成共识，将 MINT 教育观念向中小学甚至幼儿园教育推广。2016 年，联邦教育部在全国范围内推广 "青少年实验"（Jugend Forschung）计划，希望倡导各州政府继续推进 MINT 在儿童及青少年教育中的发展。与成人教育的专业性和前沿性特点不同，MINT 教育在中小学的推广在于激发儿童对这些专业的兴趣。[①] 当前，德国 MINT 教育贯穿从家庭教育、学前教育到高等教育和职业教育的全部教育过程和教育领域。目前，有近 300 所德国科研机构和大学参与到了欧盟 "校园实验室" 项目之中。这些机构将其实验室向青少年开放，采用 "探究式学习" 的教学方式，让青少年自主开展创客学习与实验。例如，德国国家航天与空间研究中心建立了 9 所校外科学实验室，并向全德青少年开放。在一天的参观安排中，每个学生都可以从开放课题中选择 2 个自己感兴趣的方向，进行集中的操作实践学习。除了大型研究机构和大学，德国的企业也是推动 MINT 教育的重要组成部分。例如，巴斯夫公司针对不同年龄段的青少年和儿童分别建立了 "少年儿童实验室" 和实施了幼儿教育项目，每年都有超过 18000 名德国中小学学生参与到实验室的活动之中。项目旨在给中小学学生提供学习机会；五六年级学生通过实验学会如何把创意变成新产品；13～19 岁的青少年则通过项目制作，把课堂中学到的知识运用起来。[②] 总之，基于 "MINT 创造未来" 理念，德国联邦政府注重 "教育链"（Bildungskette）的系统搭建，提出以教育链形式引导全民广泛参与。

随着创客运动的迅速发展，在各国创客教育和创客空间正通过强有力的方式影响经济、教育、文化的发展。在当前国际创客研究中，美国、英国、加拿大、中国、德国都是主要的研究文献来源，此外澳大利亚、西班牙、巴西、意大利、丹麦也值得关注。

---

① 朱婕：《MINT 教育：德国经济发展的内驱动》，《开封教育学院学报》2019 年第 3 期。
② Birgit Blättel - Mink，"MINT：The German National Initiative for More Women in SET," *Emerald Group Publishing Limited* 28（2009）.

三 国际创客研究高频关键词分析

利用 Bibexcel 对 289 篇主题为"创客"的国际文献中的关键词进行词频统计，经过优化合并相同含义关键词后，得到 487 个关键词，共抽取词频大于等于 5 次的 52 个高频关键词进行排序，结果见表 2 - 8。

表 2 - 8 国际创客研究前 52 个高频关键词排序

单位：次

序号	关键词	频次	序号	关键词	频次	序号	关键词	频次	序号	关键词	频次
1	Makerspace	85	14	Professional Development	19	27	Equity	8	40	Tinkering	6
2	Maker Movement	54	15	Creative Thinking	17	28	Arduino	8	41	Library Services	6
3	Maker	49	16	Engagement	16	29	Sharing Economy	7	42	Electronic Textiles	6
4	STEM	46	17	Maker Culture	14	30	Curriculum	7	43	Circular Economy	6
5	3D Printing	45	18	Digital Fabrication	13	31	Assessment	7	44	Librarians	5
6	Academic Libraries	41	19	Media Literacies	10	32	Sustainability	7	45	Computational Thinking	5
7	Maker Education	37	20	Technology	10	33	Community	7	46	K12	5
8	Design Thinking	32	21	Diy	10	34	School	7	47	Rapid Prototyping	5
9	Innovation	30	22	Entrepreneurship	9	35	Case Studies	7	48	Fabrication	5
10	Learning	27	23	Public Libraries	9	36	Motivation	7	49	Library Instruction	5
11	Additive Manufacturing	24	24	Higher Education	8	37	Expertise	6	50	Intellectual Property	5
12	Education	23	25	Programming	8	38	Continuing Education	6	51	Fablabs	5
13	Constructionism	20	26	Participation	8	39	Pedagogy	6	52	Interest	5

对关于国际创客研究的前 52 个关键词进行排序，可以初步地了解到近年来国际创客研究领域的集中热点和趋势。具体为，频次最高的 15 个热点词分别为：Makerspace（创客空间，85）、Maker Movemen（创客运动，54）、Maker（创客，49）、STEM（46）、3D Printing（3D 打印，45）、Academic Libraries（高校图书馆，41）、Maker Education（创客教育，37）、Design Thinking（设计思维，32）、Innovation（创新，30）、Learning（学习，27）、Additive Manufacturing（增材制造，24）、Education（教育，23）、Constructionism（建构主义，20）、Professional Development（职业发展，19）、Creative Thinking（创造性思维，17），这些词语构成了国际创客研究的核心关键词。相比较国内创客研究中的创客教育、图书馆、STEM、创新等高频关键词，国际创客研究中的高频关键词建构主义、批判性思维、设计思维、职业发展等在国际创客研究中居于更为中心的地位，这说明此类相关研究也值得国内的研究者关注与借鉴。当然，高频关键词的词频统计分析仅仅是比较浅显的分析，为了进一步深入挖掘它们之间的联系，我们进一步采用关键词共现分析技术。

将上述 52 个高频关键词统计生成 52×52 的共词矩阵，选用 Ochiia 系数将共词词频矩阵转换成相关矩阵，并且为方便进一步分析，用"1"减去相关矩阵中的各个数字，得到高频关键词相异矩阵（见表 2 - 9）。高频关键词相异矩阵的基本原理已在上文国内创客研究部分进行讲解，在此不再赘述。

表 2 - 9　国际创客研究高频关键词 Ochiia 系数相异矩阵（部分）

	Makerspace	Maker Movement	Maker	STEM	3D Printing	Academic Libraries	Maker Education	Design Thinking	Innovation
Makerspace	0.0000	0.8524	0.7256	0.7660	0.7786	0.5877	0.9474	0.8496	0.8038
Maker Movement	0.8524	0.0000	0.7418	0.7865	0.8056	0.9391	0.8680	0.9245	0.9179
Maker	0.7256	0.7418	0.0000	0.8139	0.8709	0.9293	0.9617	0.8684	0.9523
STEM	0.7660	0.7865	0.8139	0.0000	0.8799	1.0000	0.8573	1.0000	1.0000
3D Printing	0.7786	0.8056	0.8709	0.8799	0.0000	0.8631	0.9010	0.8868	0.8769
Academic Libraries	0.5877	0.9391	0.9293	1.0000	0.8631	0.0000	1.0000	0.9380	1.0000
Maker Education	0.9474	0.8680	0.9617	0.8573	0.9010	1.0000	0.0000	0.8655	1.0000

	Makerspace	Maker Movement	Maker	STEM	3D Printing	Academic Libraries	Maker Education	Design Thinking	Innovation
Design Thinking	0.8496	0.9245	0.8684	1.0000	0.8868	0.9380	0.8655	0.0000	0.8328
Innovation	0.8038	0.9179	0.9523	1.0000	0.8769	1.0000	1.0000	0.8328	0.0000

从表 2 - 9 可以看出，各关键词分别与"Maker"一词距离由近及远的顺序依次为：Makerspace（0.7256）、Maker Movement（0.7418）、STEM（0.8139）、Design Thinking（0.8684）、3D Printing（0.8709）、Academic Libraries（0.9293）、Innovation（0.9523）、Maker Education（0.9617）。这个结果说明，在国际创客研究高频关键词中，与创客一词关联最紧密的为创客空间，在国外创客空间具有较好的历史发展基础，作为创客运动的载体，创客空间的诞生和演变过程，推动着国际创客研究的发展，这一演变过程更能体现出创客空间作为创新场域对经济、制造业、教育发展的积极作用。并且，创客文化研究、图书馆领域创客空间研究也受到学界的一定关注。但总体来说，受实用理性传统与时代风气的影响，国内创客领域的研究大多关注于创客空间、创新基地等实用领域，忽略了创客文化对人的创造性培养的研究。同时，从表 2 - 9 我们也可以发现，高校图书馆与创客空间是联系最为紧密的词语（0.5877），二者在同一篇文章关键词中共同出现的概率比较高。在国外，图书馆通过引入创客项目并开展相应的服务工作是较为常见的模式。图书馆成为社区实践活动的中心场所，或成为高校师生课外活动的首选之地，被视为除了家庭、职场（学校）之外的"第三空间"，是加强社区成员联系与合作的助推器，有助于促进更广泛意义上的创造性活动。[①] 由此可见，构建创客空间是图书馆服务的自然延伸和功能拓展，二者具有较高的契合度。

四　国际创客研究领域聚类分析

聚类分析法能够反映关键词之间的亲疏关系，我们可以通过聚类方法根据

---

① J. Moilanen, "Open Source Systems：Long - Term Sustainability," Hammamet：8th IFIP WG 2. 13 International Conference，2012.

从 WOS 数据库下载的文献分析国际创客研究主要聚焦的领域。采用 Spss 20.0
对关键词相异系数矩阵进行系统逐次聚类分析，得到的聚类结果见图 2 – 6。

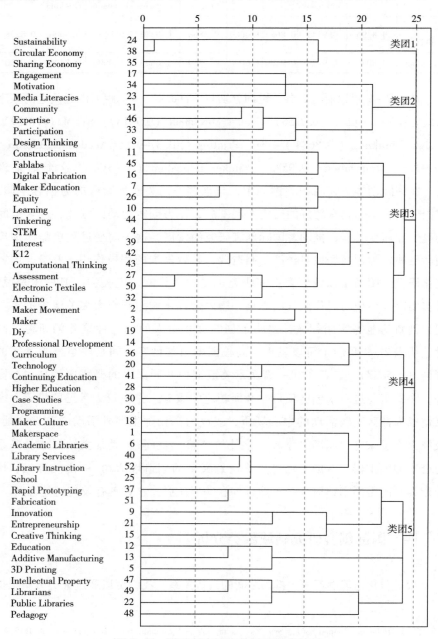

图 2 – 6 国际创客研究关键词聚类情况

聚类分析结果显示类团连线距离的远近，从图 2 – 6 可以直观地看出国际创客研究高频关键词可以分为 5 个类团，具体分布见表 2 – 10。

表 2 – 10 国际创客研究高频关键词聚类结果

分　类	关键词
类团 1	Circular Economy（循环经济）、Sharing Economy（共享经济）、Sustainability（可持续性）
类团 2	Media Literacies（大众传媒）、Community（社区）、Engagement（协议）、Motivation（动机）、Expertise（专长）、Participation（参与）、Design Thinking（设计思维）
类团 3	K12、Maker Education（创客教育）、Constructionism（建构主义）、Arduino、Fablabs、Digital Fabrication（数字制造）、Equity（公平）、Learning（学习）、Tinkering（修补）、STEM、Interest（兴趣）、Computational Thinking（计算思维）、Assessment（评价）、Electronic Textiles（电子纺织品）、Maker Movement（创客运动）、Maker（创客）、Diy
类团 4	Professional Development（职业发展）、Curriculum（课程）、Technology（技术）、Continuing Education（继续教育）、Higher Education（高等教育）、Case Studies（案例研究）、Programming（编程）、Maker Culture（创客文化）、Makerspace（创客空间）、Academic Libraries（高校图书馆）、Library Services（图书馆服务）、Library Instruction（图书馆教育）、School（学校）
类团 5	Public Libraries（公共图书馆）、Intellectual Property（知识产权）、Librarians（图书馆员）、Education（教育）、Pedagogy（教育学）、Rapid Prototyping（快速成型）、Fabrication（制造）、Innovation（创新）、Entrepreneurship（创业）、Creative Thinking（创造性思维）、Additive Manufacturing（增材制造）、3D Printing（3D 打印）

从表 2 – 10 可以看出，类团 1 是经济学视角下的创客研究，包含 Circular Economy（循环经济）、Sharing Economy（共享经济）、Sustainability（可持续性）共 3 个关键词。

2012 年，《连线》杂志的前任主编、TED 的策划人克里斯·安德森出版《创客：新工业革命》一书，明确阐述了创客运动及其在全球新经济浪潮中的持续性作用。安德森指出了"创客运动"的三大变革力量：使用数字桌面工具设计新产品；在开源社区中分享设计成果进行合作；任何人都可以通过通用设计文件标准将设计传给商业制造服务商，以任何数量规模制造所设计的产品，也可以使用桌面工具自行制造。数字设计与快速成型技术赋予每一个人发明的能力，创客们使用互联网的创新模式，颠覆既有的经济生产方式，诸如循环经济、共享经济等新的经济模式也必将为世界带来新的经济活力，创客一代必将成为下一次全球经济大潮的弄潮儿。从世界范围看，"创客运动"创新经济模式，伴随长尾效应，科技革命推动经济变革，创新驱动成为大势所趋，正在出现全球新一轮的科技革命和经济变革。发达国家纷纷推出各自的创新发展战略，焦点不约而同地锁定在新一代互联网、生物技术、新能源、高端制造业等战略新兴经济产业上，引发新一轮增长竞赛。如美国推出"美国竞争力计划""美国创新战略：确保经济增长与繁荣""先进制造业国家战略计划"，欧洲推出"欧洲2020战略""德国高技术战略2020""2014德国工业4.0版"，英国推出"以增长为目标的创新与研究战略"，日本推出"创新2025计划"等，频率之快、密集程度之高前所未有。① 在新一轮信息技术、创客文化的共同合力下，创新创业成为全球化经济大船的原动力。创新创业不仅体现为各国创客空间的自发形成与治理，其也是创客群体的主要行为特征；创客们在实践中以推动经济和社会的可持续发展为己任，积极进行材料研究，促进科技产业的发展和循环经济的构建。

类团2为社区型创客研究，包含Community（社区）、Media Literacies（大众传媒）、Engagement（协议）、Motivation（动机）、Expertise（专长）、Participation（参与）、Design Thinking（设计思维）共7个关键词。创客制作不仅意味着利用自己的专长进行动手创作，也需要依靠项目成员的参与与社会大众的支持。借助于各类众筹平台的融资协议，任何人都有机会做出能够推向市场的产品。创客空间普遍使用的是社区自治的运行方式，在线上虚拟社区与线下的实体社区不断融合的共同作用之下，达成共识，成立项目组。线上，创客们通过建立邮件群、维基百科、云存储平台等方法，积极建立联系；线下，通过实体空间面对面分享工具与知识，来进行创客制造。创客们所崇尚的DIT（Do It Together）、共享及开源精神，使其成为社区构建的重要基础，从而推动社区创客空间发展或创新的民主化进

---

① 张茉楠：《国际创新创业发展战略新趋势及启示》，《宏观经济管理》2016年第1期。

程，进而推动社会创新的可持续发展。加强社区创客空间建设，建立不同社区创客空间之间的互动和伙伴关系至关重要，真正的协作源于共同的目标和价值追求，创客运动不仅是对工具和设备的使用，而是一种一群人在一起做自己喜欢的事，并乐于把自己学习到的东西分享给别人的活动。

　　位于美国马萨诸塞州的 Artisan's Asylum 是美国东岸最大的创客空间，也是最典型的社区型创客空间。Artisan's Asylum 面积约 4000 平方米，是一个非营利的社区创客空间，其目的是支持和促进当地社区不同类型手工制作的教学、学习、实践活动。Artisan's Asylum 最初由一个信封工厂改建而成。创始人成立此创客空间的最初目的是寻找志同道合的朋友一起制作机器人，直至配备了各种原型机器与基本制作工具的创客空间开幕时，他发现创客团体并非小众。如今这个开放空间划分为 3D 打印、机器人、焊接、电子、木工、玻璃及珠宝设计等创作区域，甚至还有一个啤酒工坊可以让人们自己酿酒，同时还提供了公共的社交区域和货架存储单元。Artisan's Asylum 拥有约 10 名全职员工和一些社会志愿者，采用会员制运行，其运行经费来自日常开展的各类创客活动，主要包括以下四方面：个人和社会组织的捐助，包括私人基金以及 Math Works、Autodesk、Solid Work 等公司的捐助；包月会员的会费，该创客空间目前拥有约 250 名包月会员，会员付费使用该创客空间提供的各类加工设备；公开创客课程，依托创客空间提供的软硬件环境，由当地创客面向全社会开设课程，收取一定的学费；空间或设备租赁，作为个人工作室进行艺术创作和创业活动，价格较为合理，避免了早期创业过程中昂贵的工业级设备投资和长期空间租赁费用，当创业活动达到一定规模时就退出该创客空间。① 其中，最著名的项目有宽 5.4 米，重达 1814 千克的六足液压机器人 Stompy，以及世界上第一支 3D 打印笔——在众筹网站 Kickstarter 上成功募款 300 万美元的 3Doolder。奥克兰 The Crucible 创客空间由艺术家 Michael Sturtz 创办，面积约 5600 平方米，每年针对不同年龄段的学生（8～11 岁、12～17 岁以及成人）提供 500 多门手工制作和艺术类课程，教师多来自工业界、艺术界和大学，每

① 徐思彦：《初访 Artisan's Asylum：车库俱乐部》，2014 年 5 月 8 日，http：//www. Leiphone. com/us－hackerspace－tour－artisans－asylum. html。

年有 5000 多人上相关课程。该创客空间的运行经费主要来自课程学费、会员会费、场地出租和社会捐助。欧特克公司 9 号码头工作室（Autodesk Pier 9 Workshop）由旧金山 9 号码头改建而成，配备了工业级的数字化制造实验室、木工车间、金属加工车间、3D 打印实验室、激光切割和电子产品制作车间。该工作室向欧特克雇员和创业者开放，创业者项目开发申请获批后可以无偿使用所有的设备和材料，每月还会得到一定的津贴。① 以上这一类社区型创客空间占了创客空间总数的大多数。一些小型社区型创客空间，即使没有 Artisan's Asylum 的规模和设备，但是也坚持以社区的理念来进行研究与创造。大众相信这种全民式的创客文化能帮助国家进入一个创新的时代，而这种信任是建立在这样一种理念下："每个人都是创客，每个人都是学习者，包括已经走出校园的成年人和大众。"真正的创新创造指的是建立一个"低门槛"的学习社区，在这个社区创客空间中使用的是"低层次"（容易上手）、"高上限"（能运用于更复杂的项目中）、"宽墙壁"（支持各种不同类型的项目）的开发工具，然后将自己的创意转变成现实。

类团 3 为关于基础教育领域中的创客研究，包含 K12、Maker Education（创客教育）、Constructionism（建构主义）、Arduino、Fablabs、Digital Fabrication（数字制造）、Equity（公平）、Learning（学习）、Tinkering（修补）、STEM、Interest（兴趣）、Computational Thinking（计算思维）、Assessment（评价）、Electronic Textiles（电子纺织品）、Maker Movement（创客运动）、Maker（创客）、Diy 共 17 个关键词。信息革命在给人类带来便捷和效率的同时，也倒逼着各国基础教育阶段的课程变革。国外基础教育阶段中的创客教育，在建构主义理论基础上，以"学、做、创"相结合的形式为主，以各类数字制造技术作为创客教育的主要学习内容，包括以 3D 打印为主的数字制造技术，以 Arduino 开源硬件为主的人工智能、机器人技术，物联网等，以培养学生的创造兴趣、计算思维等高阶思维。其中，Arduino 由一个欧洲开发团队于 2005 年开发，是一款便捷灵活、方便上手的开源电子原型

① 杨建新等：《美国高校创新教育实验室和社会创客空间考察》，《现代教育技术》2015 年第 5 期。

平台，包含硬件（各种型号的 Arduino 板）和软件（Arduino IDE）。基础教育阶段的学校探索如何将这些工具和学校课程有机结合，将学习经验和学生的真实生活经验有机结合，引导学生发现问题、进行头脑风暴、设计方案、动手制作、测试优化、分享作品。在这样学习情境中，学生提高了设计能力与解决问题能力，进行了深度学习。据卓越教育联盟的定义，深度学习是指通过创新的方式向学生提供丰富的学习内容，而且学生能够学以致用。基础教育中学生创客学习的过程是：在基本课程结构中融合数字制造工具，在学习与研究的过程中创设问题情境，学生主动使用技术搜集、调查分析数据，并设计、测试和改进解决问题的项目方案，然后与其同伴交流研究成果。与此同时，与同一地区的社区、大学和当地教育机构建立合作伙伴关系，实现"生生互动"和"师师交流"的学习共同体，共享学习资源。

创客运动发端于美国，极大地影响了美国基础教育理念、环境设施、课程建设、学习方式等诸多方面的革新。美国中小学创客教育基于杜威"教育即生活、学校即社会""从做中学"的教育思想，更强调通过学生主动思考、主动设计、主动制作实现全身心参与的"基于创造的学习"。[①] 美国基础教育阶段的创客教育资金来源多样化，得到了联邦政府、教育机构、企业与基金会、高校和学生家长的支持。在联邦政府方面，2009 ~ 2012 年，美国联邦政府启动了"竞争卓越""为创新而教""尊重项目"等多个支持项目，为创客和 STEM 教育提供了 103.1 亿美元的资金和实物支持；2014 年 6 月，美国总统奥巴马宣布将有 11 个政府部门每年投入 25 亿美元用于支持创客研究与实践。[②] 在企业与相关基金会方面，在由全美 1400 多所 K-12 学校领导者联合签署的《创客承诺》中提到，给予 K-12 学校的资金支持来自慈善机构、社会组织或私营企业等。谷歌、英特尔、PXAR 动画制作公司等企业，以及专门关注创新的麦克阿瑟基金会不但为美国中小学创客教育的发展提供资金资助，还提供相关的技术产品支持；LEGO 推出了"青少年 Maker"计划，将自造工具零件分配到国内的 750

---

① 宋秋英：《"创中学"引领美国基础教育》，《人民教育》2015 年第 22 期。

② "President Obama launches 'Educate to Innovate' Campaign for Excellence in Science, Technology, Engineering & Math (STEM) Education," https://www.white house.gov, 2014.

座图书馆；Disney 为了培育年轻人的创造性，在体验、资源、工具上投资了 2000 万美元以上。① 在高校和学生家长方面，马里兰州开展的面向女孩的编程项目（The How Girls Code Program）由高校、企业和学生家长共同资助创建。针对课程与教材，美国出版了基础教育通用的创客教材《基于创造的学习：教室中的制作、修补与工程学》（Invent To Learn：Making，Tinkering，and Engineering in the Classroom），强调在课堂制作的过程中普及工程和计算机科学。教材从创客教育的意义与价值到专业化设计与实践提供了翔实、专业化的指导，内容翔实，包罗万象。内容包括：人类制作与创造的学习与生存的历史起源，探析了创造活动的思维原理与基本过程；着重阐述了创客项目的有效设计；指导教师创建适宜的创客设施、情感与智力发展的空间场所；关于指导创客学习的教育技巧；介绍了创造活动可能需要的各类书籍、材料、网站相关资源；在创客项目学习中学生的领导力培养；创客的分享；创客案例、项目、创客空间的积累与推广；教师在创客教育活动中如何教授自己未曾学习的知识。② 从政策层面到实践层面，创客文化已经在美国基础教育领域站稳脚跟。总之，美国非常重视创客教育，在教育改革过程中强调对学生创造力与实践动手能力的培养，基础教育中的创客运动在扩展学生学习空间、课程内容的同时，也使学生从知识内容的学习者向知识内容的学习者兼传播者、创造者转变，使学生知识与技能的获取方式改变。

此外，补充说明的是主题类团 3 包含的关键词中的 Tinkering（修补）指的是 Tinker 教育，当前国内学者对创客教育的理论与实践研究成果已十分丰富，但对 Tinker 教育的关注不足。Tinker，即"修补"，牛津词典中的解释是"试图以随意或无意识的方式修复或改进某些东西"。Tinkering 活动开始时不必遵循一套规则或寻求一个已知的最终目标，它鼓励学习者直接使用真实的工具和材料，在此过程中形成新想法、新思路、新目标。Tinkering 是一个有趣但又认真的努力——涵盖了许多学科和领域，促进艺

---

① 郑燕林、李卢一：《技术支持的基于创造的学习——美国中小学创客教育的内涵、特征与实施路径》，《开发教育研究》2014 年第 6 期。

② S. Martinez，G. Stager，*Invent to Learn：Making，Tinkering，and Engineering the Classroom*，California：Constructing Modern Knowledge Press，2015.

术、科学和技术之间的联系更紧密。① 美国著名的创客学校"Thinkering School"特别强调体验学习，让学生亲自操作各种木工工具，以做出自己想要的实物。目前，Tinkering 活动在美国各种 STEM 学习环境中被广泛采用，并扩展至欧洲。由欧盟资助的项目"Tinkering——当代创新者的现代教育"，汇集了来自意大利、德国、匈牙利、荷兰和英国的 7 个合作机构，旨在建立一个"Tinkering 欧洲共同体"，鼓励正式和非正式学习场所（博物馆、科学学习中心、中小学校和大学）之间的专业知识和实践交流，从而在欧洲实施 Tinkering 教学。可以看出，在美国及欧洲地区，Tinker 教育受到极大重视。② Tinkering 活动的教学目标是：通过 Tinkering 实施以学习者为中心的教学方法，提高科学技术对成年人和学生的吸引力、创造力和终身学习的能力，实施学校内外情境下的 Tinkering 创新教学法，创建 Tinkering 教学实践社区，鼓励正式和非正式学习机构的专业人员交流专业知识和相互合作。③

类团 4 为关于高等教育领域中的创客研究，包含 Higher Education（高等教育）、Professional Development（职业发展）、Curriculum（课程）、Technology（技术）、Continuing Education（继续教育）、Case Studies（案例研究）、Programming（编程）、Maker Culture（创客文化）、Makerspace（创客空间）、Academic Libraries（高校图书馆）、Library Services（图书馆服务）、Library Instruction（图书馆教育）、School（学校）共 13 个关键词。对于高等教育领域而言，引入"创客"模式意味着一种教育范式的转变。表达创新与共同发展的创客文化已席卷全球，"创客"教育模式所驱动的高等教育课程与学生职业发展相融合，逐渐扩展到高校图书馆创客空间等非正式学习空间提供的资源支撑、项目制作、实践教学等多个层面，更大

---

① "Tinkering Fundamentals: Motion and Mechanisms," https://www.coursera.org/lecture/tinkering-motion-mechanisms/motion-and-mechanisms-activities-UlkJT, 2018-6-30.

② 周静、潘洪建：《美国 Tinker 教育：源起、内涵、演进与价值意蕴——兼对我国 STEM 及创客教育的启示》，《远程教育杂志》2019 年第 1 期。

③ Emily Harris et al., "A Practitioner Guide for Developing and Implementing Tinkering Activities," https://www.researchgate.net/publication/306066132_A_PRACTITIONER_GUIDE_FOR_DEVELOPING_AND_IMPLEMENTING_TINKERING_ACTIVITIES, 2018-7-12.

程度促进创新型高等教育的发展，更能适应当前新工业革命带来的机遇和挑战。在政府及社会的高度重视和大力支持下，高校无论是从意识层面还是实践层面，都大力推动创客运动，打造创客空间，不限年级、不限学科，具有更高的开放性、灵活性和自由度。2015 年的《地平线报告》（高等教育版）提出，创客教育将在高等教育领域产生深刻变革，用于创客教育的创客空间将会在越来越多的高校中得到采用。同时，国外高校的创客空间多以图书馆为基地，既拓展了图书馆的服务类型，又改变了学生的学习方式，有利于教育创新。总之，高校创客教育将成为培养新时期创新创业人才的重要途径，创客空间和创客教育的融合与碰撞是推动创新教育发展的重要驱动力，尤其为那些想进行创新创造和原型设计的学生提供了场地和平台。

早在 2010 年，美国总统科学与技术咨询委员会的报告称，"未来就业创造与经济发展依赖创新能力，创客运动展示了如何激发个人内在驱动力和创新激情"。[①] 美国高校创客教育首先在宏观层面上制定战略重视创新人才培养，深入明确创客精神和创新能力在未来世界中的核心竞争力，这是开展创客教育的起点和基本思想目标；在中观层面上革新教学模式，高度重视开展创客教育的整体设计，课程设置和教学模式上充分融合创新共享的元素，这是开展创客教育的根本途径；在微观层面着力打造优质的创客空间，提供"触手可及"的共享环境，这是创客教育得以真正实施的重要保证。[②] 麻省理工学院启动创新学院计划（Fab Academy），该计划为期一个学期，具有全球性、快节奏、动手实践的特点，参与项目的学生每周三上午 9：00 至 12：00 可以参加全球性的网络讲座，学习期满后将根据学生自身的创意表现和技能操作，颁发结课证书。[③] 亚利桑那州立大学为了将创客教育和创业教育相结合，培养学生的创新创业能力，启动了学年的"创新挑战"项目。有的高校为了培养学生的创新创造能力和实践能力开

① S. Martinez, G. S. Stager, "How the Maker Movement is Transforming Education," http：//www. weareteachers. com. /Hot topics /special reports /how – the – maker – movement – is – transformingeducation, 2019 – 8 – 20.

② 郑燕林：《美国高校实施创客教育的路径分析》，《开发教育研究》2015 年第 3 期。

③ Alexander Nikolas Walzer, "Fab Academy," http：//www. fabacademy. org/archives /nodes/barcelona/index. html, 2015 – 4 – 20.

设了专门的创客课程，如卡内基梅隆大学开设了 30 门跨学科的创客教育课程及 8 个交叉学科的辅修创客项目；卡斯顿州立大学的"利用 3D 打印技术参与创客行动"课程，通过 5 天的集中教学和在线学习，考核通过的学生可获得 3 个学分。① 另外，为了推动本校创客运动的发展，斯坦福大学为广大教育者开设学术奖学金，用于研究创客运动在不同教育领域的应用。

在美国高校创客空间方面，内华达大学（Nevada University，NU）里诺分校的 De La Mare 科学和工程图书馆是美国第一个向学生提供 3D 打印机的学校图书馆，并被美国《创客》杂志评为最有趣的创客空间。麻省理工学院媒体实验室创建于 1985 年，探究科学、多媒体、技术、艺术及设计等领域成果转化的研究，强调"以人为本"、"跨学科"、"原创性"和"开放性"，致力于实现不同研究领域的融合。该实验室创造了许多颠覆性的前沿技术，包括可穿戴技术、可触摸用户界面和情感计算等，研发出许多技术发明（如电子墨水、NEXI 类人机器人、Scratch 图形化编程语言、玩具式学习工具等）。纽约大学 ITP 实验室是技术专家、工程师、设计师和艺术家打破真实与数字空间界限的活跃社区，设有新媒体应用技术、动画设计、视频与声音、可视化语言、网站设计、可计算媒体和物理计算共 7 门基础课程，以及 3D 打印奢侈品、高级动画工作室、交互式设计的生物力学等 100 多门专业课程。加州大学伯克利分校社会利益信息技术研究中心（Berkeley CITRIS）成立于 2001 年，由加州政府和许多私人及公司投资创办，包括 Invention Lab（发明实验室），占地约 170 平方米，为学生提供教授交互式产品设计和原型设计方面的工程及新媒体课程，包括 CS294 – 84（交互式装置设计）和 NM290（批判性制作），利用开源软硬件搭建产品原型。为快速实现创意制作提供了一整套工具、技术支持和加工服务，包括钳工工具、电子产品工作台、CAD 图形工作站、3D 打印机和激光切割机。Foundry（创业培育项目）更类似于国内的孵化器，每年公开选拔多个涉及软件、硬件和服务开发方面的创业团队，通过下列措施帮助创业者建立公司：提供工作空间和加工设备、开展原型开发和创业训练营、联系

---

① "Join the Maker Movement with 3Dprinting," Castleton State University, http：//www. Castleton. edu/academics/professional development continuing education，2015 – 4 – 20.

投资者和企业家。

值得借鉴的国家还有德国，在以德国"工业4.0"为代表的新工业革命背景下，德国的高等教育领域中创客教育主要结合工程教育开展，其教育目标是培养理论扎实、实践能力强的工程师。德国工程高等教育可分为两大类：一是以亚琛工业大学、慕尼黑工业大学等9所工业大学联盟（TU9）为代表的工业大学；二是以汉堡科技大学、科堡应用科技大学等为代表的应用科技大学。德国"学习工厂"模式呈现了基于真实生产的过程和技术，往往涉及工程学、管理学、社会学、信息学等多个学科领域，并且指向产品创造过程中的学习环境，"学习工厂"为学生提供动手操作经验，以此将真实的生产情景引入高校教与学的各个层面。① 当前，高等教育领域中的大多数高校都树立创客教育的旗帜，倡导创客精神，建立创客空间，创建创客生态体系，提供创客教育所需要的工具、课程、项目和指导教师，以鼓励学生参与创客活动。同时，这些高校也支持教师对创客活动进行研究和实践。

类团5为关于图书馆领域的创客研究，包含 Rapid Prototyping（快速成型）、Fabrication（制造）、Innovation（创新）、Entrepreneurship（创业）、Creative Thinking（创造性思维）、Education（教育）、Additive Manufacturing（增材制造）、3D Printing（3D打印）、Intellectual Property（知识产权）、Librarians（图书馆员）、Public Libraries（公共图书馆）、Pedagogy（教育学）共12个关键词。在国外，从中小学图书馆、公共图书馆到高校学术型图书馆、专业型图书馆，创客空间的课题一直层出不穷，并且在建设理念和具体施行上都已经发展得较为完善。究其根源是创客空间契合图书馆的文化内涵和职能定位，图书馆作为公益性的知识服务机构，拥有开放的知识氛围以及场地、设备和资金方面的支持，契合创客空间创造、分享、合作的精神。经过文献计量分析可以发现，图书馆创客空间研究在整个创客领域的研究中占有相当的分量，是一个非常值得进一步细化研究的方面。埃德蒙顿公共图书馆的馆员 Carla Haug 从基础设施、合作者、志愿者和专业馆员、营销以及评价标准等方面对图书馆创客空间的建设

---

① 赵文平：《德国工程教育"学习工厂"模式评介》，《比较教育研究》2017年第6期。

进行了细致的考虑；① 同是埃德蒙顿公共图书馆的另一位馆员 Alex
Carruthers 研究将图书馆中实体的创客空间向线上发展延伸，使虚拟空间和实
体空间融合渗透；② 旧金山克洛韦尔公共图书馆的馆员 Irene E. McDermott
从图书馆创客空间建设所需设备出发进行总结，包括 3D 打印机、智能材
料等；③ 南卡罗来纳州立大学图书馆学情报学院的 Heather Moorefield - Lang
在研究中强调用户协议和图书馆创客空间的使用同样重要；④ 也有学者认
为图书馆创客空间建设应该考虑社区因素，获得社区支持，建立良性互动
关系。⑤ 很多学者、图书馆员针对创客空间的深入研究和分析，为图书馆
创客空间的建设提供了有力的理论支持。作为世界上图书馆事业最发达
的国家之一，美国在图书馆创客空间构建与运营方面也走在国际研究的
前沿，涌现出不少典型案例，在公共图书馆领域的法耶特维尔公共图书
馆（Fayeteville Free Library，FFL）、韦斯特波特公共图书馆（Westport Public
Library，WPL）、底特律公共图书馆（Detroit Public Library，DPL）、印第安
纳州艾伦县公共图书馆（Alan County Public Library，ACPL）、克利夫兰公共
图书馆（Cleveland Public Library，CPL）等；高校图书馆领域的内华达大学
里诺分校图书馆、玛丽华盛顿大学（University of Mary Washington，UMW）
辛普森图书馆、瓦尔多斯塔州立大学（Valdosta State University，VSU）奥
达姆图书馆、密歇根大学图书馆等。值得注意的是，早在 2003 年，FFL 就
已经探索将图书馆服务拓展延伸，将附近的一个废弃的家具厂逐渐发展成
为对公众免费开放的创客空间，FFL 是美国第一家正式引入创客空间的公
共图书馆。⑥ NU 里诺分校图书馆是全美最早为师生提供 3D 打印服务的高

① Garla Haug, "Here's How We Did It：The Story of the EPL Makerspace," *Feliciter* 60 (2014).
② Alex Carruthers, "Biggerthan OurBuildings：The Exciting Potential of Online Makerspaces,"
　Feliciter 60 (2014).
③ Irene E. McDermott, "Make to Learn：Libraries and the Maker Movement," *Searcher* 20
　(2012).
④ Heather Moorefield - Lang, "Making, Libraries, and Literacies," *Library Media Connection* 33
　(2015).
⑤ S. Bjorner, "Makerspaces and Fab Labs：Exploring the Physical And the Digital," *Online
　Searcher* 37 (2013).
⑥ B. Murphy, L. Herrera, "Capital Investment：San Francisco's Branch Library Improvement
　Program," *Public Libraries* 54 (2015).

校图书馆，自 2012 年 7 月运营以来，受到了广大师生的一致好评，取得了良好的素质教育效果。① 有学者从基础设施、资金来源、服务偏好以及政策制度的角度将图书馆创客空间分为以下三种运行模式：协同工作型，指的是图书馆与社会上已有的创客组织或社区合作，基于促进成员的共同发展而建立的符合创客组织或社区需求特点的创客空间，如印第安纳州艾伦县公共图书馆、韦斯特波特公共图书馆等；集中开发型，指的是图书馆提供创造性的协同设计和制造空间满足用户的想法转换为现实的需求，如克利夫兰公共图书馆、玛丽华盛顿大学辛普森图书馆、瓦尔多斯塔州立大学奥达姆图书馆等；自主运营型，指的是图书馆创客空间功能逐步完善且相对自主开展活动，如法耶特维尔公共图书馆、底特律公共图书馆、内华达大学里诺分校的科学和工程图书馆等。创客空间是一种全新的组织形式与服务平台，是新时期图书馆转型与升级的理性选择，图书馆领域的创客空间研究具有丰富的理论要义和外延特征。

五　国际创客研究的战略坐标分析

通过计算每个类团内关键词的密度、向心度，以 5 个类团的密度平均值、向心度平均值作为原点，计算每个类团的横坐标值、纵坐标值（见表 2–11），进一步探寻国际创客研究领域类团之间隐藏的内涵。

表 2–11　国际创客研究各类团密度值、向心度值

分　类	类团名称	密度值（真实值）	向心度值（真实值）	密度值（横坐标值）	向心度值（纵坐标值）
类团 1	经济学视角下的创客研究	2.00	5.67	– 5.54	– 3.95
类团 2	社区型创客研究	4.00	7.71	– 3.54	– 1.90
类团 3	基础教育领域中的创客研究	14.35	11.06	6.81	1.44
类团 4	高等教育领域中的创客研究	11.69	13.15	4.15	3.54
类团 5	图书馆领域中的创客研究	5.67	10.50	– 1.88	0.88

---

① S. Abram, "Makerspaces in Libraries, Education, and Beyond," *Internet @ Schools* 20 (2013).

根据表中坐标，用横轴表示密度，用纵轴表示向心度，密度与向心度真实值的平均数为坐标原点，绘制出的坐标称为战略坐标，它以向心度值和密度值为参数绘制成二维坐标（见图 2 - 7），可以概括地表现国内创客研究领域的结构。

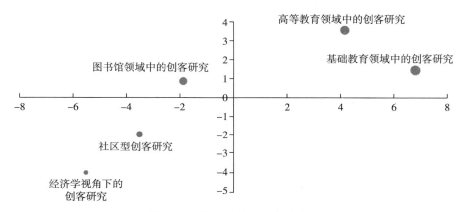

图 2 - 7　国际创客研究战略坐标

战略坐标图划分为四个象限，国际创客研究的 5 个主题类团分布于一、二、三象限，依据战略坐标图我们分别对每一象限的主题类团进行分析。

第一象限中高等教育领域中的创客研究（主题类团 4）的向心度值为 3.54，是所有主题类团中最高的，表明主题类团 4 与其他主题类团关联非常紧密，是一个交叉性较强的类团，在国际创客研究领域中最为活跃。并且类团 4 的密度值为 4.15，代表高等教育领域中的创客研究内部联系也比较密切。而基础教育领域中的创客研究（主题类团 3）的密度值为 6.81，是所有主题类团中最高的，表明主题类团 3 是国际创客研究领域中内部联系最紧密的类团，且其向心度值为 1.44，代表基础教育领域中的创客研究与其他主题类团的联系也较为密切。无论是高等教育领域中的创客研究，抑或基础教育领域中的创客研究，都是创客研究与教育研究碰撞出的火花，多数创客研究都是基于其教育意义与实践出发的，所以这两个主题类团不仅与其他类团关联紧密，而且主题类团自身也关联密切。这表明：一是教育领域中的创客研究是现在国际创客领域研究的热点与核心，在国际创客研究领域中具有举足轻重的作用；二是在国际教育领域中研究创客的学者众多，相关研究理论不断创新，具有远大的研究发展前景；三是教育领域中的创客研究历时久，研究理论丰富，当前研究蓬勃发展。

第二象限中图书馆领域中的创客研究（主题类团5）的密度值为−1.88，向心度值为0.88。表明主题类团5：一是与其他主题类团存在关联，在国际创客研究领域中出现较为频繁；二是当前国际创客研究中图书馆领域的创客研究内部结构不够紧密，内部主题之间互动有待增强。国际研究者们纷纷以3D Printing（3D打印）、Innovation（创新）、Entrepreneurship（创业）、Creative Thinking（创造性思维）、Education（教育）、Intellectual Property（知识产权）等为研究对象，探索图书馆领域的创客研究。当前国际上图书馆领域的创客研究视角、内容都相对国内更为翔实与丰富，但也意味着该领域研究主题的分散化。另外，国际上图书馆领域的相关学术研究积淀深，有该领域特有的研究内容，创客的概念在图书馆领域出现较短，创客空间的公共可用性为图书馆发展提出了各种各样的挑战及值得探索的问题，一定程度上创造了新时代图书馆发展的可能性。但与此同时，也很难预测图书馆领域的创客研究会如何发展，以及它们的存在对用户意味着什么，在今后的发展中不易确定，可能进一步地演变成国际创客研究领域的重要主题，具有强大的发展潜力；但不容忽视的是该类团内部结构联系不够密切，发展相对独立，联系极有可能进一步弱化。但不可否认的是，图书馆领域的创客研究在丰富图书馆作为大众知识、信息共享中心的服务方式和服务内容上有很大的潜力。

第三象限的主题类团包括经济学视角下的创客研究（主题类团1），密度值为−5.44，向心度值为−3.95；社区型创客研究（主题类团2）密度值为−3.54，向心度值−1.90。表示这两个类团：一是与其他主题类团联系少、较独立；二是主题类团内部研究聚焦点分散、联系不密切，发展不成熟且没有形成核心研究主题。尤其经济学视角下的创客研究（主题类团1）处在整个第三象限的最边缘，其密度值与向心度值都很低，表明该领域相对独立，并且也不是国际创客研究领域的学者们所研究的热点与核心，与其他主题类团的联系并不密切，表现不活跃、生命力较薄弱，属于交叉学科领域。但从世界范围看，全球已进入新的创新密集活跃时期，创新创业也正在改变国家竞争力量的对比，科技革命推动产业变革，创新驱动经济发展成为大势所趋，创客研究需要更加注重其经济效益与价值，否则该类团的研究极易落后、淘汰。

社区型创客研究（主题类团 2）也处于第三象限，该类团的研究在国际创客研究领域中处于相对边缘、缓慢发展的阶段，需要我们不断地深度挖掘。总之第三象限的主题类团 1 和主题类团 2 在当前国际创客研究领域中的研究程度较浅，没有形成系统的理论体系，有待加强研究。

第四象限中的类团具有较高的密度和较低的向心度，说明内部联系紧密，而与其他类团中的关键词共现频度较低。国际创客研究领域没有处于第四象限的主题类团。

第三节　当前创客研究前沿热点领域的总结与反思

一　创客及其关联概念的国内外研究热点

自从"创客"一词进入学界的视野以来，研究者分别就创客是什么、有何价值（意义）、创客教育如何发展等问题的探究不断丰富着创客研究相关理论。但不可否认的是，目前，国内创客研究的理论根基依旧非常薄弱。基于上文统计数据的结果分析，并结合对创客研究文献的深入研读，可以发现：（1）国内创客研究在发文量方面于 2013～2017 年呈现快速递增的态势，2018 年与 2019 年的创客研究热度虽然有所消退，相关文献数量有所下降，但仍维持高发文量，可以预计，今后国内的创客研究领域将会持续地受到学者关注；（2）从研究热点（高频关键词）来看，国内创客研究主要集中于创客教育和创客空间，并且创客一词经常与创新创业等结合在一起讨论，创客文化研究、图书馆领域创客空间研究也受到学界一定程度的关注；（3）从研究主题（聚类分析）来看，国内创客研究领域研究主要分为创新创业人才培养研究、高校双创教育生态系统研究、创客运动发展路径研究、创客教育与 STEM 教育的课程体系与教学模式构建研究、图书馆创客空间的建设探索研究、基于人工智能的图书馆空间再造与信息素养研究、教育信息化发展研究 7 个主题类团；（4）从战略坐标分析来看，创客教育与 STEM 教育的课程体系与教学模式构建研究和图书馆创客空间的建设探索研究内部联系紧密并处于国内创客研究网络的中心地位，创客运动发展路径研究具有较大的潜在重要性，其他类团均处于第三象限也代表了当前国内创客研究领域研究程度较浅，没有形成系统的理论体系，有待加强研究；（5）从知识基础与研究前沿来看，国内创客领域的研究始于创客空间和图书馆研究相关议题，逐步由理论走向实践，对创客教育模式和实践应用方面的研究逐步增多，核心素养、图书馆空间、教学设计、创客精神是当前国内创客研究领域的前沿。

通过分析近年来的研究成果，可以把握研究趋势，为今后同类属的研究者抛砖引玉，同时也可以看出国内创客研究领域的突出问题。国内创客研究虽然结合了诸多我国本土元素，助推了国内创新创业热潮与教育变革，但不可否认的是，目前国内创客研究历时较短，根基依旧非常薄弱，没有形成较为完整的创客研究体系，受传统教育观念、社会文化环境的影响，创客研究与实践道路上还有很多需要克服的障碍。

创客研究旨在变革传统教育、实现创造力人才的培养、推动创新经济发展，这就决定了创客研究领域应当建立在多元学科理论对话的基础上，促进技术与人文的融合研究，以此从根本上深化对该研究领域的认识，推动研究的发展。创客研究也绝不能依靠一种永不过时、"唯一、绝对、正确"的范式，来一劳永逸地解决该研究领域在逐步完善、建构中存在的问题。国内创客研究领域的研究者们需要不断提升研究的方法论素养，以不确定、复杂和开放的眼光和思维去探索创客研究的方法论。

创客运动在国际上蓬勃发展，改变了人们的学习方式和社会生产方式，并形成了新的教育模式。学者们从经济学、社区型创客、基础教育、高等教育、图书馆领域的角度对创客发展和相关实践进行了一系列研究与探索，着眼于了解国际创客研究的最新进展，以为国内奠定一系列研究基础和提供借鉴。基于上文统计数据的结果分析，并结合对创客研究文献的深入研读，可以发现：（1）国际学界对创客研究的关注始于 2011 年，此后该领域的文献数量呈现快速递增的态势，发文量从 2011 年的 1 篇上涨至 2019 年的 89 篇，国际创客研究热度提升明显；（2）从研究国别来看，国际创客研究领域的研究力量主要来自美国，其发文量和中心度均远远高于其他国家和地区，英国、加拿大、中国、德国的发文量等分列其后，中心度方面德国和意大利位居第二和第三，美国和德国在国际创客研究中取得的成就显而易见；（3）从研究热点（高频关键词）来看，国际创客研究相比较国内除关注创客教育、图书馆、STEM、创新等高频关键词外，高频关键词中的建构主义、批判性思维、设计思维、职业发展等在国际创客研究中居于更为中心的地位，值得国内的研究者关注与借鉴；（4）从研究主题（聚类分析）来看，国际创客研究领域研究主要分为经济学视角下的创客研究、社区型创客研究、基础教育领域中的创客研究、高等教育领域中的创客研究、图书馆领域中的创客研究 5 个主题类团；（5）从战略坐标分析来看，基础教育领域中的创客研究和高等教育领域中的创客研究内部联系紧密并处于国际创客研究网络的中心地位，图书馆领域中的创客研究具有较大的潜在重要性，经济学视角下的创客研究和社区型创客研究均处于第三象限，代表其没有形成系统的理论体系，有待加强研究；（6）从知识基础与研究前沿来看，国际创客领域的研究始于创新研究相关议题，研究视角从创客主体性研究逐步转向创客现象对教育领域的改变方面的研究，Learning（学习）、Technology（技术）、Science（科学）是当前国际创客研究领域的前沿。

新工业革命催生了创客制造时代，数字技术的迭代更新使得创客发展迎来历史机遇。通过对 WOS 数据库中相关国际创客研究的文献进行梳理，可以发现创客研究逐年升温。美国、欧盟成员国等大多规划建立了本国的"创新国家战略计划"，从国家和地方政府层面建立法规、政策，为本国创客的发展提供了强有力的保障，企业等投资主体、大学、研究机构和中小学校，从资金、技术保障、学术研究、创客教育课程以及创客空间建设等角度为创客发展提供支持。国际创客研究领域对该主题的深入探索研究包括了理论分析与实践验证，从创客的发展历程、概念与原理、方法与策略、国际比较等多个维度将研究本体问题阐释清晰，以此推动研究的深入开展。同时，国际创客运动与全球教育改革互动助推了创客教育的发展，使之成为当前世界各国教育改革的一个重要取向。但是各个领域对创客现象的研究较多地从创客空间建设角度出发，而且目前教育领域对创客的研究仅仅揭开了帷幕。无论是从推动教育改革，抑或培养创新人才的角度，创客教育不应仅仅被技术教育研究平台关注，而应登上大教育范围内的研究平台，通过深入的研究才能为改变未来教育领域发力。

未来教育倡导更多地运用混合学习法，为学生提供线下与线上活动的结合，多种形式学习体验；倡导更多地使用合作学习法，为学生提供超越个人活动的学习体验以及群体性沟通的感受；倡导学生自主探究学习，让学生以设计式的思考、创造的思考为中心内化知识，培养高阶思维；倡导STEAM 教育的跨学科、多学科学习，提供各学科脉络、知识与技术，达到在真实世界的跨学科应用。当然，未来学校的真正变化，教育转向的可能，一切都是未知数。但是学校教育最迫切的趋势之一是回归到真实世界学习，而创客教育正是秉承"探究体验"教育理念，以"创造中学"为主要学习方式的新型教育模式。创客学习活动是一种触摸真实世界的学习活动，创客培养不能是孤立的，应该是系统化的、整合型的，需要深刻改变学校教育生态，开发全新的融合全人教育的创客教育模式，培植面向创新创业的创客群体。从更宽广的视野来看，创客教育更应发起一场大众创新运动，培育一种新的教育文化。①

二 国内创客研究的知识基础与研究前沿分析

关键词的演变可在一定程度上反映国内创客研究领域的发展和演变过程，CiteSpace 软件特有的时序分析可以帮助掌握研究领域关键词的演变。并且依据 CiteSpace 的关键词突变进行统计分析有助于把握该领域研究的知识基础与未来趋势，其中两个方面值得深入分析：在国内创客研究领域该关键词首次出现的年份，说明该领域学者开始关注到了相关研究，通过关键词演变可做知识分析；而新兴、消亡的关键词，尤其是在较短时间内突然增加的则可进一步做研究前沿分析。依照年份对创客研究领域相关文献关键词进行演变分析，设置"Time Scaling"的值为 1，根据分析 2013 ~ 2020 年的数据，为便于后续的总体特征分析与解读，在做研究热点分析时

---

① 王佑镁：《发现创客：新工业革命视野下的教育新生态》，《开放教育研究》2015 年第 5 期。

已进行同义词合并归类处理，得到国内创客研究领域关键词演变时间分布情况（见图 2 - 8）。

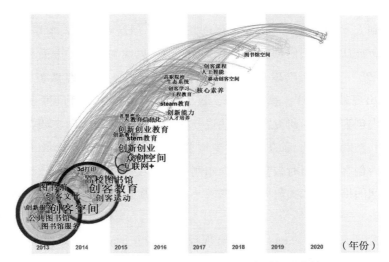

图 2 - 8 国内创客研究领域关键词演变时间分布情况

在图 2 - 8 中节点所在时间代表该关键词首次出现的年份，由此可以发现，创客文化、创客空间、图书馆、公共图书馆、图书馆服务等词最早出现于 2013 年，说明国内创客领域的研究始于创客空间和图书馆研究相关议题。李卢一和郑燕林教授认为，创客空间是重要的基层载体，[①] 是创客活动开展与创客研究的基础，对这一载体功能的挖掘有利于经验积累，也有利于教育者、受教育者及相关研究人员的深度参与。2014 年的研究热点聚焦于创客教育、创客运动、高校图书馆等，创客教育这个词语首次出现于 2014 年，表面在该年度有研究学者正式将其作为创客教育一个独立的议题开展研究，创客教育建立的理论基础是多样而成熟的，创客教育作为教育模式，倡导体验性、合作性及共享性，对教学模式的创新具有实质性的指导作用。[②] 2015 年的节点显示众创空间、创新创业教育、创新创业、创业教

---

① 李卢一、郑燕林：《中小学创客空间建设的路径分析——来自美国中小学实践的启示》，《中国电化教育》2016 年第 6 期。

② 祝智庭、孙妍妍：《创客教育：信息技术使能的创新教育实践场》，《中国电化教育》2015 年第 1 期。

育、创新教育等关键词成为这一时期的研究热点。2015 年，李克强总理提出"双创"口号，鼓励并大力支持创业的教育，这与上文研究文献的年度分布分析也较为符合，国家层面对创客的重视推动该领域的研究热潮。2016 年开始关注到人才培养方面，主要聚焦创新能力、创新意识、人才培养等主题，何克抗教授认为我国的创客教育主要从意识、思维和能力三方面来培养创新人才。[①] 2017 年开始出现移动创客空间、信息素养、创客课程等关键词，2018 年出现教学设计、核心素养、教学模式等关键词，可以发现，自 2017 年，国内创客领域的研究方向有些许变化，逐步由理论走向实践，对创客教育模式和实践应用方面的研究逐步增多，创客研究的理论指导价值逐步突显。国内创客研究历时较短，理念刚刚兴起，我国的实践基础较为薄弱，但随着时间的推移，相关研究逐渐深入，探索其应用机制可能是未来新兴的研究议题。

突变词（Burst Term）是指出现频次在较短时间内突然增加（增长速度较快）或使用频次增长率明显提高的术语。从大量的文献主题词中检索出所有的突现词（或术语），不是单纯依据词频的大小，而是利用突现词的动态变化特性，根据词频的时间分布和变动趋势来分析学科的研究前沿领域和发展趋势，这样可以更有效地揭示学术研究的动态发展机制。[②] 利用 CiteSpace 中的"burstness"突变词计算功能，国内创客研究领域突变词分析如图 2 - 9 所示。其中，主题词变化频率最高的是"核心素养"和"图书馆空间"，其膨胀值分别为 3.3754 和 3.3583，居于第一、二位，最早出现于 2018 年，也是当前研究的前沿所在。紧接其后的研究前沿有移动创客空间（2.2927）、翻转课堂（2.1413）、智慧教育（2.1317）、大众创新（2.1317）、智慧学习（2.0964）、信息素养（2.0046）、人才培养（1.9287）、图书馆服务（1.9137）、教学设计（1.8598）、创客精神（1.8598）等。当前，仍处于国内创客研究前沿的包括教学设计、创客精神这两个关键词，值得该领域的研究学者关注与继续深入探索。

---

① 何克抗：《论创客教育与创新教育》，《教育研究》2016 年第 4 期。
② C. Chen，"CiteSpace II：Detecting and Visualizing Emerging Trends and Transient Patterns in Scientific Literature，" *Journal of the American Society for Information Science and Technology* 57（2006）.

关键词	膨胀期	开始年份	结束年份	2013~2020年
图书馆服务	1.9137	2013	2015	
智慧学习	2.0964	2014	2015	
智慧教育	2.1317	2014	2016	
大众创新	2.1317	2014	2016	
翻转课堂	2.1413	2015	2016	
人才培养	1.9287	2016	2017	
信息素养	2.0046	2017	2018	
移动创客空间	2.2927	2017	2018	
核心素养	3.3754	2018	2020	
教学设计	1.8598	2018	2020	
图书馆空间	3.3583	2018	2020	
创客精神	1.8598	2018	2020	

图 2 - 9 国内创客研究领域突变词分析

三 国外创客研究的知识基础与研究前沿分析

依据 CiteSpace 的关键词突变进行统计分析有助于把握国际创客研究领域的知识基础和未来趋势，其中两个方面值得深入分析：在国际创客研究领域该关键词首次出现的年份，说明该领域学者开始关注到了相关研究，通过关键词演变可做知识分析；而新兴、消亡的关键词，尤其是在较短时间内突然增加的则可进一步做研究前沿分析。依照年份对国际创客研究领域相关文献关键词进行演变分析，设置 "Time Scaling" 的值为 1，根据分析 2011~2020 年数据，为便于后续的总体特征分析与解读，在做研究热点分析时已进行同义词合并归类处理，得到国际创客研究领域关键词演变时间分布情况（见图 2 - 10）。

在图 2 - 10 中节点所在时间代表该关键词首次出现的年份，由此可以发现，Innovation（创新）一词最早出现于 2011 年，说明国际创客领域的研究始于创新研究相关议题，并与后续研究存在较多联系。"创客"一词从诞生起便与"创新"有着天然的本质联系，创客是 21 世纪全球创新活动的典型，本身具有的开放、共享、创新的特点也与当今社会发展需求相符，利用创客研究将创新研究推向新的高度是理论界和实践界共同的心愿。2013 年国际创客研究领域出现的研究热点聚焦于 Makerspace（创客空

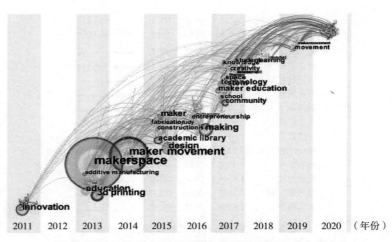

图 2 - 10　国际创客研究领域关键词演变时间分布情况

间）、3D Printing（3D 打印）、Education（教育）、Additive Manufacturing
（增材制造），创客空间进入教育领域，以 3D 打印技术为代表的数字制造
新技术进一步降低了科技创新的门槛和成本，实现了技术的"民主化"。
2014 年开始出现 Maker Movement（创客运动），说明创客运动现象引起了
学术界的重视。2015 年的节点显示 Constructionism（建构主义）、Design
（设计）、Academic Library（高校图书馆）等成为该年度的热点议题，说明
该领域开始注重理论研究。2016 年出现 Making（制造）、Entrepreneurship
（创业）等关键词，说明创客运动的快速发展引起对创新创业的关注。
2017 年开始关注到 School（学校）、STEM、Maker Education（创客教育）、
Technology（技术）、Community（社区）等主题。2018 年国际创客研究视
角转向学生学习的角度，出现 Model（模型）、Learning（学习）、Student
（学生）等关键词。可以发现，2017 年之前，国际创客领域研究者更多关
注创客运动、创客空间等与创客主体本身相关的研究。而 2017 年之后该领
域更多地青睐于创客现象对教育领域的改变方面的研究，有关学校教育和
学生学习的主题成为学者们关心的热点。通过创客教育，学生既可以获得
学科知识，又可以增强高阶思维能力，因而校区创客空间的建设，课程中
创客项目活动的设计与组织，创客教育在高校、K12 中的应用探索都是近
些年国际创客研究领域关注的主题。

利用 CiteSpace 中的 "burstness" 突变词计算功能，来分国际创客研究前沿领域和发展趋势，可以更有效地揭示该领域的动态发展机制。国际创客研究领域突变词分析如图 2-11 所示。其中，主题词变化频率最高的是 "Space"，其膨胀值分别为 2.7003，该突变词最早出现于 2017 年，主题词变化频率第二高的是 "3D Printing"，膨胀值为 2.4999，最早出现于 2012 年。紧接其后的出现过的研究前沿有 Learning（2.1949）、Professional Development（1.5438）、Education（1.5106）、Science（1.3424）、Technology（1.3100）、Maker Movement（1.2852）、Big Data（1.2654）等。当前仍处于国际创客研究前沿的包括 Learning、Technology、Science 这三个关键词，值得该领域的研究学者关注与继续深入探索。

关键词	膨胀值	开始年份	结束年份	2011~2020年
Education	1.5106	2012	2014	
Predictive Analytics	1.2654	2012	2014	
Maker Movement	1.2852	2012	2013	
Logistics	1.2654	2012	2014	
3D Printing	2.4999	2012	2015	
Research	1.2654	2012	2014	
Supply Chain Management	1.2654	2012	2014	
Big Data	1.2654	2012	2014	
Professional Development	1.5438	2016	2017	
Space	2.7003	2017	2018	
Learning	2.1949	2018	2020	
Technology	1.3100	2018	2020	
Science	1.3424	2018	2020	

图 2-11　国际创客研究领域突变词分析

第三章 空间、技术、结构、课程：美国教育创客空间的内在逻辑与核心特征

第一节 美国教育创客空间的内在逻辑

美国作为全球创客运动的发源地，在创客教育方面一直保持着迅猛的发展势头。"创客运动走进学校"也开始席卷全美：各种类型的教育创客空间、创客课程层出不穷，创客教育也作为一种新的教育实践在全美 K-12 教育阶段全面兴起。2018 年，德雷塞尔大学 ExCITe（Expressive and Creative Interaction Technologies）研究小组选取了美国 12 个地区共 30 个提供 K-12 教育的创客空间进行了大范围的实证研究。该研究历时一年，对全美教育创客空间的现状及问题进行了深度分析。美国的教育创客空间遵循着何种发展逻辑？目前又存在哪些深层次的问题亟待解决？未来的教育创客空间又该沿着何种路径变革？在基于创客教育文献研究的基础上，结合关于全美教育创客空间报告的相关内容，试图勾勒出当下美国教育创客空间的内在逻辑、核心特征及其未来展望。

一 历史的传承：创客空间教育价值的发现与强化

美国教育创客空间发端于 20 世纪 50 年代，最初的形态包括各种家庭改造车库、传统制造车间、部分机构建立的孵化器和由技术人员组成的社会团体，其发展经历了由粗放到集约、由个体创造到团队协

同创新、由自由分散到政府计划推进的发展逻辑，并在数量不断扩增的过程中呈现开放性、共享性、实践性、创造性和标准化等特征。20世纪中叶到70年代，世界范围内创客空间的发展还处于初级阶段，现代化的设备和基础设施并未得到配置，创客空间只是单个技术人员或技术团队基于兴趣爱好，致力于技术创新、创造和交流分享的聚集地和场所。这一阶段创客空间的发展以个体创造为主，是一种自由分散的发展模式，缺乏相关领域的沟通与合作，政府引导和管控作用不强。到80年代，德国成立的混沌计算机俱乐部被众多学者认为是第一个真正意义的教育创客空间。随后，该俱乐部的一些发展理念被引入美国，部分研究机构或掌握技术的个人开始设立实验室和工作室，致力于产品创造。2001年美国麻省理工学院比特与原子研究中心（Center for Bits and Atoms，CBA）建立了微观装配实验室，该实验室被认为是美国第一个教育创客空间。随后，伴随移动互联网以及3D打印技术、开源硬件平台的迅速发展，创客群体与日益流行的"创客运动"受到政府、学校、企业各地的公共图书馆和高校图书馆等社会组织或个人的重视。《创客》杂志于2005年发起了全球第一个"创客行动"，有效地推动了"创客"概念的全球传播。2014年，美国总统奥巴马将举办第一届"白宫创客大会"的日子（6月18日）定为"全美创客日"，并将第二届"白宫创客大会"命名为"全美创客周"，号召全美"每个企业、每所大学、每个社区、每位公民都加入支持全美各地民众成为创造者的行列中来"。①

创客运动的蓬勃发展为教育领域的变革拓展了新的方向：基于创造与实践的文化、乐于分享与合作的精神、体验式学习的乐趣……创客教育的上述特征不仅在学校实践层面得到了拓展，也引起了美国联邦政府及地方政府的关注。创客教育已然成为促进美国教育创新的最佳路径。早在2009年，美国就制定了"通过教育达致创新"（Educate to Innovate）的战略，认为"在未来十年中，这个全民性的运动将有助于美国学生在数学、科技等领域的创新能力大幅提高"，在未来，每个学生不仅仅是消费者，更应

---

① Nation of Makers，https：//obamawhitehouse. archives. gov/nation – of – makers，2019 – 1 – 8.

该让每个学生成为创造者。① 此项运动仅为创客教育就提供了超过 10 亿美元的经费支持；2012 年，美国政府开始启动"创客教育计划"，该计划旨在培养学生动手实践能力和创新创造能力，激发学生创造天赋，"使每一个孩子都有可能成长为创客"。该计划目前致力于推进中小学学校创客空间的建设与多种类型创客项目的开发，最终推动美国学校创客教育的繁荣；2014 年，为继续点燃全民创造力与想象力，引领全球进步，保持创新步伐，奥巴马政府宣布"创客国家计划"（Nation of Makers Initiative），该计划倡导"建设创客型国家，赋予美国学生和企业家创造未来的权力"，培养学生终身学习能力。② 为继续保持教育后劲，调动学生创新创造的热情，除了国家战略层面的支持，教育部门也为创客教育提供了肥沃土壤。2013 年以来，美国超过 20 个州的 K – 12 教育机构开始投入资金和设备支持创客空间或创客实验室的建设；随后美国联邦教育部启动"改造计划"（Maker Over），宣布在全美 K – 12 阶段各类型的学校建造更多创客空间，并对学校原有的课程重新设计，力求融入实践经验和创客理念；③ 此外，联邦教育部还专门对 K – 12 阶段学生的暑假活动做了安排，开展了"通过 21 世纪社区学习中心进行创客"的项目，该项目主要通过组织夏令营，参观博物馆、图书馆等多种形式组织学生进行创客教育实践。而美国部分大学也通过观摩学习、服务项目等途径为 K – 12 阶段的学校提供帮助和支持，像北卡罗来纳州立大学的学校创客空间会面向 K – 12 阶段的学生开放，该阶段的学生可以在创客空间内旁观创客项目，参观创客设备，潜移默化地形成创客思维。在国家、政府和学校共同扶持的背景下，创客教育开始更多地由高等教育向基础教育转移，基础教育阶段创客教育的空间建设、项目规划及课程设置等也发展到了新的阶段。2016 年，全美 1400 多所 K – 12 学校的领导者联合签署《创客承诺》，正式致力于创

---

① 王志强、卓泽林：《美国中小学创客教育的现状、理念与挑战》，《比较教育研究》2016年第 7 期。
② 郭运庆：《创客教育的现状、问题与未来发展方向——访广州市教育信息中心"智创空间"创始人王同聚老师》，《数字教育》2016 年第 4 期。
③ 伍文臣、饶敏、胡小勇：《创客教育进学校的组织模式与案例介绍》，《中小学信息技术教育》2016 年第 7 期。

客教育的建设。①

二 空间的形塑：基于"分布式"与"去中心化"的创客空间布局

美国是全球创客运动的发源地，其国内创客空间的发展经历了由点状分布到线性联动、再到网状格局的空间演变，并呈现"去中心化"和"分布式"的发展态势。目前全球创客空间已超过 2000 个，② 而创客空间的数量仍然保持着大幅增长的态势。各种类型的创客活动，如创客嘉年华、创客节、创客工坊、创客社区也层出不穷。自从 2001 年第一个创客空间——麻省理工学院比特与原子研究中心建立以来，美国建立了众多不同规模、不同种类的创客空间。美国现有的创客空间的主要形态和发展模式主要是开放实验室模式、社区整合模式、图书馆创建模式、校企合作模式等。2014 年，据美国《新闻和世界报道》(*US News & World Report*) 统计，世界排名前 127 位的高等学校中，美国名列前茅的 40 多所高校纷纷设立了创客空间。③

随着全球创新时代的到来，各种类型的创客竞赛、创客社区及创客项目层出不穷，尤其是风靡全美的创客嘉年华活动，使得来自全国各地的发明家、企业家甚至各州的政治家、学校的教师、学生等都纷纷热衷在嘉年华上"观摩、分享或展示创客作品，交流经验，分享思想"。创客嘉年华推动了创客运动的发展，也催生了创客空间数量的增长，有数据显示现全球的创客空间数量已经超过了 2000 个。与此同时，美国政府发出"每个公司、每个学院、每个社区、每个公民都加入创造"的呼吁，④ 并通过政

---

① Dale Dougherty, *Free to Make : How the Maker Movement Is Changing Our Schools, Our Jobs, and Our Minds*, Berkeley：North Atlantic Books, 2016.

② Halverson, Erica Rosenfeld, Kimberly Sheridan, "The Maker Movement in Education," *Harvard Educational Review* 84 (2014).

③ 陈珊、韩芳：《美国北卡罗莱纳州立大学创客教育及启示》，《比较教育研究》2017 年第 1 期。

④ Nation of Makers, https：//obamawhitehouse.archives.gov/nation - of - makers, 2019 - 01 - 08.

策鼓励民间机构、中小企业和各种志愿者组织为全民创客运动提供支持。数字技术的大量应用、开源硬件的大幅普及更为创客运动的繁荣和发展提供了强大的技术支撑。2000 年以来，以 3D 打印技术的广泛应用、智能机器人的设计制作、Scratch 与机器人技术的逐步融合为核心的创客运动开始转变为以 "虚拟与增强现实技术（含可穿戴设配）" "无人机（空中机器人）" "App Inventor 与机器人融合" 为核心的新技术变革运动席卷全球。新技术的广泛普及和使用使得创客运动的投入成本越来越低，创新型经济时代的到来更加激发个体的创造力，创客运动及创客文化的大热为创客教育创造了兴起的背景条件。

三 价值的扩展：创客空间功能属性的演变

美国教育创客空间在不断现代化和标准化过程中其价值取向逐渐由技术创新和产品创造价值走向社会服务价值，逐渐强调塑造人的创客精神和提高创造能力，创客教育功能得到进一步凸显，完全以兴趣为导向进行创新创造的创客团队在历史的潮流中逐渐消失，一种兴趣与社会需求相结合的创客文化正在形成并成为创客空间的主流文化。一方面，创客需要引进社会资金和设备，这就要求创客在进行创新创造的过程中必须平衡其创造兴趣和社会需求的关系，在兴趣驱导的同时考虑满足社会市场需求，以到达个人价值与社会价值的平衡协调。例如，据美国迈阿密大学图书馆馆长 John Burke 2015 年做的一次网络调查，对象涉及美国 30 个州和其他 7 个国家——澳大利亚、加拿大、中国、丹麦、日本、荷兰和英国。调查结果显示：36% 来自图书馆预算中的资金，29% 来自接受的补助，14% 来自接受的捐赠，11% 是向上级组织要求的额外的资金，11% 以 "其他" 方式资助创客空间，如 "本地投资者" 项目。[①] 而且，随着创客空间的团队化、组织化和机构完善，创客空间必然会考虑到自身组织发展和组织内个体的生存，创客空间的个人兴趣取向将会进一步淡化，社会服务价值得到进一步重视。

---

① 尤越、贾苹：《图书馆创客空间发展实践研究及建议》，《图书馆杂志》2015 年第 5 期。

另一方面，创客精神和创造能力的培养是创客空间内个体发展的基本要求。早期创客空间的组织结构和技术要求相对简单，组织内每一个成员都是创客空间的创造者，个体在组织内的创造性工作不需要进行专门的培训和指导。随着技术型创新创造在创客空间的普及，创客空间对技术和创造能力提出了更高的要求。

创客空间是随着现代信息技术的产生和普及而得以产生和发展的，由最初的车库作坊到现在标准化的创客空间，其发展历程仅有几十年，但在美国这样一个以创新驱动的国度，创客空间数量快速增长，质量也得到了翻天覆地的提升，创客空间不再是个体技术掌握者的专属，也成为高校、企业、图书馆、博物馆等组织发展的一个重要内容。"创客""创客空间""创客运动""创客教育""创客文化"逐渐进入大众视野，推动着世界范围内"创新创造运动"的形成与发展。"创客运动走进学校"的风潮也开始席卷全美，创客教育作为一种新的教育实践在全美 K-12 教育阶段全面兴起。《K-12 阶段教育创客空间的全国性研究》就是在这样的背景下得以产生、发布并受到相关领域的关注的。

第二节　美国教育创客空间的核心议题

对于创客教育而言，多样化、满足不同类型创客需求的创客空间是其发展的环境基础。根据《美国教育创客空间全国报告》的相关数据，美国的创客空间从类型来讲，可以分为公共图书馆中心的创客空间、社区创客空间、非营利性企业捐助创客空间、营利性创客空间等不同类型。从分布区域而言，创客空间更多地集中于美国西部、南部和东北等经济发达地区，在中部人口聚集少的区域没有涉及，城市选择上也基本是纽约、华盛顿、芝加哥等大中城市。研究小组选取了 30 个创客空间站点，并对每个创客空间和空间中的各个方面进行了详细的考察和记录。对参与其中的学生、教师、领导等进行了全面的访谈和观察，报告的内容涉及了创客空间建立、运营、发展相关的各个方面。经过研究，全美教育创客空间存在如下三个核心议题：第一，创客空间中的公平性与包容性问题；第二，创客空间中的文化塑造与创客思维问题；第三，创客社群与社群中的"创造"问题。

一 教育创客空间存在公平性不足、包容性不强的问题

（一）隐性的性别偏见

学校中的创客文化植根于 STEM 教育，本身应具备"DIY"（自主实践）、公平和包容的环境。已有研究显示，传统的 STEM 教育由于开展的创客项目缺乏多样性，会导致对女性和少数族裔不友善的环境出现。研究者通过对创客空间的领导者、教师和学生进行访谈试图去了解在全美教育创客空间中是否也存在类似的文化偏见。通过现场访问和对收集的访谈数据进行分析，研究揭示创客空间并没有实现完全的公平和包容，而是出现了令人不安的性别指标，存在普遍的、隐含的性别偏见。其中最明显的证据是创客空间学生参与率从 K－8（几乎平等的男女性别参与率）到高中（男生比女生多 3 倍[①]）发生了巨大变化。研究小组为进一步了解创客空间中的性别动态情况，专门邀请访谈对象（主要是教师）参加关于性别平等及学生在空间内的参与度的开放式讨论，然后对这些讨论进行编码和分析，结果参考表 3－1，教师主要把男生称为极客、建筑师、设计师和工程师，但却把女生称为女孩、助手，而且定义为"女孩"的比例是定义男生"建筑师"比例的 5 倍以上。[②] 这些以具备强烈反差的文字表征来强化学生对"创造者"身份的认知，带有一种强烈的"性别差异"特色。可以看出，即使是在一个更加多元和提倡男女平权的社会，隐含在创客教育过程中的"性别差异"认知依然在潜移默化地影响学生对社会角色的性别认知。

---

① S. Jones, "More than an Itervention: Strategies for Increasing Diversity and Inclusion in STEM," *Journal for Multicultural Education* 10 (2016).

② Excite Center, "Making Culture: A National Study of Education Makerspaces," https://drexel. edu/excite/engagement/learning – innovation/making – culture – report/, 2019 – 1 – 8.

表 3 – 1　创客空间中性别与身份认知的参数

男性参数		女性参数		中性参数	
身份标记	参数	身份标记	参数	身份标记	参数
极　　客	20	女　孩	92	企业家	3
建筑师	18	助　手	11	创造者	1
设计师	15			创新者	1
工程师	13				

资料来源：Excite Center，"Making Culture：A National Study of Education Makerspaces," https：// drexel. edu/excite/engagement/learning – innovation/making – culture – report/，2019 – 1 – 8。

创客空间中存在的隐性性别偏向一方面会加强创客空间领导职位上的性别差异，致使创客空间内部人员构成失衡，形成男性在领导职位和创客导师职位上占绝对优势的局面，而这种隐性性别偏向又会影响到创客空间领导人的行为态度。例如，该研究报告数据调查结果显示创客空间领导人中男性占 76%，女性仅占 24%，多数创客空间领导者认为男生更有能力主导重大的项目主题（机器人挑战、乐高、太阳能汽车设计），在创客空间项目中更倾向于男生担任重要职位，研究小组的访谈资料也为此提供了更多佐证，对访谈数据整理后显示男生担任重要职位的比例是女生的两倍左右。另一方面，创客空间中存在的隐性性别偏向会对那些投资或准备投资创客空间建设者的选择产生影响，比如他们会参照这些已有的男性活跃程度频繁的招聘资料，"这一方面可以为他们建设创客空间提供参考。但另一方面也会潜在排除其他的参与者（女性）",[①] 导致不公平现象的发生，尽管这种招聘中的偏见可能是无意产生的。

（二）创客身份的"刻板印象"

创客空间潜在的性别偏见给创客空间参与者的身份认同带来了极大阻碍。以报名参与创客空间的学生为例，部分创客空间的宣传材料上使用粗体或大写字母对某些语言进行提示，比如"技术人员""极客""商店小

① "Drexel's ExCITe Center Releases First National Study of K – 12 Education Makerspaces," https：//drexel. edu/now/archive/2018/June/ExCITe – Center – Release – National – Study – k – 12 – Education – Makerspaces/，2018 – 6 – 14.

呆子"等，这种身份标签容易产生"刻板印象"，对创客空间的发展产生负面影响。例如，学校创客空间招生时会采用类似"有点怪异，可以创新的学生""喜欢修修补补的聪明孩子"等文字表达，人为地设定某种"性格特征"将参与创客空间的学生区隔出来。其结果就是在学生报名参与创客空间的面试问答环节中，这些特定的语言或文字提示会导致学生信心不足。为明确身份认同在创客空间中如何产生影响，研究者对创客空间中的学生分别进行了深度访谈，成功入选的学生认为"这些明确的身份线索让他们更加确定他们是真正意义上的创客"，在实践中他们也因充足的自信和专业的技能而多次获得奖励，这进一步加深了学生的身份认同感。而未入选的学生则对自己"创客"身份的认同度不高，认为自己并没有被当成"创客""极客"是因为自身不具备成为创客的某种人格特征。由此造成的后果是本应覆盖全体学生、激发学生创造力和想象力的创客教育，因为某种人为的设定而并没有达到它预期的目标。

二 教育创客空间的实践学习有利于知识的迁移

《创客》杂志的创始人戴尔·道尔特认为，创客心态可以表述为一种"可以做"的态度，也可以概括为"你能用你知道的做什么"，"迭代项目改进的过程"，又或者通过"在不同年龄段群体构成的创客社区中分享自己的基于创客技术的经验"。[①] 创客空间的学习具有创造导向、合作学习、复杂情境中的问题解决、创造物的分享与自由传播等特征。根据相关研究表明，教育创客空间存在的最大价值就是不仅在于培养学生的创客思维和创造力，更重要的是能够激发学生的知识迁移能力。

（一） 创客思维与心智的培养

创客空间既有正式（在校的）的学习空间又有非正式（校外的）的学习空间。正式的学习空间倾向于使用预制课程——创客空间工具包、配套

---

① P. Blikstein, "Digital Fabrication and 'Making' in Education: The Democratization of Invention," in J. Walter - Herrmann and C. Büching, eds., *Fab Labs: Of Machines, Makers and Inventors*, Bielefeld, Germany: Transcript Publishers, 2013, p. 72.

元件附带的打包说明或管理组织开发的课程如微观装配实验室；非正式空间通常倾向于使用开放型课程，强调更多个人指导的项目。表3-2是与创客思维有关的预制课程和开放课程设计，这两种不同的课程模式都强调了对学生创客思维培养积极且独特的影响。在真实的学习空间中通过预制课程的学习，学生能够更加系统地掌握创客所需要的各种开源硬件使用及设计能力，特别是对毫无创客经验的"新进入者"而言，预制课程的完整性和科学性能够极大地将提升他们的学习效率。此外，通过表3-2可以看出，创客空间内的预制课程，本身就与不同地区的创客社群及其他在线资源相连接，天然地具备基于互联网的创客空间学习体验，可以帮助学生获得强大的在线资源支持。这种资源、信息流、设计与制造技术的支持不仅面向全体学生，也涵盖了教师群体。开放型课程则更加注重面向不同创客学生个性化的学习需求，以连接社区硬件资源与开放信息的方式，为个体提供项目制作的学习体验。与正式空间的预制课程相比，开放型创客学习更加具有创造性与迭代设计的活力，特别是创客学生在学习过程中形成的个体赋权意识与自主发展思维，能够培养学生的自我持续学习能力——这种基于独立研究思维养成与自主能力培养的学习过程，才是教育真正的价值所在：学生获得的不仅是某种"技能"，更重要的是形成了支撑其人生自主发展的"健康心智"。

表3-2 与创客心态有关的开放课程和预制课程设计

开放课程		预制课程	
个人兴趣	身份	网站（社区）	资源
改造项目	问题解决	直截了当	支持
本地工作	成长（发展）	网络	组织

资料来源：Excite Center, "Making Culture：A National Study of Education Makerspaces," https：//drexel. edu/excite/engagement/learning - innovation/making - culture - report/, 2019 - 1 - 8。

（二）开放式学习空间策略

根据相关的研究数据，相当数量的教育创客空间采取的是"无时间限制开放策略"。这种策略对于支持学生"在任意时间连接全球任意学习伙伴"的理念具有极大的优势。① 创客运动兴起于移动互联网，它的价值潜能最大化也必然依赖移动互联网资源的深度开发能力。选择"无时间限制开放策略"的创客空间体现出了这一导向，使学生具备了随时随地与任何人开展合作学习的可能。也有部分教育创客空间采取的是"有限制的开放策略"，学生可以在上学前后及就餐时间进入其内部进行学习。创客学生群体通过随时随地使用工具和材料开展创客的体验与实践，可以激发其学习的主动性与自信心。此外，部分研究表明在开放时间内的学习过程中，学生的学习专注度会更高、寻求教师帮助的积极性也会更高。

（三）创造性成果的分享与扩散路径

不同类型的创客空间对创造性成果的分享与扩散采取不同的路径：追求开放式项目环境的创客空间倾向于在本地或全国范围内进行项目展示，而支持预制课程的创客空间则更多采取竞赛激励的方式。由表3－3可以看出，在成果展示方面，教师强调的是"学习"、"成长"和"分享"，学生强调的是"放松"、"分享"和"开放"；而就竞赛活动而言，教师追求的是"机会"、"驱动"和"学校荣誉"，学生则看重"胜利"、"准备"和"领导能力"。这表明在创客空间追求的成果展示中，不同侧重文化的展会和竞赛会自然地强化到创客心态的不同方面，比如追求竞赛的创客空间可能更注重个人发展和学校荣誉，学生的创客思维被培养为个人或所属优先；而追求展览的创客空间以分享和放松的创客文化为主，学生的创客思维也会更多地朝分享的方向发展。

表 3－3　学生和教师在展览和竞赛时使用的最常见术语

学　　生		教　　师	
成果展示	竞赛活动	成果展示	竞赛活动
放　　松	胜　　利	学　　习	机　　会

---

① R. McCue, "Flipping the Makerspace to Maximizing Active Learning Time in Introductory Workshops," Presentation at International Symposium on Academic Makerspaces, Cleveland, OH., https：//dspace. library. uvic. ca/handle/1828/8619, 2017 – 9.

续表

学　生		教　师	
成果展示	竞赛活动	成果展示	竞赛活动
分　享	准　备	成　长	驱　动
开　放	领导能力	分　享	学校荣誉

资料来源：Excite Center, "Making Culture: A National Study of Education Makerspaces," https://drexel. edu/excite/engagement/learning – innovation/making – culture – report/, 2019 – 1 – 8。

教育创客空间的另一个优势就是有利于创造性成果的分享与扩散。与其他学生群体相比，参与创客的学生更加乐意分享在知识、思维、技能等方面取得的成果。创客的学习过程具有"从做中学"的特征，寻求的是学生在真实的生活情境中结合自身想象力进行的一系列创造性活动，建立起学习内容与生活世界的关联，并在此基础上分享创造的喜悦。这一结论也可以在相关研究中得到证实：接受调研的学生表示创客空间的学习能够增进他们对生活世界的认知，也使得他们更愿意与周围的伙伴、家人、朋友、教师分享自己取得的成果。

三　"连接一切"是创客空间保持活力的源泉

美国教育创客空间发展到现在，成为一种"泛在"的学习空间并具备了如下特征：连接学校与周边社群的智慧创造空间、扩散知识与创意的区域节点组织、增进社区异质性组织之间融合的核心场所。总体而言，教育创客空间已经超越学校的限制而成长为为所在社群服务的核心机构。这些创客空间既引领了区域内部创造创新思维的活跃，也建立起了学校系统与外部系统之间的互动关系。

（一）基于知识共享的创客空间——社群连接机制

知识共享被认为是创客空间的一个重要功能。就普遍意义而言，新思维、新知识、新技术、新产品的出现更容易在无边界限制的共同体合作参与的创客空间内得到分享，这对于通过创客学习培养能力的"非创客学生群体"非常关键。学生参与者在这种空间内部的交互式学习过程中不仅共同构建起了关于创造性文化的一致性理解，也在利用设计原则与知识习得的过程中主动地解决所在社群的现实性问题，从而将知识获取、创造与实践问题的发现、解决完美地结合在了一起。

根据相关研究，一些创客空间在整个学校发展项目方面更具参与性和影响力，创客空间更为普遍地融入学校改进过程之中。创客空间所扩展到的地区，其课程设计、活动单元、硬件设施、学校整体规划、基金支持项目、文化塑造等各个维度的持续改进都越来越多地体现出了创客文化的影响。① 虽然这些影响目前来看还并不是美国绝大多数教育创客空间所共同具备的，但它至少说明了一种趋势：创客文化及其衍生出的创客教育活动正在深刻地改变中小学校的整体面貌。特别是在学校领导强调创客文化的地方，这一趋势的变化更加明显。在以奥斯汀、纽约、费城、波特兰、西雅图、华盛顿特区为代表的学区内，教育创客空间已经对学校改进产生了重要的影响。

（二）教育创客空间的活力受到所在社群资源配置类型的影响

美国的教育创客空间在资源配置方面存在"聚类"与"离散"两种类型。前者更多的是以"黑科技、前沿技术应用"为特征的技术导向型创客空间，后者则更加体现出杜威教育思想的"从做中学"的手工作业导向创客空间。这两种类型的创客空间在资源配置与外部连接方面存在较大的差异，特别是在创客空间与学校系统内外组织的关联强度、区域甚至全球创客组织的活跃程度方面，直接影响到了教育创客空间的资源获取能力，进而形成了不同的发展模式。

以技术为导向的创客空间大多集中在美国西海岸地区，这些教育创客空间的独立性较强，并不是特别重视从所在社区获得资源支持以及必要的组织关联，它们更加强调全球化的视野，非常活跃地通过移动互联网与全世界不同国家和地区的创客组织、学校系统共享知识与资源。与此相对应

---

① S. Vossoughi and B. Bevan, "Making and Tinkering: A Review of the Literature," Commissioned Paper for Successful Out – of School STEM Learning: A Consensus Study, Board on Science Education, National Research Council, Washington, D. C. , 2014, http: //sites. nationalacademies. org/cs/groups/dbassesite/documents/webpage/dbasse_ 089888. pdf.

的，则是手工作业导向型的创客空间，其大多分布于美国中东部地区的传统学区。这些创客空间非常注重与所在社区的图书馆、科技馆、其他学校建立起强有力的关联，通过创客作品展览会、本地化的成果展示与社区服务项目等渠道，满足所在社区的需求。技术导向型创客空间的作品大多聚焦于机器人项目、人工智能、新材料、游戏设计等领域。这些创客作品需要的是聚合全球创意思维与技术开展无界合作。因此，获取资源时侧重于全球自然成为首选策略，因此这种知识信息、技术的资源获取具有效率更高、成本更低的特点。

第三节　美国教育创客空间的课程形态

"创客"作为一种社会现象，最早发端于 20 世纪 50 年代的美国，其最初形态是一些粗放发展的家庭车库作坊、社会机构建立的孵化器、传统的制作车间。进入到 20 世纪 70 年代，美国的创客空间仍处于起步阶段，仅是个人或团队出于兴趣进行动手创作的聚集场所，呈自由发展趋势。20 世纪 80 年代，德国成立了混沌计算机俱乐部，这是目前众多学者最为认同的第一个真正意义上教育创客空间。[①] 2001 年，美国麻省理工学院比特与原子研究中心建立了微观装配实验室，该实验室被认为是美国第一个教育创客空间。自 2013 年以来，美国超过 20 个州的 K－12 教育机构投入资金和设备支持创客空间的建设；仅在 2014 年，全美就已经有 40 多所高校创建了不同类型的创客空间，[②] 可以说，过去十年是教育创客空间从"草根生长"到"烈火燎原"式发展与变革的十年。无论是学术界对创客空间的深入研究，还是各级各类学校实践中对创客空间形态、活动、功能的探索，都体现了某种社会创新创造文化在变迁过程中对学校教育的影响。教育创客空间，已经由最初的家庭改造车库这一简单的形态发展为智能化、

---

① 王志强、杨庆梅：《美国教育创客空间的发展逻辑、核心议题与未来展望》，《比较教育研究》2019 年第 7 期。
② 陈珊、韩芳：《美国北卡罗莱纳州立大学创客教育及启示》，《比较教育研究》2017 年第 1 期。

平台化、集成式的个体创造性思维交流与创新实践表达的场所。支撑其发展的动力，则来自移动互联网技术的迅速发展、开源硬件的广泛应用、创新创业文化的扩散，今日的美国教育创客空间不断呈现创新—创造—创业多功能集成、融共享共创理念为一体等特征。

一 教育创客空间的核心理念

作为创客教育实施的空间场所，教育创客空间具有成为个体"创造性学习环境"、构建"跨学科实践导向"、培育个体"共享合作理念"的功能特征。创客空间通过创设真实情境，借助操作性的各类工具，开展原创性的知识探索与分享，在合作的过程中开展跨学科跨领域的学习，强调"造物"过程的无目的性，这些异质性的功能使其具有独特的教育意蕴与理念。

（一）作为"创造性学习环境"的教育创客空间

自 2005 年美国《创客》杂志创办以来，"创客"一词就开始频繁地出现在人们的视野中。2006 年《创客》杂志举办了第一届创客嘉年华，为创客们提供了交流合作、作品展示的创新平台，在这个平台上聚集了来自各个行业的创客爱好者，其中包括技术爱好者、创客爱好者、教育工作者、科学家、工程师、学生和企业的参展商等，在这样的创客社群活动中催生了"创客运动"、"创客空间"以及"创客教育"。[①] 创客运动吸引越来越多的人从事创造性生产活动，也使得创客空间的数量不断增加，将社会大众的注意力更多地倾注于创客教育之中。2009 年 11 月，奥巴马总统发起"教育创新"运动，指出学生应该"成为事物的创造者，而不仅是事物的消费者"，强调创造性经验获得的意义和价值，以及创新性和创造性学习方法的使用。通过科学节、机器人竞赛、博览会等创客活动，让年轻人参与科学和工程设计，鼓励年轻人创造、建造和发明。简言之，教育创客空间所提供的学习设计和创造的机会能够培养儿童对科学和工程产生浓厚的

---

① S. Papavlasopoulou, M. N. Giannakos, L. Jaccheri, "Empirical Studies on the Maker Movement, a Promising Approach to Learning: ALiterature Review," *Entertainment Computing* (2017).

兴趣，并对学习产生更加积极的态度。这样的假设得到了教育工作者的积极回应，美国的许多学校都开始尝试利用学校中的正式教育与图书馆、博物馆和其他社区空间中非正式教育来支持创客运动。① 自此，创客空间担负起越来越多的教育职责，进入中小学教育体系以后成为 STEAM 教育开展的重要场所之一，致力于培养学生创新、创造能力的同时，使学生在实践操作中运用 STEAM 学科的有关知识，达到在真实情境中解决问题、运用所学知识以及学科融合的教育目的。

教育创客空间的独特性，在于它是为激发个体创造性精神而不断进化迭代的动态环境。这与传统的手工班（DIY）、技术实验室等是截然不同的。创客最早来自极客、黑客，而创客精神的本质则是个体所具有的首创精神、探索未知事物的强烈意愿、创造性地制作某种存在物的能力。也就是说，教育创客空间里所发生的活动，都是"从零到一"的过程，而并非"从一到十"的过程。以信息技术课程为例，许多中小学生在专业教师的指导下运用开源硬件制作机器人、创意类电子物品，"编程教育"也俨然成为当前中小学校及校外培训机构的"新市场"。但是，对学生而言，上述活动还是专业教师所进行的知识传授和技能训练过程，本质上还是一个重复训练的单向度学习过程，只是披上了各种令人眼花缭乱的技术产品"外衣"而已。创客教育一定是从未知到已知的探究过程，而非从已知到已知的训练过程。教育创客空间的独特性，就在于为学生创设一个完全的知识开源、情境不确定、结果未知的创造性造物环境。从这个意义上来讲，教育创客空间不仅是"技艺制作的场所"，更是"激发和唤醒学生创造性的场所"。

（二）作为跨学科整合与结构化课程实践的教育创客空间

创客是造物的过程，"手—心—脑"三者的高度合一构成了创客空间有别于正式学习场所的特征。创客教育发端于美国的"车库文化""DIY文化""硅谷文化"等传统文化的土壤之中，有观点认为创客就是"互联

---

① E. R. Halverson, K. Sheridan, "The Maker Movement in Education," *Harvard Educational Review* 84 （2014）.

网＋DIY"，这代表创客们在移动互联网时代，利用各种开源硬件平台，基于全球化的视野进行实践探索。[1] 创客空间提供给了学生实践必备的工具和专门的环境，汇聚了具有实践精神的创客及空间领导者。为了满足不同的实践需求，各类型的创客空间在中小学中兴起，目前中小学的创客空间主要分布在图书馆、博物馆、学校和社区。学校为 K－12 阶段学生提供较为系统的创客教育，设置专门的创客空间供学生活动，创客课程的设置也充分考虑了不同阶段学生学习的特点，学习的主要内容有 3D 打印、编程等，为学生提供参与创客实践的必备技能，满足学生在任何时候想要动手实践的需求。学校创客空间内提供学生实践活动所需的设备、工具和材料等，这类有固定场所的创客空间支持学生获取他们在家中无法获得的材料，在学校教室中无法安放的设备、仪器等，着重强调开发、创意以及知识的学习并有机会与其他人一起创作和制作，在动手操作的过程中学习，是与创造性活动相结合的社交空间。而移动式创客空间则是在学校的时间和空间不允许的情况下为学生提供实践的可能，为没有资金和场地开设创客空间的学校解决困难。移动创客空间与一般的创客空间最大的差别在于没有固定的场所，有的移动创客空间一天旅行一次，有的一周一次，有的全年都在移动。位于弗吉尼亚州的蒙蒂塞洛高中，为了解决周围学校没有创客空间的问题，组织了"移动的创客"活动，由图书馆管理员带队组织本校高中生进入附近中小学开展创客活动，活动的内容包括计算机编码和编程、3D 打印、拆分技术以及其他的艺术活动等。[2] 创客空间的广泛分布，使得学生不仅可以在学校中进行制作，也能在社区、博物馆等场所，可不受场地限制开始自己的制作活动。

教育创客空间非常重要的功能，还在于它是实现 STEM 教育与创客理念融合发展的最佳实践场所。作为培养学生适应未来社会所需要的核心知识的 STEM 教育，存在的一个突出问题就是四个学科之间有着明显的学科壁垒与知识边界，从而导致了现有的许多 STEM 课程表现出分散、割裂甚至是彼此冲突的现象。与此同时，创客教育更多的是一种新的学习理念与

---

① 陈珊、韩芳：《美国创客教育的内涵与特征》，《教育探索》2016 年第 9 期。
② Heather Michele Moorefield – Lang, "When Makerspaces Go Mobile: Case Studies of Transportable Maker Locations," *Library Hi Tech* 33（2015）.

学习方式，它从教育领域的外部产生，但却快速地从边缘逐渐介入教育的诸多领域之中。就其自身而言，如果没有相应的教育实践，也很难真正融入学校教育的变革之中。STME 教育需要一种融合学科的途径，创客教育需要体现其价值的教育实践——教育创客空间所具有的功能延展性与交互融合性则为二者的结合奠定了基础。

教育创客空间可以实现课程的整合。从我国 STEM 教育的现实维度来看，诸多问题亟待解决，其中最突出的问题就是各学科之间的整合。中小学课程体系之中关于工程、技术、科学方面的课程非常少，作为主干课程的数学，则强调的是知识的有效获得与问题解答过程的训练，能够整合四个学科知识的课程尚未出现，学科间的分界也非常明显。教育创客空间则为此问题的解决提供了一条可能路径。没有任何已知的解决方案，完全由学生的创造力和想象力主导活动过程，教师只是学生造物过程中一个富有创造经验的个体而绝非指导者。在这个空间里，教师与学生一样，都是对未知事物充满好奇心与创造动能的个体。创造的过程，就是学生充分整合数学、科学、工程、技术、艺术等多个学科知识的过程。这不同于按照固定流程和严格限定操作的实验室教学，更强调在创意、不确定、材料的自由组合的实践活动中，学生如何以整体性的、相互关联的、迭代变化的思维来分析问题、解决问题，进行团队合作，而这也是 21 世纪的个体所不可或缺的核心能力。

（三）作为塑造共享文化的教育创客空间

创客教育最重要的任务就是帮助学生开展创造性的学习活动，教育创客空间吸引具备创造能力、创造想法的人，将他们聚集在一定的空间内，营造出"DIY"的氛围，空间为这些创造者提供了数字工具、开源软件平台等保障创造力得以发挥的物质基础。而那些没有想法、创造力还未被激发的学生，则是让他们在具体的实践操作中感知创造的魅力，培养他们的创造热情，使他们热衷于探索与发现。2012 年发布的《美国竞争力与创新力》报告指出："创新是美国近几十年经济增长的关键推动力，也是保障美国未来全球竞争力和经济社会发展处于领先地位的关键"，报告强调加强科学、技术、工程与数学学科建设，以增加未来国家 STEM 行业的从业人员。同年，美国政府启动"创客教育计划"，该计划对传统学校的 STEM 教育进行设计与改造，将"创新与创造"融入学校 STEM 教育。[①] 教育创客空间的发展是学校教育顺应时代潮流变化的自发选择，创客空间配置先进的工具，掌握技术发展的前沿，提供最新的工具，是作为传统教育的补充存在，为学校教育注入新鲜的创造力与创新力。

教育创客空间也体现出了共享理念在教育领域中的渗入。在以学生群体为单位的微型社会组织之间，同样需要群体性的协作分享精神与创新的愿景。创客文化的核心不仅仅是单个个体的创造性表达与实践，还包括了个体与个体之间、个体与群体之间因为分享创造过程而产生的快乐感觉与自我满足。无论是早期的极客实验室，还是麻省理工学院的比特和原子研究中心建立的微观装配实验室，创客群体看似是稀奇古怪、不修边幅的"怪咖"，实质上体现出的是充满着好奇心、探索欲、富有创造冲动的个体，他们依据自身的兴趣和喜好，合作完成烙着鲜明个人色彩的"造物"，这个过程无关功利、无关任何外部力量的驱使。一旦"造物"完成，他们就会将其呈现给他人，甚至将完整的过程分享给社会，并在得到社会成员的正向反馈与认同之后继续创造。教育创客空间就是集聚这样一群创客，或者说，是有着潜在创客意愿和能力的个体的场所——其中所蕴含的自由探索精神，创新、分享与相互促进的意愿，都是教育创客空间得以形成与发展的理念基础。

二 美国教育创客空间的课程设计

创客空间的课程体系可大致分为课程开发、课程组织、课程实施这三个方面。课程体系包含核心课程、拓展课程，这两类课程从不同层面体现了"从做中学"的教育理念，合作学习、项目式学习作为创客教育的主要组织形式，注重学生在实践中自主构建知识体系。核心课程除考虑学生的兴趣而外，还要注重对 STEAM 学科知识的了解与学习；拓展课程则主要考虑学生的兴趣，从满足学生的需求出发，辅以 STEAM 学科知识经验学

---

① 王志强、李菲、卓泽林：《美国高校创客教育与 STEM 教育的融合：理念、路径、启示》，《复旦教育论坛》2016 年第 4 期。

习。整个课程体系的基本框架如图 3 - 1 所示。

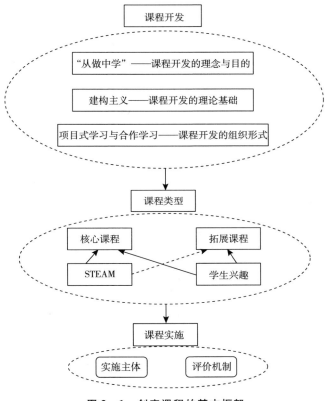

图 3 - 1　创客课程的基本框架

资料来源：笔者自制。

1. 课程开发的基本理念

（1）"从做中学"——创客课程开发的理念与目的

"从做中学"既是创客空间的教育理念，也是其课程开发的主要目的。杜威主张学习发生在具体经验获得的过程中，学生应在解决具体问题的过程中进行学习，学习的过程中要注重"作为整全的人的发展能力的培育"，只有让学生真正地动手操作、参与实践，知识才会真正发生。[①] 杜威提出人有四种本能：制造、交际、表现和探索，这四种本能是个体创造力激发

---

① 〔美〕米哈里·希斯赞特米哈伊：《创造力：心流与创新心理学》，黄珏苹译，浙江人民出版社，2015，第 36 页。

与社会性发展的基石。而创客活动则为学生提供了展示上述四种本能的舞台，创客在空间中自由地创作与制作，与各个领域的创客们交流合作，展示自己的成果并在这个过程中不断地探索新的世界。创客空间给予了创客们更大更广的空间，提供创客项目开展必需的工具以及技术的支持，保证了"从做中学"的教育理念得以实现。此外，"从做中学"不仅体现在课程开发中，也体现在创客空间教育与学习的方式上，以创客空间为学生提供的核心课程为例（核心课程是指与 STEAM 学科知识相关的课程，见下文），创客空间中 STEAM 知识的学习与传统课堂不同，这类课程让学生在动手操作中进行知识的转化，如传统的课堂是让学生学习技术与工程的知识，在创客空间内则是让学生利用技术和工程来制造他们喜欢的物品。

（2）建构主义——创客课程开发的理论基础

西摩·帕佩特被称为"创客运动之父"，他认为学生出现学习困难时，利用知识的建构是非常有效的，初学者可在与他人共享的建构和建构对象中，体会有趣的、独立的、亲身实践的、基于发现的学习，也被称为"主动学习"。[①] 据此，许多学者将建构主义作为创客课程开发的理论基础。根据建构主义的观点，学生接受知识最好的方式是通过真实的情境，创造有形的东西。创客教育以一定的物理环境为依托，强调在某种环境之下解决真实问题，在这个环境中，学生利用创客空间中提供的辅助工具，促进自身知识经验增长，整个过程是学生积极建构认知世界的过程，教师在创客空间中扮演的是协助者的角色。建构主义还认为知识的获得离不开必要的学习习资料，创客空间配备各种创客活动所需的工具，大到包括昂贵的 3D 打印机和机器人，小到包括钻头、锤子、扳手等，除了必要的工具，还有各种辅助创客活动开展的学科知识资源。

（3）项目式学习与合作学习——创客课程开发的组织形式

创客空间中的核心课程以及拓展课程多是以项目的形式开展的，学生就某一项目开展制作，项目不仅涉及各学科知识的整合，还加入了学生的兴趣。基于项目的学习让学生经历一个完整的学习过程，既考虑知识点的

---

① B. Lindsey, D. Decillis, "The Maker Movement and K – 12 Education: Current Status and Opportunities for Engagement in California," California Council on Science and Technology, 2017.

渗透，也提供综合运用所学知识解决问题的实践机会。托马斯·马克姆（Thomas Markham）认为："项目学习理论（PBL）将知识和具体的行动相结合。"[1] 学生在学习某一项目的核心知识与要素时，运用他们已有的知识、经验来解决真实情境中的问题并获得相应的产出。创客教育基于项目式学习理论开发出基于项目研究的拓展课程，满足个体的不同需求与兴趣爱好，其目的是让学生在探究活动中，提高解决问题的能力，而创客核心课程则为学生自行开展项目学习打下技术基础。在基于项目学习的过程中，学生利用数字工具生产高质量的产品，重新培养学生适应全球化所需的能力，如动力、激情、创造力等。基于项目的学习强调学习的长期性、跨学科性以及以学生为中心的学习活动。学生必须自行组织工作并在基于项目的学习中管理自己的时间。项目式学习是创客教育中学生学习的主要形式之一，创客教育没有具体的学习大纲也没有固定的教材，学生就某一具体的项目，进行相关的知识学习，整个学习的过程包括学习主题的确定、设计项目、制订计划、实施计划、制作产品、交流产品等步骤。[2] 创客教育中的项目式学习更加关注项目实施过程中学生的真实体验和经验的获得，与传统的项目式学习相比，创客教育强调在创新、创造的实践空间中学习。

除项目式学习外，合作学习也是创客课程设计与实施的全过程。创客空间中的合作学习，与学校课堂中的不同，小组成员自由组合在一起，不受年龄、知识经验水平的限制，根据自己的兴趣爱好与项目活动开展的需要自愿组成合作学习小组。基于某一项目独自开展活动，对新手来说是难以实现的，学生在遇到问题的时候，根据自身需求寻求同伴的帮助，自然而然组成一个共同学习的小组，这样形成的合作团队执行力强，合作者的目标与分工明确，很好地避开了传统课堂中合作学习的弊端。课程开发者在设计课程时也将合作能力的培养视为创客教育目的之一，强调培养学生的交流协作能力，形成团队凝聚力，这样的合作不光是学生与学生之间的合作，还包括师生之间、学校与社区、学校与企业之间的合作学习。

---

[1] T. Markham, "Project Based Learning," *Teacher Librarian* 39 (2001).
[2] 杨晓彤、谢作如、钟如光：《网络空间支持的中小学创客教学模式研究》，《电化教育研究》2017 年第 1 期。

2. 课程类型的特征

（1）作为整合创客素养的核心课程

核心课程是创客空间的主要内容，也是创客教育的特色所在。中小学创客空间为学生提供的课程主要与"制作、修补、设计创意项目"有关。核心课程包含科学、技术与工程、艺术、数学相关的课程。与科学相关的课程主要是利用 3D 打印机之类的创客技术物理建模；与技术与工程相关课程涉及的范围较广，重点内容是建筑、设计、制造、机器人、机械工程、电子等工程课程；与艺术相关的课程是蕴含在其他课程之中的，主要是帮助其他的项目能够完美地展示成果；创客空间中与数学相关的内容的学习主要是学生在创造一个具体的物体的过程中，把数学概念具体化，将方程式及其相互关系在具体环境中建构、修改和计算。自 2013 年以来，美国有超过 20 个州的 K－12 教育机构开始投入资金和资源建设创客空间或创新实验室，并且以核心课程框架培养学生的创客思维与创造力。[①] 这些创客空间一般配备了各种制作工具和材料（如螺丝刀、硬纸板、米尺、3D 打印机、机器人配套元件、平板电脑、笔记本等），还有用于演示交流的交互式墙体以及储物箱，鼓励学生以团队形式开展基于项目的探究式学习，综合应用多种学科知识，解决现实生活问题。合作实验室开展的每个项目都遵循规范的流程，包括：发现问题、进行头脑风暴、设计方案、动手制作、测试优化、分享作品。

（2）作为以创造为中心的拓展课程

核心课程支撑起创客教育的大框架，拓展课程则作为整个创客教育课程体系的补充，是学生的兴趣所在。课程开发的目的是满足不同学生需求，没有具体知识内容的限制与要求，开设的课程种类繁多，比较常见的是与生活紧密相关的语言、形体、音乐类活动课程。除了根据学生的要求开设相应课程，还会开设可以供学生选择的各类课程，没有固定的时间要求，课程设置较为随意。拓展课程丰富了创客教育的课程体系，满足了学生不同的兴趣，在动手操作中运用知识、学习知识，达到真正意义上的

---

① 王志强、卓泽林：《美国中小学创客教育的现状、理念与挑战》，《比较教育研究》2016 年第 7 期。

"以学生为中心"。具体创客课程如表 3 - 4 表示。

表 3 - 4　创客课程

课程类型	课程内容	课程学习目标任务	所需材料
核心课程	科学	利用创客技术物理建模	如 3D 打印机、开源硬件、机器人配套元件、平板电脑、乐高、手工工具等
	技术与工程	运用工程知识解决问题	
	艺术	创造中体现美学	
	数学	将数学概念具体化	
拓展课程	语言	培养阅读兴趣	
	形体	健身、健心、健美三合一	
	音乐	了解多元文化	

资料来源：笔者自制。

3. 课程实施的主体

（1）非正式的创客空间

很多学校将学校图书馆的一角作为学校的创客空间，由图书馆管理员担任创客教师的角色，如新泽西州卑尔根县的新米尔福德高中（NMHS）教育创客空间启动时，图书馆管理员通过观察学生确定他们的兴趣所在，结合学校的课程计划以及国家和全球技术成果与发展趋势，确定本校创客空间的主题。[1] 学生在参与创客项目的过程时，图书馆管理员扮演的是观察者与技术指导者的角色，主要的任务就是观察学生的兴趣所在，然后对创客空间进行调整，提高学生的参与度，同时在学生遇到技术难题时，对学生进行技术指导，不对学生进行限制，让学生在尝试与错误的过程中掌握知识，整个过程不需要正式教师的指导，图书馆管理员就是学生创客教育的合作者。这样的非正式学习使得学生拥有空间的所有权，学生能够在这样的环境下成为专家，与新手学生分享自己的知识和经验，构建学习共同体，相互促进，协同发展。

---

[1]　R. S. Kurti，D. Kurti，L. Fleming，"Practical Implementation of an Educational Makerspace：Part 3 of Making an Educational Makerspace，" *Teacher Librarian* 42（2014）：20 - 24，http：//www.teacherlibrarian.com/2014/12/17/educational - makerspaces - 2/.

（2）正式的创客空间

服务于学校层面创客式教学的创客空间与一般意义上的创客空间定位有所不同，创客式教学所需要的创客空间是为 STEAM 课程教学服务的，不一定拥有各种各样的先进设备，却为创客式教学提供了丰富的资源、实践的工具、协作交流的场所，为学习者创设科学精神培育和实践创新能力发展（核心素养要求的重要方面）的学习环境，其所承载的最重要的职能便是支持学生综合运用知识、技能来创造产品，并且在创造产品的过程中提升其核心素养。在正式教育环境中，学校多以 STEAM 教师或其他对创客感兴趣的教师作为课程的开发者，STEAM 教育成为学生接触创客教育的主要途径。在美国一所小学中，学校为了促进教师的专业发展招聘了一群愿意接触创客、了解创客教育的老师作为该校创客空间的课程开发者，向他们介绍创客空间内的不同区域、功能，并与这些教师一同建构本校的创客课程体系。[1] 教师们在设计时，大多考虑的都是将创客与科学教学、数学教学等结合起来，一方面利用创客空间中的技术为自己的教学提供便利（如利用 3D 打印技术打印课件），另一方面教师成为创客文化的宣传者，这样会逐渐消除创客在学生心中的陌生感，使学生更快地走进创客空间开始自己的 DIY 活动。教育工作者将创客教育作为增加学生 STEAM 知识的媒介，并使其进入学校教学系统，不仅为学校 STEAM 教育提供了技术支持和文化理念，同时也促进了教师的专业发展，让教师紧跟时代和科技发展的步伐，不断更新科技创新方面的知识，有助于将学生培养成未来的科学家、发明家、创造者。

初次加入创客空间的学生在空间中不断学习自己感兴趣的知识，逐渐在空间中扮演起为新成员提供某方面知识的专家或导师的角色，成为空间的领导者。卡琳·彼得森（Karyn M. Peterson）指出在资源紧缺的创客空间内，可以采取自上而下的方法培养学生由新手成为专家熟手，最终担任创客空间中教师（领导者）以及课程开发者的角色。[2] 创客空间以空间成员

① A. Plemmons, "Teachers in the Makerspace: An Exploration Experiment," *Expect the Miraculous*, 2015, http://expectmiraculous.com/2015/02/17/teachers–in–the–makerspace–an–exploration–experiment/.

② K. M. Peterson, "Community is Key to Successful Library Make Spacesthe Digital Shift 2013," http://www.thedigitalshift.com/2013/10/k–12/community–is–key–to–successful–library–maker–spaces–the–digital–shift–2013/, 2013–10–25.

的需求为主来开设课程，整体来说比较自由，不受学校传统课程的影响，不受课程大纲、教材的限制，学习者想要学习什么，就开设什么样的课程，谁是这方面的专家，谁就成为课程的讲授者、开发者。

4. 课程设计的理念

（1）"从做中创造"是教育创客空间的理念核心

创客教育秉承"从做中学"的教育理念，在实践中将 STEAM 知识传授给学生，从对国外文献的梳理来看，美国的创客教育能够发展得如此之好，离不开整个创客空间一直将"从做中学"落到实处，以高等教育为开端，向社区、K-12 教育辐射，将创客运动推广到全国乃至全世界的范围，取得的成果颇丰。"从做中学"应该如何"做"？创客空间需要配备一些基本的工具，如 3D 打印机、激光切割机、计算机以及一些修补工具，哪怕是最简单的创客活动也需要工具辅助，创客空间拥有的工具越多，学生活动涉及的面就会越广。创客空间也需要一些拥有有一定创客经验的领导者，领导初次接触创客或是对创客活动还不太熟悉的新手开始第一步，专家熟手的经验能够帮助新手更快地着手"做"。"从做中学"应该如何"学"？学生的学习一定是基于真实的情境才能真正地发生，创客教育更是如此。创客教育中的知识全部都蕴含在具体的活动中，只有学生自己动手去操作，亲身体验，才能学到知识、掌握技巧。学生学习自己感兴趣的项目，在发现问题、解决问题的过程中，主动建构知识体系，在创客空间中的学习从来都是以学生为学习主体，以自主建构为学习的主要方法。我国在借鉴国外成功经验时，要关注创客教育背后蕴含的理念，功利主义的思想不适用于任何教育。

（2）开放、共享、多元的资源支持机制是教育创客空间的外部保障

创客空间的建设和持续运营需要大量的资金支持，来保障空间的基本运作。学校的创客空间可以通过社区和父母的捐赠、众筹、申请公司赞助、寻求补助金等渠道，获得空间所需的资金。[①] 创建一个创客空间，需要来自社会各个方面的支持和帮助，资金来源以联邦政府拨款、私人补助

---

① Garcia - Lopez, "6 Strategies for Funding a Makerspace," http://www. edutopia. org/blog/6 - strategies - funding - makerspace - paloma - garcia - lopez, 2013 - 9 - 5.

金以及众筹为主。联邦政府为了维持创客空间持续稳定的运行，为创客空间提供了不同类型的拨款项目。政府对每个州的教育资助是不同的，目前有超过 1000 个赠款机会。学校创客空间可以根据自身的条件来申请不同的补助金，增加空间中的资本投入。"21 世纪社区学习中心"计划支持建立社区学习中心，提供的资金可运用于丰富学习活动、拓展学习的领域，以补充学生常规学术课程，在技术方面可提供机器人工具包等。"通过技术加强教育"（Ed-Tech）国家计划的目的主要是在 K-12 阶段使用技术来提高学生的成绩，包括帮助所有的学生在八年级结束时掌握技术知识，并将技术用于教师培训与整合课程开发中。除此之外，还有一些创客空间通过收取会员费、课程费用来增加资金收入，创客空间配备的师资不同，每个创客空间都会配备一个专门的创客教师，对创客教师的要求也不同。一般来说，创客教师应具备的能力有：①能熟练使用各种工具和技术，包括但不仅限于机器人、3D 打印机、编程以及工程等相关知识与技能；②与团队协作进行课程设计，为学生提供个性化和引人入胜的课程；③能与父母和孩子建立起良好的沟通；④拥有丰富的教育知识，能够激发不同年龄段学生的学习兴趣；⑤有丰富的创客实践和经验。除了专门的创客教师外，学校的创客空间还会吸引来自社区的志愿者，为学生提供来自社会的创客经验。

美国创客空间通过吸引参与者、社区志愿者、拥有专业知识的人员以及物资和现金的捐赠来维持创客空间的活性。学习资源的不断投入与更新，能够保证创客教育与时俱进。教育工作者一般可以通过在线展示学生的作品来宣传他们的空间，通过网络共享平台将自己拥有的成果分享出去，以换取别人的成功经验。飞速发展的网络为"共创、共享"提供了基础，脸书（Facebook）、油管（YouTube）、推特（Twitter）等移动社交平台，成为创客们交流、分享成果的网络集散地。共享的、分布式的网络学习资源平台成为创客空间的软支撑，利用网络资源能为创客空间提供源源不断的资源，包括课程如何开发、教学活动如何开展、如何促进教师专业发展、教师的培训以及反思的经验等都能从共享的网络资源平台中获取。共享的网络平台能够在节约成本的基础上提供丰富、完整的学习资源。国内的创客空间也应利用好社交媒体平台，使其成为为创客提供交流、学习的地方。

　　学校开设创客教育需要一定的物理空间，无论是分布式的还是专门的创客空间都能有效促进学生的学习，可以利用本校已有的一些资源参与课程建设，如图书馆可以作为创客开始的第一步，教室可以作为创客空间的延伸，STEAM 教师和图书馆管理员可以作为创客空间的"原初构造者"，建立教师学习共同体，教师们的相互学习有助于更好地融合创客知识，节约教师培训的成本。而与校外的合作能为学校创客空间的发展建设性地提供更多的资源，与社区建立联系，能够吸引社区中有经验的创客参与学校的创客教育，社区的捐赠能为学校提供物质基础；与高校开展合作项目能为 K－12 阶段的创客教育提供专业的帮助，高校拥有更多的学习资源、更为丰富的创客教育经验以及创客课程开发的专业知识；与企业建立合作则为学校创客教育提供了来自市场的经验，能够让学生在实战中学习知识，而不仅仅为学校提供丰富的资金和技术支持。

　　（3）学校、社区对创客文化的理解及认同是教育创客空间发展的动力

　　2016 年，超过 1400 所 K－12 学校领导者签署《创客承诺》，学校领导者通过为学校提供专门的创客空间、举办创客比赛以及为学生提供展示平台等方式，以支持学校创客活动的开展。[①] 他们是学校创客空间的主要发起者，为满足学校培养学生的创新能力、实践能力的需求，响应国家与社会的号召，参与创客教育的建设，推动创客教育在学校内的发展，为创客空间寻求各类资源维持运行，支持和鼓励学校图书馆管理员以及 STEAM 教师积极加入创客教育，鼓励学生参加创客活动、大胆展示作品，扩大创客教育在学校中的影响力。总的来说，学校领导者的支持推动学校创客空间的建立、资源投入以及创客教师队伍的建设，在学校创客教育中起主导作用。

　　学校与社区之间的合作由来已久，社区不仅会为学校提供资金支持，也会将社区的技术资源以及专业人员带入学校教育中，社区与学校之间的密切合作使得当地艺术家、工程师、企业家等进入学校创客课堂。除此之

---

　　① Fact Sheet, "New Commitments in Support of the President's Nation of Makers Initiative to Kick off 2016 National Week of Making," https：//www. whitehouse. gov/the － press － office/2016/06/17/fact － sheet － new － commitments － support － presidents － nation － makers － initiative，2016 － 9 － 10.

外，社区也会建立创客中心，作为学校创客空间的补充，这类空间不仅为学生提供制作环境，也能为家庭及成年人提供活动空间，这不仅使得家庭教育能够参与其中，同时也将社会环境放缩到社区创客空间中，学生与社会中各个职业的创客们接触，对社会职业有初步的认识与接触。美国联邦教育部实施"通过 21 世纪社区学习中心进行创客"项目，建立社区学习中心为 K‒12 阶段学生提供暑期活动，进行创客教育的实践学习，目的是将学校中的 STEAM 教育与创客教育有效融合。[①] 学校与社区之间密切联系，使社区作为学校教育的补充，将课堂教育逐渐渗透到社区环境之中，体现了"学校即社会""社会即学校"的教育理念。

（4）个体创造性人格的形成是教育创客空间的终极目的

在创客文化的吸引下，越来越多的人开始尝试创客式的工作，努力从自身兴趣出发去创新、实践、分享。逐渐地，这一群体感受到创客文化最大的魅力并不局限于创新、实践、分享，更重要的是从内心享受整个创新与分享的过程，并从中收获深层次的快乐。慢慢地，使自己成为一个热爱生活、善于沟通、适应社会、自信乐观、积极向上的人，这正是健康人格的关键表现。所有融入创客文化的人都会将快乐建立在成功的分享和创新的基础上，并将其作为人生最重要的目标。显然，具有这种理念的人也会在日常生活中注重分享、收获快乐，成就一个美好的未来。基于对创客文化的认同，该阶段的创客教育会自然地将学生的健康人格培养当成首要目标，创客文化中的创新与实践只是创客教育的起点，分享创新只是创客教育的主要过程，享受创新与分享快乐才是创客教育的终极目标。为了实现此目标，教师在创客教学过程中，不仅要关注知识与技能的学习，还要关注学生创新与分享快感的获得。在该理念下，创客教育必须营造氛围让学生在公众场合做展示，并给出正面的反馈和鼓励，从而让学生享受到快乐和自信并继续做下去，将创新与分享演变成自觉的习惯，通过享受创新和分享养成更健康的人格。

创客教育的目的是培养学生动手操作、热衷创新的能力。"能做"，拥

---

① 王志强、卓泽林：《美国中小学创客教育的现状、理念与挑战》，《比较教育研究》2016
年第 7 期。

有创客的基本技能；"会做"，具备创新思维；"愿意做"，保持创造与动手学习的热情。杜威曾强调，在直接经验的学习中，课程内容、教学方式要考虑儿童的已有经验，肯定活动和游戏的价值，不能以成人的思维去规定儿童的学习。[①] 所以，创客教育不应该是学校课堂在空间上的置换，而是应保持其"好玩"的本真，抓住学生的需求和兴趣，打开学生对未知世界探究和好奇的大门。"无用"指不专做知识方面的约束，也并非真的无用。明确创客教育更多的是让学生去了解科技、触碰科技，是为了给学生提供一个动手实践知识、学习知识的机会，注重"体验"的重要性，不做知识方面的约束，创客教育不应该失去其特色，不应成为学生另外一种学习的负担和压力。解决问题的技能与经验是难以间接传递给学生的，这些知识与技能的有效习得方式是学生自主发现，要注重学生"亲身经历"在学习中的重要性。

三　教育创客空间生成的价值愿景

（一）关于人的心智养成与创造力激发

创客教育所追求的终极目标，是关于人的心智养成、创造力激发、价值观塑造。创客教育来源于开源软件的大规模应用以及新技术的迭代效应，也可以说，创客教育的一大特征就在于利用技术改造传统教育对学生发展的种种桎梏，但基于技术的浅层学习并非创客教育的本真目的。通过对德雷塞尔大学全美教育创客空间报告的解读，我们可以看出美国的研究者所理解的创客教育，更加注重的是通过创设一定的创客学习与体验环境，培养学生的参与感、认同感、合作意识，追求公平公正的价值导向，从而培养完善的人格与健康的心智。在教育创客空间的研究过程中，德雷塞尔大学的研究人员更多地关注到了与上述议题相关的问题，并指出了美国 K－12 阶段的创客空间忽略了对学生两性公平观的塑造等，并由此对开展创客教育的学校领导者及教师提出了建议。鼓励学生积极运用在创客空

---

① 〔美〕小威廉姆·E. 多尔：《后现代课程观》，王红宇译，教育科学出版社，2000，第93 页。

间学习的知识和技能去改善自身所处的环境，在课程材料设计和教学语言的表征上更加注重培养学生公平的性别观念。作为一种新的教育理念，我国的创客教育还处于发展的初期，现有的研究和实践更加强调创客教育的技术层面、环境层面、课程开发与设计层面，但是创客教育的作用绝不仅限于技术对人的影响，如何在创客教育中培养学生健康的心智、完善的人格、良好的品性，是目前我国的创客教育研究需要进一步思考的问题。

（二）创设开放、无限制的创客空间学习环境

开发一个新的创客空间将会涉及各种选择（预制课程 vs 开放课程或竞赛 vs 展示机会），而这些选择又将会无意中影响到学习者的认知以及创客空间与所在社区的联系。研究者就创客空间的开放时间和展示途径做过调查追踪，这正是报告的第二大议题的主要内容，分析指出结构化的课堂不能满足足够多的学生群体，特别是在创客教育边缘的学生群体，认为创客空间的营造不应该局限于学校内部的封闭体系中，创客教育所追求的是提供给学生参与到真实的社会情境去解决问题的机会。未来的创客空间规划者和领导者需要创设出创客空间差异化的存在方式并有意地做出合适的选择，采取开放的态度运营学校的创客空间。如 24 小时运营的、开放式的创客空间学习环境设计，共享理念下的共同参与学习经验，这样的举措有利于提升创客空间设施的使用率和创客空间学生的参与率，增强学生学习的热情并能培养创客文化。因此，对于创客空间而言，它必须是开放的、无边界的、无限制的一种"共享实践与学习平台"。我国作为探索在创客教育建设路途的初试国家，对创客空间环境的营造更多地集中于学校内部的现有设备与场所，因此在时长和环境运营方面，要更多地参考发达国家的成功经验，改善校内的创客空间学习环境，与当地图书馆、科技馆等建立良性联系，以更好地为创客教育"开源节流"，这是目前我国中小学创客教育领导者着重思考的又一问题。

（三）通过发展"创客社群"分享新知与实践

在美国全民创客行动的过程中，众多的社区是创客运动发展的重要依托。美国学者对创客社区的研究划分为两个维度。从功用维度看，创客社

区不仅可以培养学生的动手实践能力，而且还可以培养学生的创客素养，同时又能促进社区生态的良性循环和发展；从应用维度看，创客社区则主要采取开展多样的创客活动、规划功能区等形式高效利用并优化创客空间。而德雷塞尔的研究人员在研究报告中也对创客空间社群的发展给出了建议，认为知识的共享和社区的实践是创客空间文化建设的重要方面，注重艺术和手工艺的创客空间应该更多地鼓励在学校内部、组织内部或外部（在本地区域和之外）共享空间本身的资源，也可进一步扩展范围，与周边更加广泛的社群共享知识，提供新的学习机会和体验，这有利于知识的交叉学习和本地社群的良性发展。而那些侧重于技术的创客空间则可更多围绕竞争的开展创建，这种类型的创客空间应该把更多的方向投掷于与全球社区的知识获取和分享上，与更遥远的社区共享知识可以带来新的学习机会和外部的、真实的创客项目，促成全球范围的知识共享，培养创客心态，促进创客文化发展。这也对我国中小学创客教育提供了新的启示，如何与就近距离学校的创客空间形成互惠互利分享关系，如何打破本地局限与全国甚至全球优质社区产生联系形成强关联，从而为学生分享交流创客知识创造条件是学校创客教育领导者需要进一步关注的问题。

第四章　美国高校创客空间的课程形态及学习机制

随着创客教育的蓬勃发展，作为其依托的创客空间也越来越多地出现在世界各地的大学校园中。创客空间的概念起源于美国，但高校为创造发明和原型设计开辟场地，提供以学生为中心、非结构化创客空间环境的趋势已迅速在国际上传播，许多高校投以大量资金和精力来筹建和装备这些空间，运营和管理工作亦取得突破进展。为进一步寻找创客空间的全球最佳实践，2016 年 11 月 13～16 日在麻省理工学院召开了第一届国际学术创客空间研讨会（ISAM），来自全球的 115 所大学、20 家公司以及六大洲的 300 名参与者一起举行了 18 场会议，共发表了 52 篇论文分享关于创客空间的实践经验。会议认为，尽管每个创客空间都是唯一的，但学术创客空间仍有许多共同的方面。例如，选择设备、提供培训、培育社区、筹备运营及管理财务等是所有创客空间的核心活动。[1] 优秀经验的共享促使创客空间在高校的接纳和使用程度持续攀高，创客空间也被各国高校视为培养学生动手实践能力和创新思维能力的重要场所。

与此同时，创客空间的大热也使得一系列研究创客空间的文献迅速增长，如巴雷特（Barrett）选取了全美 35 所拥有创客空间的本科院校，对各个高校创客空间的管理和运营情况进行了详细分析，涉及空间所在位置、使用权限、管理体制、会员制度以及设备配置等方方面面；[2] 弗雷斯特

---

[1] V. Wilczynski and M. N. Cooke, "Identifying and Sharing Best Practices in International Higher Education Makerspaces," ASEE Annual Conference & Exposition, Columbus, O. H., June 25, 2017.

[2] T. Barrett, M. Pozzico, "A Review of University Maker Spaces," 122nd Annual Conference & Exposition of the American Society for Engineering Education, Seattle, 2015.

（Forest）以斯坦福大学、麻省理工学院、佐治亚理工学院、亚利桑那州立大学及柏林技术大学 5 所著名研究型大学为样本，对各创客空间的设置规模、聚焦重点、人员配置、资金来源及无障碍设施等方面的异同进行了定量调查和分析。[①] 尽管这些研究为了解高校如何推进创客空间运作提供了宝贵的经验，但观其研究，还只是停留在空间的设计、装备、管理等空间建设方面，对如何利用创客空间实现创客教育的真正价值很少涉及。"是时候让创客教育进入主流了，为了让你的学校和学生更充分地投入创客教育，它必须融入你的课程中去。"[②] 得克萨斯大学阿灵顿分校（The University of Texas at Arlington，UTA）率先敏锐地捕捉到利用创客空间资源实现课程整合的新趋势，开始探索将创客空间中的课程整合到本科课程中的实践。为此 UTA 在 2016 年夏季专门成立了工作组，调查并开发了一套可以评估创客能力的草案，UTA 用这份草案分别于 2016 年秋季和 2017 年春季测试了来自 5 个不同学术部门的 9 门课程，评估结果清楚地显示学生在创客能力方面所取得的一系列成就，包括时间管理、团队沟通、设计思维、问题解决以及知识共享等。因此，UTA 认为需要将创客项目与标准课程联系起来，因为它们已经定量地证明了这种体验式的整合课程确实有助于增强学生的学习效果。本章旨在提供拥有相对成熟课程整合经验的高校案例，以收集到的样本资料来详细介绍利用创客空间资源进行课程整合的实践，以及整合后的课程形态和学习机制。

第一节　美国高校创客空间的课程实践：以三所高校为例

本节以耶鲁大学（Yale University，Yale）、富兰克林欧林工程学院（Franklin W. Olin College of Engineering，Olin College）、加州大学伯克利分

① Forest，Craig，Farzaneh，Helena，"Quantitative Survey and Analysis of Five Maker Spaces at Large，Research-oriented Universities，" 123rd Annual Conference & Exposition of the American Society for Engineering Education，New Orleans，L. A.，2015.

② "How to Sync Your Makerspace with Your Curriculum，" https：//rossieronline. usc. edu/maker-education/sync-with-curriculum/，2019-10-15.

校（University of California，Berkeley，UCB）三所高校为样本，展开对美国高校将创客空间资源与学术课程进行整合的研究工作。选取三所高校作为个体案例，一方面可以通过官方网站的公开信息、会议论文和调研报告等文献资料对高校的课程整合实践进行详细介绍，并从其实践活动中归纳出课程整合后的分类及依据；另一方面还可以对三所高校课程整合活动的共性和差异进行深度剖析，从而提炼出具有价值的典型性课程形态和学习机制。除此之外，本书所选取的三所高校对创客空间的建设和运行较为重视，拥有独立的空间资源和成熟的实施机制，且其利用空间资源进行课程整合均已具备一定经验，有利于研究数据的分析。选取的样本分别代表全球顶尖的私立研究性大学、极年轻的私立工程类大学、世界著名的公立研究性大学三种不同层次和类型的教育机构，为研究美国高校课程整合实践提供了更加综合、全面的视角。

一　耶鲁大学的课程整合实践

（一）创客空间及其资源

耶鲁大学的工程创新与设计中心（Center for Engineering Innovation and Design，CEID）成立于 2012 年，占地 8700 平方英尺（1 平方英尺 = 0.092903 平方米），拥有两层共 6 个运营空间，其中第二层的湿实验室由 BSL－1（生物安全实验室一级标准）指定，旨在支持化学、生物和环境工作，并为其提供清洁隔离的工作环境，考虑项目所需的化学用品等，使用该空间时需要特殊许可。CEID 由工程与应用科学学院资助管理，自成立以来一直是耶鲁大学协作设计和跨学科活动的枢纽，它的目标是实现从白板到现实世界问题构思的设计与开发。耶鲁社区的 2500 名成员（包括教职员工、CEID 员工、研究生和本科生）在完成初次入职培训和安全培训课程后，可以随时进入空间，使用 CEID 资源参加课程和活动，并与 CEID 员工在众多项目上进行合作。目前，空间内有 5 名专职设计人员（包括工程与应用科学学院副院长 James S. Tyler）和 4 名学生助手。

（二）课程整合实践

CEID 为学生提供了基于主题而非学科的体验式学习机会，这种学习体验超越了传统，更贴近于现实世界。整合后的课程鼓励学生共同合作为现实世界开发创造性的解决方案。现 CEID 的课程已由原来的 5 门增加至 10 门，[①] 内容涵盖从乐器到医疗设备，学生通过各种课堂主题参与设计过程，与该领域的专家和导师共同工作，将想法由课堂转移到工作室，转移到现实世界。CEID 每门课程对来自不同学科背景的学生开放，个别课程需要学生申请参加。为更详细地呈现 CEID 内的课程带给学生独特而深入的学习体验，现选取两门课程予以说明。

导论课程：工程、创新与设计（ENAS118 – Engineering Innovation and Design）。该课程是工程、创新与设计的导论课程，为学校的机械工程、化学、生物医学、计算机科学、环境、电气专业各提供一个主题的教学，帮助学生学习 6 个工程学科的理念和技术。授课对象是所有大一新生。在学期正式开始前，课程指导学生去寻找客户（来自整个大学），以发现那些可以在本学期内使用课程中介绍的技术解决问题的特定项目；然后学生 4 人为一组研究解决方案。他们每周都会在 CEID 工作室举行一系列实验室活动，且举行的实验与当周开设的课堂讲座相关。此外，每周还要在会议室举行为期 1 小时的客户会议，由课程讲师和助教监督，学生团队则于会上介绍他们的进度，由客户提供反馈。这种关系，即学生与委托人的直接联系和课程指导者的管理，对课程成功至关重要。课程最后 6 周集中为客户解决问题，以解决方案的演示结束本学期的学习，很多项目解决方案的试验都在创客空间中完成，很多已经投入校内使用。例如，某学生团队为其客户（本校体育馆教练）设计改进的 App 在最后的演示之后，被投用到了耶鲁的体育馆，用来提高运动员的反应成绩。

除导论课外，耶鲁大学工程学院和建筑学院在 2017 年秋季还联合开设了一门高级课程：创造空间（ART910 – Making Space）。该课程旨在运用空间设计和适应性重复利用的实践，结合设计思维方法去研究所选目标的现

① "Current Courses," http：//ceid. yale. edu/about – 1/#courses，2019 – 10 – 11.

有设施，并重新构建新用途。课程中有一组学生团队所选课程客户是史密森学会艺术工业大楼（Smithsonian Institute's Arts and Industries Building）的主任，作为课程客户，他对学生和课程讲师陈述了问题及其诉求。项目小组围绕大楼的空间资源、用户体验和技术解决等核心概念去提出解决方案。课程讲师为主题可能涉及的技能开设了相关讲座，为学生探索和构建解决系统提供辅助。最后项目小组创建了一个同时能充当辅助工具和显示内容触发器的 App，为每位参观艺术工业大楼的游客提供了独特的体验。CEID 的这门高级课程有融合技术和建筑的发展前景，而耶鲁大学至今还没有其他课程公开招收工程和建筑专业的学生参与这样一个联合项目，这门课程示例则突出了整合课程在技术解决方面的潜力。CEID 中的整合课程为学生模仿在现实世界中解决问题提供了机会，同时这些课程也说明创客空间作为一个资源信息中心，可以将外部需求与学生在学术课程中开发的解决方案相匹配。学生不仅可以从发展与学科相关的技能、应用基础知识解决问题的课程中受益，而且课程中建立的客户—学生合作关系还可延伸到课程结束后的研究及学生的未来就业。

二　富兰克林欧林工程学院的课程整合实践

（一）创客空间及其资源

欧林工程学院商店（The Shop at Olin College of Engineering，Shop）总面积约 4500 平方英尺，是集空间、设备资源和人员于一体的创客空间。Shop 在 2002 年欧林学院招收第一批学生的同时开始运营，其主要目标是支持学院所有基于项目的实践性体验课程。目前 Shop 有 1 名专职指导教师、3 名全职教师和一个由 18 人组成的学生团队，他们被称为 NINJAs（忍者），是 "Need Information Now, Just Ask"（现在需要信息，只需询问）的缩写。Shop 不由任何院系主办或资助，因此不存在隶属关系，它为学校内所有的教师、学生和员工服务。

（二）课程整合实践

欧林工程学院的课程结构十分特殊，每 5 年更换一次，且以项目合作的课程类型著称。由于很多课程强调学习体验和项目合作，学生多数也被要求以团队合作的形式在课程中完成实物制作，而这也进一步促进了 Shop 与学校课程的整合。笔者通过搜集官方公开信息和政策文件，发现 Shop 与欧林工程学院学术课程整合主要通过四个渠道：①提供有关制造设备和设计的早期培训，以支持早期设计体验；②配套课程直接支持学术课程，强调制作实体物品或实施相关项目；③以"制作"（Making）为工具研究特定主题（设计除外）的支持课程；④支持合作课程及课外学习体验。[①] 现在根据四个渠道各选取一门课程进行说明。

早期培训。设计自然（ENGR 1200 – Design Nature）是机械设计和原型制作的入门课程，欧林工程学院所有一年级学生在第一学期都要参加这门课程。该课程以自然为主题，让学生将受自然启发产生的灵感和想法转变成实物原型。学生在本课程中需要完成个人和团队两个项目，在可视化、实验、评估、原型制作的设计背景下积累学习经验。为支持此课程的学习目标，Shop 在学期前几周就会为所有大一新生提供关于 Green Machines（绿色机器）的入门培训，包括对带锯机、钻床和砂带磨机的培训等。完成 Green Machines 的培训之后（也可进行更高级的培训），学生便可随时使用 Shop 及其附带资源，寻求对工程设计的理解进行实践。

配套课程。工程原理（ENGR 2110 – Principles of Engineering）是一门为所有二年级学生开设的必修课程。在这门课程中，学生需要通过团队合作来完成一个为期 8 周的项目，项目要求构思、设计和实现一个机电一体化系统。由于该系统涉及机械设计、电子、软件和固件等元素，因此对工艺、设备的专业知识和培训需求差异很大。为支持这门课程，Shop 的 NINJAs 与负责此课程的教学团队协商，安排了与上课时间一致的工作时间。NINJAs 成员通过参与课程观察学生在设计和制作方面可能遇到的挑战，而后为学生提供特别培训，并在 Shop 进行实物演示，将空间资源成功融入学术课程。NINJAs 与教学团队的直接对接提高了教师对创客空间释放能力的认识，这一点对激发课程整合的想法至关重要。

---

① Cooke Malcolm, and Craig R. Forest, "Models for Curricular Integration of Higher Education Makerspaces," ISAM, 2018.

高阶课程。欧林工程学院已经开始将"制作"整合到课程当中，但"制作"不是某个项目或设计技能的重点，而是作为一种工具去学习在更传统的工程学科中遇到的概念。例如定量工程分析（CIE2016A – Quantitative Engineering Analysis，QEA），该课程的目的是在工程问题解决的背景下教授高等数学和物理。课程项目要求学生使用 Shop 任何资源设计并建造一艘小型船只，且使其能在水中自行漂浮。[①] 多数学生在规定时间内并不能完成漂浮要求，而在此时，再由教授向学生讲解制作过程需要的数学和物理知识，使学生找到产生问题的解决方案。在项目的最后一周，由学生根据自己最初的问题去解决、分析，再进行设计，向大家展示船的性能。在这种整合课程中，"制作"作为一种用于提出现实问题和进行理论演示的工具，在培养学生动手创造的基础上，也培养了学生的思维能力。

合作课程。欧林工程学院的教职员工还可以享受合作课程的学习体验，这种合作课程基本都要利用 Shop 及其资源。如丽贝卡·克里斯蒂安森教授与 Shop 内的一名焊接教师共同开设了一门名为"材料与制造"的课程，该课程还与学生合作探索创建了一门材料科学课程，通过焊接和铣削等加工过程来研究材料。潜在的课程项目设计有诸如"如何用钢本身来加工钢材"等。亚伦·胡佛教授开设了一门自行车车架设计和制造课程，学生们可以从中了解车架设计的不同方面（骑行方式/地形几何结构、材料选择），还可以从头开始设计自己的钢架，并使用氧乙炔钎焊技术进行制造。这种合作课程不仅深化了学生的学习体验，而且有效促进了学生与教师之间的互动。

三　加州大学伯克利分校的课程整合实践

（一）创客空间及其资源

雅各布斯设计创新研究院（Jacobs Institute for Design Innovation，JIFDI）

---

① M. Matthews, "Sink or Swim: A Novel Engineering Course Embeds Rigorous Math and Physics in Project – based Learning," *ASEE Prism* 26 (2016).

位于雅各布大厅，占地 24000 平方英尺，于 2015 年投入使用。JIFDI 既是学校内的学术建筑，也是一个创客空间，它支持课程、俱乐部、竞赛项目、独立创造等活动，是一个面向全校师生开放的多元化设计场所。雅各布大厅共有三层，一楼是伯克利最活跃的创客空间，每学期均有超过 1100 名用户注册；二楼三楼用于教学，共三间教学工作室，两间可容纳 45 名学生，一间可容纳 120 名学生。除此之外，地下室还有额外的车间资源和 CAD/CAM 教室作为嵌入式工作/学习空间，可用于举行项目会议和学生活动。这些教室每学期开设 20～24 节课，每学期招收约 1200 名学生。学生在获得使用创客空间的 "创客许可"（Maker Pass）后可于同一学期参加雅各布大厅开设的课程。

（二）课程整合实践

伯克利分校的课程整合可以说是目前全美高校中涉及面最广泛的整合实践。因为它不仅将创造和课程紧密结合在一起，还为设计与创新（Design Innovation）专门设计了一门独立课程 DES INV，并为专注于设计职业的学生开发了相关硕士课程。通过进一步的分析，本研究发现伯克利分校课程与 JIFDI 资源主要通过四个层面的合作交织在一起：①JIFDI 内现有课程；②新推出的课程；③学生主导的课程；④其他教学模块和非正式课程。

现有课程。JIFDI 内有很多以人为中心的设计和新兴技术课程，这些课程来自全校各系。例如，人体设计（ME 178/BIOE 137）、柔性混合结构（ARCH 259）、关键制造（CS 294 - 85）、生物灵感设计（IB 32）和新产品开发（ME 110）等。① 其中，许多课程最初都是由 2015 年的一项小型课程计划确定的，而最初申请这些课程的教师目前也成为 JIFDI 的正式教师，他们表示这些课程确实受益于创客空间资源和教学工作室。此外，如果现在的教师想要在 JIFDI 教授整合课程，则需要通过两个问题完成申请：①你的课程将如何在 JIFDI 中的教学资源和创客空间中受益？②你开设/教授的课程对 JIFDI 的使命有何贡献？这两个问题不仅让教师思考如何更好

---

① "Course Descriptions," http：//jacobsinstitute. berkeley. edu/learn/courses/，2019 - 11 - 01.

地利用创客资源进行课程教学，而且为学术课程给予创客资源什么反馈开辟了新的视角。

新推出的课程。DES INV 课程最初是 JIFDI 领导层为一年级和二年级的学生们设计的关于核心概念课题及实用设计技能的综合性课程，其课程目标是以便学生在未来的学习中将他们习得的技能纳入其专业的项目课程。与现有学科设计课程相比，DES INV 课程没有学科限制，它对校园内任何专业的学生开放，无论学生的专业背景如何，都可以通过由专业导师教授的 DES INV 课程探索设计世界，这种明确开放的规定增强了空间课程体验的可及性和学生群体的可触性。伯克利分校每学期都会开设 4~6 门 DES INV 课程，提供从素描、原型制作等入门课程到跨学科团队合作解决问题的高级课程。DES INV 课程不仅服务于本科生，它的覆盖范围也包括研究生，以培养学生在特定领域的技能。比如 DES INV 系列的一门课程 DES INV 290 - 数字制造无处不在：用于帮助研究生设想数字制造如何在他们的论文或研究项目中发挥效用。DES INV 课程对学生的影响是显著的，罗森鲍姆（Rosenbaum）和哈特曼（Hartmann）的研究结果表明，这些设计课程可以增强学生的自我效能感和跨学科意识。[①]

学生主导的课程。加州大学伯克利分校的一个显著特点是很多学院都设有一门由学生主导的贴花（Democratic Education at Cal，DeCal）课程，例如，3D 打印与设计、辅助技术设计、平面设计原理、网页设计等。这些课程由学生负责开发和授课，教师审核和批准教学大纲。每个工作日的晚上，JIFDI 设计工作室基本都被贴花课程占据。贴花课程每学期招收 350~400 人，每周上课一次，每次 1.5 小时，包括讲座和实验演示等。课程要求学生在学期结束时完成一个指导项目和一个开放式设计的最终项目，并在期末时通过小组项目的形式展示他们的学习成果，促进合作学习。由于此课程的目的是以合作的形式促进学生共同学习，因此对项目答案的标准性和完美性没有硬性要求。"铁轨贴花"（The Rails Decal）是伯克利分校 2019 年秋季的一门贴花课程，本学期共设有 8 场讲

① L. Rosenbaum & B. Hartmann, "Making Connections: Project Courses Improve Design Self - Efficacy and Interdisciplinary Awareness," Proceedings of International Symposium on Academic Makerspaces, Aug 3 - 5, 2018.

座，课程内容、教学大纲、设备资源等详细信息都可在学校网页查询。

其他教学模块和非正式课程。在过去的 10 年里，加州大学伯克利分校的教职工在基于项目的课堂中开设了"多样性合作"（Teaming with Diversity）课程，其目的就是培养学生共同解决问题的能力。以项目为中心的课程必然会涉及团队合作，但很少有教师或学生接受过如何创建成功团队的系统培训。为有效支持学生团队合作，萨拉·贝克曼（Sara Beckman）教授和合作者开发出了一系列带有目的性和反思性的任务，利用创客空间在线资源提供面对面辅导，以培训个人和团队有效合作的技能，取得更好、更具创新性的团队成果。他们认为团队成功取决于四个重要的模块：团队组建、团队启动、团队报到、团队庆祝。[①] 尽管对每个项目来说这些阶段有所不同，但每个阶段都对团队合作过程至关重要。只有当学生首先学会如何与其一起工作的人建立联系，将学科背景与在 JIFDI 习得的技能联系起来，创新创造的过程才有可能会发生。

第二节　创客空间课程整合的形态及学习机制

关于课程形态的具体学术概念，学界并无统一定论。而笔者认为，课程形态是课程在一定条件下的表现形式。假如课程内容关注的是选择哪些有价值的知识教授给学生，那么课程形态关注的则是这些有价值的科学知识如何呈现和供给。[②] 本书通过对美国三所高校将创客空间及其附带资源与学校学术课程整合实践进行详细介绍和深度剖析，以及对整合后的课程进行归纳梳理后发现，支撑每门课程的关键因素（学习内容、设备资源、空间场地、项目活动）不同，每门课程追求的核心目标（技术应用能力、团队合作能力、问题解决能力、创意设计能力、高阶思维能力等）也不一样，由此形成了分层分类的课程形态和相对灵活的学习机制。

① "Teaming Process," https://www.teamingxdesign.com/team-process，2019-10-1.
② 敬凤：《信息技术背景下课程形态内涵及应用》，《黑龙江科学》2019 年第 15 期。

一 整合后的课程形态及分类依据

(一) 课程形态

本书根据支撑整合课程的关键因素及课程追求的核心目标的不同，将整合后的课程划分为了五个逐步递进的课程类型：入门课程、基础课程、核心课程、高级课程以及拓展课程（详见表 4-1）。尽管每类课程的侧重要素和核心目标不同，但整合后的每门课程确有益于学生创客能力的提升。

表 4-1 三所高校的课程类型

	耶鲁大学 (Yale)	富兰克林欧林工程学院 (Olin College)	加州大学伯克利分校 (UCB)
入门课程	初次入职/安全培训课程，针对耶鲁社区 2500 名成员	绿色机器入门培训，包括绿色车间里的所有机器	辅助技术设计、平面设计原理、网页设计、3D 打印与设计
基础课程	工程、创新与设计等，针对一年级学生	设计自然，针对所有一年级学生	人体设计、管件制造等
核心课程	医疗器械设计与创新，针对医学院学生	工程原理，针对所有二年级学生	DES INV 系列课程
高级课程	创造空间，针对工程学院和建筑学院的学生	定量工程分析，工程问题解决背景下教授数学和物理	生物工程高级设计课程，针对医学院学生，直接与不同临床专业的医生合作
拓展课程	音乐声学与乐器设计，针对声乐格外偏好的学生	材料与制作，与学生合作研究材料制作等	发现设计，适合那些希望了解更多设计世界的学生

资料来源：笔者自制。

(二) 分类依据

入门课程侧重的关键因素是设备资源，追求的核心目标是基础技术的应用能力。不管是耶鲁大学覆盖全社区的安全培训，还是欧林工程学院的绿色机器入门培训，教授的多为各种智能工具/开源软硬件的使用操作，目的在于完成基本的设备技术扫盲，强调学生原始动手操作能力、设备应用能力的培养。欧林工程学院一名叫马德斯（Mads）的学生在完成绿色机器的入门培训之后，主动申请了 2019 年暑期 Shop 开设的实践活动，他表示自己不仅学会了焊接技巧和乙烯基制作，而且深深地爱上了机械工程，迫不及待地期待新学期的到来。基础课程和核心课程以一年级和二年级学生的必修课程为主，强调的关键因素则是空间场地和学习内容，基础课程侧重借助创客空间资源激发学生学习 STEM 学科的兴趣和 STEM 技能的潜力，核心课程更侧重利用实践活动深化知识的应用和积累有益的经验。这两类课程追求的核心目标强调团队合作能力、创新创造能力和问题解决能力，主要教授的是学校学术课程要求的知识内容，在动手创造的基础上强调团队合作和问题解决，其中，基础课程覆盖面广，核心课程针对性强。高级课程侧重的关键因素是高端设备资源和高端活动项目，它将授课重点延伸到了各专业的实操领域，在知识应用和现实问题解决的基础上，强调学生创意设计能力和高阶思维能力的培养。这类课程的关注点还覆盖到课程结业后的继续研究及再就业。拓展课程则强调各学科之间的自由组合，任务导向明显但难度系数不高，主要授课对象是非 STEM 学科学生及对具体领域感兴趣的学生，其目的在于诱发学生对之前不熟悉领域的好奇与探索，引起对整合课程的好感。拓展课程的关键因素侧重学习内容。这类课程是在分析三所高校课程整合实践基础上的额外收获——前几类课程多关注学生之间的团队合作、问题解决和技术应用，强调的是学生理工思维的形成和工程素养的培养，而拓展类的课程则关注到了学生个体感兴趣的部分，课程实施过程中强调学生的审美思维、艺术思维，注重对学生人文素养的培养。

　　虽然本书人为地将各类课程的关键因素和核心素养区分开来，但在课程的真正推进过程中，并未有如此严格的区分界限，如图 4 - 1 所示，并没有将课程类型与要素和目标一一对应，之所以使用渐变颜色箭头也正是为表明其中的重合部分。如高级课程虽然更注重培养学生的创意设计和高阶思维能力，但这些能力的培养也要在接受基础课程强调的团队合作和核心课程注重的现实问题解决能力习得的基础上才得以完成。进行区分的目的仅为更直观地分辨整合后的课程类型和呈现形态，亦从侧面证明这五类课程逐步递进的内在逻辑。

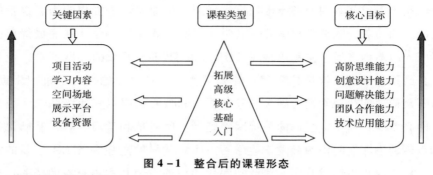

图 4 - 1　整合后的课程形态

资料来源：笔者自制。

二　满足不同需求背景的学习机制

根据整合课程关键因素和核心目标的不同，本书共划分了五种分层分类的课程形态，依据划分的课程形态，也必然会形成相应的学习机制。学习机制是指各个要素之间知识流动的渠道和作用方式。从横向角度出发，陈刚等基于泰勒模式曾从四个角度对创客课程各要素进行阐述：培养学生核心素养的课程目标、融合各学科综合实践性活动的理念定位、基于真实问题生成的课程内容以及基于合作设计的学习方式。[①] 这种横向型课程对各要素的分析较为详细，如目标如何定位、内容如何设计，但这种课程理论虽然深入但实操性难免不强。于纵向角度而言，杨现民认为创客课程可沿着学习支持（理论支持、空间资源、内容整合）—学习活动（基础/核心知识的习得、课程项目、小组竞赛）—学习方式（以项目活动为主脉络，线上线下相结合方式）的流程展开。这种纵向型课程具有较强的顺序性和操作性，但单向线性化的流程也往往存在各要素的对应不清、具体指向性不明等问题。[②] 而整合后的课程形态基本同时体现了课程的横向要素和纵向顺序，一定程度上解决了单一角度下存在的问题，这种课程形态下的层级关系和学习机制也更加清晰、直观。

[①]　陈刚、石晋阳：《创客教育的课程观》，《中国电化教育》2016 年第 11 期。

[②]　杨现民：《建设创客课程："创课"的内涵、特征及设计框架》，《远程教育杂志》2016 年第 3 期。

　　图4-2是根据课程形态绘制的基于学生不同需求背景的学习机制模型，它以一种动态的形式展示了各要素之间的作用方式和顺序关系。每类课程的培养目标是整合课程的核心目标层级；创客空间、项目活动、学生类型和指导教师是整合课程的关键因素层级；课程流程（目标—主体—内容—策略—实施—评价）是整合课程的重点实施层级；可获取的课程资源（包括空间、人力、网络和社区资源）是整合课程的重要支持层级。四个层级之间有着明确的对应关系，在课程资源的支持下最终指向课程培养目标，即核心目标层级。其中最核心的对应关系是整合课程的重点实施层级对应整合课程的关键因素层级——目标对应学生类型，主体对应指导教师和学生类型，内容和策略对应项目活动，实施对应创客空间和学生类型，课程整体实施由教师和学生双主体对课程进行反馈和评价，真正实现了横向要素和纵向流程的统一。

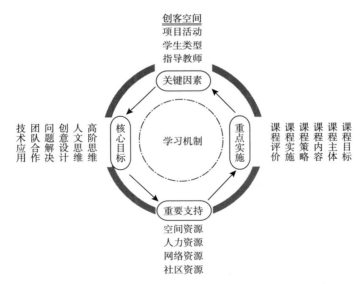

图4-2　基于学生不同需求背景的学习机制模型
资料来源：笔者自制。

　　为更加清晰地展示整合课程形态的学习机制，接下来以耶鲁大学开设的一门核心课程医疗器械设计与创新（MENG/BENG 404 - Medical Device Design and Innovation）为例进行说明。该课程的目标是要求学生去解决现实世界中的临床需求（问题解决），对医疗设备原型进行构思和设计（创意设计及技术应用），以对患者产生积极影响。耶鲁医学院的教授（指导教师）担任课程指导教师，对来自生物医学和机械工程学院的学生（学生类型）进行指导。2019 年 4 月，文斯·威尔钦斯基教授带领学生团队在课程中完成了一个真空管项目（项目活动）。真空管用于吸取在手术时妨碍手术进行的脂肪、血液等碎片，但问题在于真空管系统会被堵塞。因此，文斯教授和高级研究科学家拉里·威伦（人力资源）以及学生团队（平均年龄 22 岁）决定每周进行一次会面来剖析真空管系统堵塞的问题。讨论期间，部分学生直接加入了指导教授在 CEID 湿实验室（创客空间/资源）的操作，亲自观察系统堵塞的情况，最后学生不仅找出了系统发生堵塞的原因，而且还确定了系统常发生堵塞的主要位置。文斯教授表示"他们做了很多迭代设计（创意设计）来解决其中的问题，每个学生都在原型制作、故障排除、团队合作以及解决问题等方面获得了技能，并且他们学会了如何通过实验去验证（技术应用）自己的设计"。① 在课程最后一周，学生团队不断地对设计的版本进行试验，最终设计出了一款几乎可以解决所有堵塞问题的手柄组合。该项目下一步即可与专业的骨科器械公司（社区资源）合作制作出产品原型。在课程实施阶段，所使用的教学方法、教学环境质量以及教学内容本身决定了学习过程的有效性。整合课程的学习机制有序且要素对应，课程支撑资源让实施流程成为可能，借助创客空间资源，课程摒弃了传统教学单调的文本定义和规则描述，排除了学习过程的主要障碍，而所形成的这种环状的学习机制刚好能在避免这些弊端的背景下满足不同需求和能力背景学生的学习诉求。

三 整合课程的未来展望和终极诉求

高校将创客空间及其资源与学校学术课程进行整合的直接目的就是为传统学术课程添加实操、演示等元素来强化学生正在学习的概念，其本质是将所有能驱动和转化学科内容的配套设备和新兴技术注入课程环境，并

---

① "Student – built Device Clears the Way For Surgeons," Biomedical Engineering, Mechanical Engineering and Materials Science, https：//seas. yale. edu/news – events/news/student – built – device – clears – way – surgeons，2019 – 11 – 11.

通过探究式、体验式的项目活动激发学生的学习兴趣和学习潜力，以培养学生在现实世界中所需要的自主学习意识和知识迁移能力。通过对三所高校课程整合实践的全面介绍和深度分析可以看出，整合课程并不是技术学习或者实践活动的变种，它源于新技术的更新迭代及开源软件的大规模应用，并植根于传统学科的知识内容和教学环境，是变革传统教学的一种灵活有效的崭新途径。因此，进一步梳理整合课程的发展经验和潜在动向，是值得高校创客教育研究关注的一大现实问题。

（一）课程形态的未来展望

1. 平衡空间的专用通用系统

高校创客空间的定位，首先应是一个独立运营的通用工作空间，其次才是学术课程的专用实验室。因此，创客空间对整合课程的专用支撑必须与为所有用户提供开放无障碍的空间支撑之间保持谨慎平衡。如果不去仔细规划和思考，一门整合课程就有可能完全"接管"一个空间，从而限制他人对它的使用。以富兰克林欧林工程学院为例，其创客空间 Shop 定位于支持学院所有基于项目的实践性体验课程，但相关资料显示，在新学期的前几周，Shop 要为所有一年级学生提供绿色机器的入门培训，这期间 Shop 内的砂带机、磨床等实验室需要关闭，其他用户无法随时申请使用。在培训课程结束之前的这段时间，Shop 比平时至少要少开 10 个小时。[①] 有类似问题的还有麻省理工学院的创客空间 Makerlodge，根据 Makerlodge 运行两年的经验，入门培训持续时间不可超过 5 个小时，如果超过这个时间，一来学生兴趣显著下降，二来也占用其他课程时间。为平衡空间的专用通用系统，减少专用支撑对通用支撑的干扰，可考虑将入门培训分批次安排在学期开始之前，因为在此时期，学生对空间的访问和需求最低；同时必须限制入门课程的培训时间，严格控制在 5 个小时以内，最大限度提高培训价值；或学生不必接受空间内每一设备的对点培训，可根据学生的特定背景提供一致且相关的培训课程，以达到空间专用支撑和通用支撑之间的相

---

① Malcolm, Cooke & Craig R. Forest, "Models for Curricular Integration of Higher Education Makerspaces," ISAM, 2018.

对平衡。

2. 深化非工程课程的学习体验

不管是 STEM 教育还是创客教育，高校有意无意侧重的多是工程学科，强调的是工程思维，着重于课程的技术影响，对学生的审美意识、艺术思维等人文素养难免忽略。在高校课程整合的实践中，"制作"作为一种工具，在学习工程或设计课程内容概念时发挥的作用已经得到确立，无论是定量工程分析这种高级课程还是材料与制作这种拓展课程，依托"制作"提出现实问题和进行理论演示，对学生的技术应用和创新思维确有积极意义。而事实上，"制作"作为学习工具也极有可能加深那些尚未明确用于设计过程的非工程课程的学习体验。第一届 ISAM 研讨会曾提出，"制作"在人文和社会科学课程中对于深化学生学习经验也有额外潜力。高校未来在对创客资源和学术课程进行整合时要有意识地向非工程/非设计课程倾斜，在写作、历史和古典文学等课程的教授过程中，也要有针对性地为学生举办加入操作、演示等驱动元素的研讨会或开设跨学科的人文课程，帮助学生培养技术技能，深化学生在非工程/非设计课程中的学习体验，挖掘"制作"在人文和社会科学课程中的潜力。

3. 加强与课程教师的持续沟通

与课程直接接触的主体，除了学生，还有教师。在整合课程的学习机制中，教师是指导学生技术操作和协助项目流程的管理人员，也是支持学生将学习资源转化成产品原型的协作主体，更是推进各层各类课程核心目标顺利实现的主要对象。因此，课程是否长期奏效跟与教师能否持续沟通紧密相关。以加州大学伯克利分校为例，想要成为整合课程指导教授就需要完成问题申请——所授课程如何在创客空间受益；学术课程给予空间何种反馈。如此反向框定教师的缘由，一是教师需要将整个空间及附带资源作为教学工具开展教学，他们需要清晰地认识空间资源提供的可能和限制；二是教师对空间作用的认知不全，需要空间中的专业人员给予适当的范围界定和项目框定帮助，从而达到整合课程的学习目标。为确保教师对整合课程的指导和护航，各部门及层级在接下来的每一步都应继续关注与课程教师的持续沟通。例如，创客空间的教职员工和课程负责教授的对接不能只停留在使用时间、设备数量和开放教室等方面，对课程所可能遇到的问题和挑战也要提前进行全方位的规划，必要时可先行开展针对教师的特别培训，提高教师对空间释放能力的认识，解锁学习和教师教学所遇到的种种限制。

4. 重视与周边合作机构的联系

整合课程是依托创客空间资源变革传统教学、满足不同学生需求的崭新途径，尽管每类课程追求的核心目标不同，但各种能力的最终指向都是为学生顺利走向现实世界服务。2018 年秋，欧林工程学院联合巴布森学院和韦尔斯利学院共同完成了一个 10000 平方英尺的名为韦斯曼铸造厂（Weissman Foundry）的创客空间，并在空间内开设了一门三校合作的整合课程，旨在利用此联合课程促进三个校区学生和教师之间更多的合作。[①]同样，为加深对各种创客设备和设计原则的理解应用，满足从入门到高级的配套培训，麻省理工学院也在筹建新的创客空间，任务是加强与周边社区的合作以深化整合课程实践方面的继续开发和研究。很多整合课程不仅限于对空间场地的依赖需求，有时因项目的复杂性和演示的必要性，对一些大型设备也有需求，而这对学校来说，将是一笔巨大的开支。因此，为保住整合课程学习机制源源不断的后续动力，给学生提供必要的技术交流支持，高校不仅要充分利用已有的创客空间资源来提高教学效率，寻求与周边机构合作以获取必要资助也应该提上日程。若整合课程的开展与行业资源挂钩，学生获得的就不仅是合作机构所提供的技术设备，而且还能与个人专业背景接近的行业公司直接接触，在完成课程要求的同时亦能积攒企业重视的就业经验，这不管是对学生的下一步就业还是对企业吸收有相关经验的员工皆有助益。

（二）学习机制的终极诉求

1. 对学生独立自主意识的深化

众所周知，传统的课堂教学一贯遵循"有问题找老师"模式，整个学习过程由教师主导，学生适应教师。但久而久之，这种单调的学习机制不

[①] "The Weissman Foundry," https：//www.foundry.babson.edu/the－weissman－foundry, 2019－11－11.

仅会弱化学生在学习过程中的主体地位，同时也会弱化学生独立自主的学习意识。尽管现在很多的国内外高校已经在强调教师学生双主体方面做了不少改革性工作，但从整体看来，也并未取得显著效果。迈尔（Meyer）在研究学生独立学习时提出，独立学习的关键是将学习过程的责任由教师转向学生，独立学习不仅仅涉及学生单独工作，教师在支持和促进学生独立学习意识方面也应发挥关键作用。① 而学习过程中的责任转移包括学生对自我学习的理解、学习的内部动力以及与教师合作构建的学习环境，整合课程下的学习机制首先囊括了这些责任转移的必备要素，而整合课程之所以划分为五种不同的课程类型，正是基于这种整体的课程环境。在各层各类的整合课程中，教师借助与课程相关的工具引导学生自己动手实践，初步完成之后再进行组内讨论或组间交流，在合作交流的基础上激发学生的学习动力以获取课程内容，部分学生在课程结束之后，还能将所学的相关内容应用到具体场景，同时团队项目活动或特定任务的完成，也为学生独立工作提供了必要基础。因此，这一整套的"有利环境"不仅能在深化学生学习体验的基础上促进学生对学科知识的创造和应用，很大程度上还非常有益于学生独立自主意识的形成。而反之，整合课程下学习机制的诉求之一，就是要持续加深对学生意识的影响，帮助学生形成自主学习、主动学习意识。侧重这种诉求一来有利于增强学生的学习成就感，这也是传统课程强调的重要方面；二来学生学习自主意识的增强也符合高校对人才培养的要求，亦证明了整合课程学习机制所发挥的作用。

2. 对学生高阶思维能力的培养

高阶思维能力是相对低阶思维能力提出的概念，指的是发生在较高认知水平层次上的认知能力，多用于教育学领域。此概念提出的最初目的是让教育者在教学活动中更多地关注学生复杂思维能力的培养，而非对具体知识的简单记忆或机械化学习。刘易斯（Lewis）认为高阶思维能力是指个体将记忆中储存的信息与接触的新信息相互关联，并在此基

---

① Bill Meyer and Naomi Haywood, "What is Independent Learning and What are the Benefits for Students," *Department for Children, Schools and Families Research Report* 51 (2008).

上对其进行重新组织，以达到一定目的或在一个复杂情境中找出可能答案的过程。[①] 高校整合课程的出现正是为将学术课程中的知识要求与辅助知识呈现的智能工具相结合，让学生在创客空间中模拟现实世界的真实情景，以找到解决问题的方案。目前，多国政府已明确提出将高阶思维能力的培养作为高等教育的主要目标，高阶思维能力也成为高校评价学生学习成果的重要组成部分。整合课程分层分类的结构和灵活的学习机制本就为迎合具有不同需求和能力背景的学生，每一层级所设计的关键因素和核心目标均有不同，但凡是涉及了项目和团队的课程，都旨在培养学生在一定认识水平层级上的心智和认知活动，而这些发生在较高认识水平层级上的认知活动，就是思维的高级过程。比如核心课程和高级课程强调的团队合作和项目活动，都发生在思维的高级阶段，其追求的核心目标也从对技术设备的使用转向对思维能力的培养，从要求学生对知识文本的规则描述转向对高级思维技能的培养。逐层递进的整合课程还在一定程度上改变了教学定势对学生个体的影响，每个学生的思维能力水平都不相同，有的学生思维能力发展水平高，其理解、应用和分析问题的能力相对就高；而有的学生思维能力发展水平较低，其理解、应用和分析问题的能力相对就低，具有不同思维能力水平的学生适合不同类型的课程，整合课程则在这种现实情形中覆盖到高校所有不同能力背景的学生，在深化学生自主学习意识的基础上培养学生的高阶思维能力，这也是整合课程学习机制下应有的诉求。

3. 对学生知识迁移能力的提升

知识迁移是指一种学习对另外一种学习的影响，是学生原有的知识结构对新的学习的影响。整合课程中的知识迁移，可理解为学生依据已掌握的学术课程知识，将对知识的理解迁移到创客空间的技术操作上，进而将在这种学习机制中所习得的学习态度、知识经验及技术技能迁移到现实世界，完成知识的迁移过程。整合课程是在学术课程和空间资源相融合的基础上形成的集学术和实践于一体的课程类型，所以它不仅具备一般创客课

---

① Arthur Lewis and David Smith, "Defining Higher Order Thinking," *Theory into Practice* 32 (1993).

程所具有的团队合作、自我表达、协作沟通等能力，而且由于分层分类的
课程形态和灵活多变的学习机制，会使更多能力有所提升，这是高校人才
培养的核心，也是整合课程的诉求。要完成知识迁移，需要前一学习活动
为后一学习活动提供足够的动力准备——要有教师的指导，要有适合的载
体，还要学生对学习材料有相当程度的掌握，这些促进知识迁移完成的条
件与整合课程学习机制的重点支持层级不谋而合。首先，创客空间资源与
学术课程内容高度相关，空间资源的供给是根据课程的所属层级选择使用
的，这具备了合适的载体要素；其次，教师在指导和促进学习方面发挥着
关键作用，也提供了必备的人力资源；最后，整合课程的内容是根据学生
不同的能力背景设置的，利于各类背景的学生对学习材料的充分理解和掌
握，顺利完成在整合课程学习过程中学习知识迁移能力的提升。知识迁移
能力是知识管理的重要方面，更与学生的发展息息相关，整合课程具备提
升迁移能力的优势条件，作为变革传统教学的崭新课程形态在未来发展和
规划中理应有所侧重。

第三节　创客课程与 STEM 教育的融合：可能与现实

一　创客教育 +STEM 教育的发展战略与实践案例

（一）制定国家层面的"STEM + 创客"战略，培养具有创客
精神的 STEM 人才

近年来，美国高度重视科学、技术、工程和数学领域的教育，强调通
过跨学科的学习，培养大学生的多学科学习能力与知识视野的开放能力、
基于创新和团队合作的实践能力、基于信息资源检索与分析的数据整合应
用能力等未来新经济形态下大学毕业生所必须具备的基本素养。2013 年 5
月，在奥巴马的发起下，美国国家科学与技术委员会向美国国会提交了
《联邦政府关于科学、技术、工程和数学教育战略规划（2013—2018）》，
对美国未来五年高等教育中 STEM 教育发展的战略目标、实施路径、评估

方式等做出了中期规划，旨在加强美国 STEM 领域的人才培养与储备，以继续保持美国在未来国际竞争中的优先地位。其实早在奥巴马的第一个任期里，他就已经确定了 STEM 在美国教育系统中的优先资助地位，通过与企业界之间的沟通协调，筹措数千万美元的资金资助美国 STEM 教师的培训，在 2010 年和 2012 年分别举办了白宫科学节，利用总统的个人影响力号召 20 万名科学家和工程师为地方和相关部门 STEM 教育提供帮助。①

2012 年 1 月美国商务部发布了《美国竞争力与创新力》报告，这份报告认为"创新"的内涵与外延将发生极大的变化。未来的创新不仅涵盖了新产品、新服务、新流程、新制度与组织形态的变革，更重要的是强调个性化定制产品与服务、为客户创造价值、开放的创新链等新经济模式。为了实现这一创新战略，STEM 教育则当仁不让地成为推动美国高等教育领域中创新人才培养的重要内容。STEM 教育涵盖了科学、技术、工程、数学等跨学科领域的学习，毕业生则覆盖了计算机科学、应用数学、工程技术、智能制造、新能源技术、生命科学等多个知识密集型的产业部门。以美国过去十年来 STEM 领域就业量的增加作为指标，我们可以看出美国对 STEM 人才的需求程度。2000～2010 年的十年之中，美国 STEM 领域的职位年均增长率达到了 7.9%，远远高于其他领域的职位增长率（2.6%）。2010 年，美国共有 760 万 STEM 领域的从业人员，占据了全社会劳动力的 12%，其中计算机科学与数学领域的从业人员几乎占据 STEM 从业人员总数的一半，工程学领域的从业人员占比为 32%，物理和生命科学领域从业人员占 13%。② 伴随着高端制造业回流美国以及以智能制造、页岩气革命等新技术为支撑的经济复苏，美国对 STEM 领域人才的需求显得更为迫切，与此相对应的则是高校培养的 STEM 毕业生无法达到劳动力市场的要求。

创客教育内在的跨学科、实践导向、极客等特质使其广受世界各国大学生的欢迎，其影响力也与日俱增，而创客教育与 STEM 教育的融合，则

① "National Science and Technology Council Federal Science, Technology, Engineering, and Mathematics (STEM) Education 5 - Year Strategic Plan," Committee on STEM Education, http：//www. whitehouse. gov/sites/default/files/microsites/ostp/stem_stratplan_2013，2015 - 6 - 17.

② "The Competitiveness and Innovative Capacity of the United States," U. S. Department of Commence, http://www. commerce. gov/sites/default/files/documents/2012/january/competes_010511_0. pdf.

有力地增强了 STEM 教育与美国高校工程人才培养的融合，吸引了更多的大学生学习 STEM 教育。因此，美国政府早在 2012 年就开始启动"创客教育计划"，该项目由创客运动的发起者、《创客》杂志创始人戴尔·道尔特作为首席负责人。该计划目前正在对传统的学校 STEM 教育进行设计与改造，大力推动创客空间和各种类型的创客项目的发展，最终推进美国高校创客教育的繁荣。创客运动的盛行以及迅速融入学校教育的趋势点燃了美国学生的想象力，培养了他们面对未来工业 4.0 时代所需要的技能和创造力。创客教育所带来的团队协作与动手实践过程不仅提升了学生的创造力、问题解决能力、沟通协作能力和自我表达能力，也有力地支撑了高等教育阶段 STEM 教育的实现。此外，联邦教育部还与企业、非政府组织等合作，引入"Career and Technical Education Make Over Challenge"项目，在全美范围内的高中将职业生涯教育与创客教育相融合，提供专业发展指导、技术保障、信息合作网络等支持。

（二）革新 STEM 教育的教学模式，通过创客教育展现 STEM 教育的理念

通过移动设备的教学、混合学习、虚拟视觉影像技术的应用，STEM 教育的未来发展模式得到了更新。STEM 教育涵盖了科学、技术、工程和数学四大学科，同时也包含了在真实世界中如何使用这些学科知识解决问题的能力。根据相关报告，到 2018 年将有 12 项技术影响 STEM 教育，其中具备直接影响力的是 3D 打印、数学建模、游戏化教学、可穿戴设备等，这些技术的广泛应用促进了 STEM 教育的变革。[1] 在上述变革中所形成的浸入式学习环境，将为学生提供更具个性和创造力的学习方式，从而在实践和团队合作中提升技能，增强学生的学习体验，丰富学习的情境。

创客可以激发大学生在 STEM 教育中的积极性和创造性，在工业设计、智能制造、创业等各个领域中培养大学生的能力。创客所具有的实践和团队合作特征也有助于增强大学生在真实社会情境中解决问题的能力。有数

---

[1] Dian Schaffhauser, "12 Technologies To Dominate STEM Education," http：//campustechnology. com/articles/2013/10/21/12 - technologies - to - dominate - stem - education. aspx, 2015 - 6 - 20.

据表明，超过 2/3 的大学生认为他们在创客活动中所获取的进步要高于其他学术课程。目前，美国联邦教育部推行的"通过 21 世纪社区学习中心进行创客"项目正计划在加利福尼亚、佛罗里达、纽约、宾夕法尼亚和得克萨斯等多个州的大学中创设创客中心，促进创客教育的繁荣。美国创客教育计划也正在为 24 个州的超过 14 万名大学生提供创客教育。[①]

除了制定国家层面的创客教育发展战略，奥巴马政府通过各种活动形式来提高创客理念在全社会的影响力，激发更多的社会成员和组织参与到创客教育之中，尤其是在将创客教育与 STEM 教育相结合方面，美国政府更是提供了尽可能多的措施。2015 年白宫创客节的主题就是"STEM 教育在全美高等教育领域中的进一步发展"。在此次创客节中，奥巴马宣布将投入 2.4 亿美元用于支持大学生以创客的形式参与到 STEM 教育中，他所力推的"教育创新"计划则为 STEM 教育提供了超过 10 亿美元的经费支持。其中包括了募集的 1.5 亿美元的慈善经费，专门用于为在大学中表现优异的创客提供经费，为其成长过程提供足够的资金保障，使其成为未来的科学领袖；设立 9000 万美元"让每个人充满梦想"（Let Everyone Deram）基金，扩大 STEM 教育在年轻人群体中的影响力；美国联邦教育部则创办了高达 2500 万美元的创客竞赛，鼓励大学生在学习 STEM 的基础上进行创客方面的探索，培养其科学与技术素养；在超过 120 所大学和学院培训 20000 名熟悉 STEM 与创客的专业教师以加强此领域的师资建设。[②]

（三）创设开放、合作的创客空间，为 STEM 教育提供实践性场所

创造性和学科整合性是 STEM 教育的核心价值。然而，大学现有的教育理念及其制度设计却并不鼓励开放导向的、以实践创造为基础的教育。在大学已有的 STEM 课程中，大学的构造与建模空间更像是典型的"机器

---

① Tom Kalil, Roberto Rodriguez, "Building a Nation of Makers," https：//www. whitehouse. gov/blog/2015/05/04/building – nation – makers，2015 – 6 – 21.

② "President Obama Announces Over ＄240 Million in New STEM Commitments at the 2015 White House Science Fair," Fact Sheet，https：//www. whitehouse. gov/the – press – office/2015/03/23/fact – sheet – president – obama – announces – over – 240 – million – new – stem – commit men，2015 – 3 – 2.

商店"，在这里学生放弃了实际的建模活动来训练专业性，或者大学仅仅是作为高度训练学生的学术入口。为了改变这一状况，培养学生在实践过程中的创造力，佐治亚大学技术研究所就建造了3000平方米的发明工作室，免费向大学生开放，使其举办各种创客活动，将STEM教育中的核心知识内容与具有实践性、开放性、团队合作精神、原创性和强调设计的创客教育相结合。虽然刚开始建设的目的是设计一门课程，但是发明工作室为佐治亚大学带来了生命与文化，远超过最开始的预期。在这里每个月都会有超过1000名大学生进行创客活动，并与工程领域的相关导师建立合作关系。

近年来在创客文化的影响之下，许多大学开始创设独立运营的创客空间。波士顿大学计算机协会2010年建立了美国较早的、由大学生设计和管理的创客空间。这些空间体现了"自下而上"的理念，鼓励大学生自主的探索精神和创新精神，完成了创客空间的所有活动，强调跨学科的互动与经验分享。宾夕法尼亚州立大学、华盛顿大学、北卡罗来纳大学也通过创客空间的发展来促进和激励对工程人才的培养。在这些创客空间中，主要凸显了三大原则：第一，空间的每一个参与者都必须求是有天赋的和创造力的、对工程领域和设计领域有极大兴趣的大学生；第二，学生强烈要求更丰富的、实践导向的课程，以便将理论知识打通，使得他们能够更加有效地将结构化的知识体系与非线性的创造过程相结合；第三，创客空间一切活动最终指向的是将自己的创造活动与真实世界的问题解决和产业需求联系在一起。[1]

（四）创客教育如何融入美国大学的STEM教育：以卡内基梅隆大学为例

卡内基梅隆大学（CMU）校长Suresh认为CMU之所以能够发展成为世界顶尖的研究型大学，就是源于对创新的追逐和设计与创意的结合。早在20世纪90年代，CMU的机器人研究所就已经开始进行此领域的探索，

---

[1] S. Martinez and G. S. Stager, "How the Maker Movement is Transforming Education," http：//www.weareteachers.com/hot–topics/special–reports/how–the–maker–movement–is–transformingeducation，2015–4–8.

随后又展开了对 3D 打印技术的研究。CMU 也是世界上第一个为本科生提供创客教育的大学。近年来，CMU 为本科生提供了大量的设施设备和资源支持，提供分层次和完善的创客教育资源基础设施，为大学生的创客活动提供机会和平台。它也是全美最早的为本科生提供创客空间和创客平台的大学，通过一系列整合性的资源供给，使得大学生在以市场为导向的创新过程中奠定了跨学科的实践基础。

CMU 的整合设计艺术与技术网络（Integrative Design Arts and Technology，IDEATE）于 2014 年启动。在这个综合性的创意设计网络中，大学生可以选择 8 门跨学科选修课程，为其提供超过 30 个新建实验室的活动机会，通过协作性的创客经历培养大学生对新技术运用的敏感性、团队合作和沟通能力，其中许多课程都是通过 IDEATE 与创客网络协作进行的。自创建以来，IDEATE 成为校园内的一个协作创客空间，通过该设施，图书馆可以为学生提供各种新的帮助。超过 3000 平方英尺的图书馆被改造成为创客空间，其中以数字制造为特征的商店、实体的计算机实验室、交互性的媒体实验室、虚拟计算机集群和协作设计工作室成为创客空间的主要组成部分。此外，IDEATE 也扩展了与校外合作伙伴的联系，为大学生以外的其他群体提供创客工作室和建模工作室，鼓励 CMU 的教师、校友、学生，周边社区的高科技企业等充分利用大学创客空间的设施和工具来实现自己的创新性想法。在整个 2014～2015 年，CMU 也在匹兹堡地区建设了新的先进制造实验室以进行高分子聚合材料领域的研发工作，CMU 利用这些设施与美国创客、全国添加剂制造创新研究所等机构进行合作。作为西蒙计划（Simon Initiative）的一部分，CMU 于 2014 年 9 月启动了学习媒体设计中心项目，为大学生提供新媒体和创客交流的学习平台，该中心同时还会与匹兹堡再造学习委员会进行合作，整合社区、图书馆、大学、博物馆等来激发大学生的研究和创新。

IDEATE 所设计的一系列活动主题涵盖了 3D 游戏设计、动画模型与特效、媒体设计与展示、音效设计、学习媒体设计、创意产业创业、知识环境营造等新兴的技术领域，而艺术学院、计算机科学学院、工程学院也都开始纷纷设置新媒体、计算机数据分析科学、整合创新、城市设计等学士学位，从而打通创意、设计与创新，培养在前沿领域具备跨学科知识与能力的工程人才。①

二　思考与借鉴：创客课程融入 STEM 课程的启示

近年来，创客运动在我国也逐渐兴起并在社会上产生了一定的影响。部分高校也开始逐步引入创客教育的理念并进行了初步的实践探索。当我们透过创客教育的实践形态分析转而从更深层次来理解创客教育的内涵及其价值潜能之时，我们会发现它蕴藏着深刻的教育哲学观。其中最明显的便是杜威提出的"从做中学"思想。"从做中学"也就是"从活动中学""从真实体验中学"，将所学知识与生活实践联系起来，知行合一。今天，伴随互联网平台的出现和智能制造技术的成熟，杜威所强调的"做"被赋予了更多的技术呈现方式，学生之间在"做"的资讯获取与信息交流、"做"的技术实现以及"做"的成果扩散方面都比工业时代更加便捷、更加广阔。在尝试创客教育的学校中，工程与设计专业的学生可以利用 3D 打印技术制作出美术作品的原型产品并添加最新的创意设计，随后通过创客社区、社交媒体等渠道进行分享和传播；综合实践课堂则完全可以通过 Arduino 等开源硬件平台和 Makeblock 等模块搭建平台，进行包括各种小型智能机器人、飞行器、体感驾驶设备等原型产品的设计和制作；学生也可以利用音乐编程软件进行音乐的创作与分享，创编属于自己的音乐世界……上述充满鼓励创新与崇尚快乐的实践体现的正是创客教育背后的核心理念，也是创客教育背后的重要理念。

创客运动面临的最大挑战和机遇是高等教育的转型。技术正在赋予大学生更多的学习自主权，同时也激发了学生不断创造的潜力。我国的大学在发展创客教育方面，应该在理念与实践层面实现如下变革：①创设一种发展创客理念的情境，营造一种鼓励学生相信自己可以学习任何事物的氛围；②建造一种新的实践实体来教授创客和发展实践的团队；③在多样化的社区情境之中设计和发展创客空间，为多样化的学习群体提供服务，分

---

① S. Martinez, and G. Stager, *Invent to Learn: Making, Tinkering, and Engineering the Classroom*, California: Constructing Modern Knowledge Press, 2015, p. 146.

享彼此的资源；④界定、发展和分享广阔的框架项目和工具包，基于更广范围的工具和材料，将学生兴趣与学校内外相连接；⑤设计和建立在线社会平台以利于学生、教师和社区之间的协作；⑥为年轻人发展项目，允许他们在举办更多的学校创客活动中占据领导地位；⑦创设一种社区情境，让学生与所有创客在创客活动中展示工作关系，比如创造人们实践的新机遇；⑧允许个体和小组进行创客社区的实践记录，帮助学术和职业的升级；⑨创设教育情境将创客实践与正式教育的理论相结合，支持探索和探究性地引入新工具进行设计和关于创客的新的思维方式的探索；⑩激发所有学生全部的潜能、创造性、自信心；⑪开始将个体生活和所处社区的变革连接。

创客教育的载体主要体现在各种形式的创客空间之中，每一个创客空间都应该是独特的、个性化的，每个学生都能在其中找到适合自己的学习方式和获得个人体验。创客空间不仅要与学校 STEM 教育相结合，在视觉艺术、音乐、摄影、科学、设计等课程中培养学生的基础知识与基于实践的创造能力，还要引入不同行业中最前沿的理念和技术，通过开源硬件平台和互联网，使学生可以与全世界任何地方的任何人进行创造方面的分享与交流。笔者认为，创客教育的出现为我国高校工程人才培养模式的改革提供了一种新的思路和新的机遇。体现创客文化的创业教育课程可以帮助每位学生在科学、技术、工程和数学领域做得更好。创客教育与传统教育的课程要求与知识体系并不冲突，二者完全可以进行有效的结合，产生更优的效果。对于我国高校工程人才培养的未来发展而言，我们首先需要的是增强对创客文化的理解，特别是来自高校领导者的支持和"创客教师"群体的扩大——只有让人们沉浸在创客活动所带来的愉悦之中，使人们发现自身的创造潜力并以群体的方式进行情感沟通与互相扶持，分享创造的喜悦，创客教育才能真正在我国未来的高等教育变革浪潮中发挥重要的引领作用。

第四节　赋能工程教育的创客空间构造——基于美国佐治亚理工学院的案例研究

高校创客空间并不是传统的"自上而下"的组织聚集地，而是围绕共享网络的草根及精英爱好学习者的空间。美国大学的创客空间类型多样、目标异质，其中最具特色的一点就是发展路径的多样化及发展模式的自发演进特征：不同类型、不同层次的大学和学院都基于自身资源禀赋的差异性构建起了融"教育、科研、创新、社会服务"等多重功能于一体，但同时彰显办学特色的创客空间。传统的大学如何构建体现自身学科传承与资源优势的创客空间呢？通过创客活动培养创造性思维、通过程序编写等手段理论联系实际、加深 STEAM 课程中所学的知识、培养学习兴趣、培养合作精神、自主学习实践等，都是值得关注的理论与实践问题。高校创客空间鼓励学生进行开放性探索和个性化创造，佐治亚理工学院作为美国顶尖的、以工程教育为特色的公立研究型大学，其创客空间发明工作室采取创客学生自治的特殊手段，深入研究分析佐治亚理工学院创客空间的课程开发与学习资源建设，能够为我国赋能"新工科"建设中创客空间的发展提供有益的借鉴。

一　创客空间的发展：历程、现状及结构特征

（一）创客空间的发展现状

尽管创客空间始于学校之外，但众多的教育领域研究者已经关注到高校创客空间所具备的教育价值。在过去的 30 年里，全球范围内涌现了数百个优秀的创客空间，最早的创客空间可追溯至 1995 年成立的德国 c - base，欧洲的计算机程序员和软件黑客们汇聚在这里分享资源和交流技能。随着 c - base 的影响力逐渐增大，创客们开始做出超越编程和传统黑客的行为，在空间内开始做包括电路设计、培训、创造的其他类型的工作。① 而最早的高校创客空间则可以追溯至 1998 年由麻省理工学院创立的微观装配实验室，由 Fab 基金会提供经费支持，麻省理工学院的教授尼尔·哥申菲尔德

---

① "The Maker Movement: How Hackerspaces, Makerspaces, and Fab Labs are Revolutionising the Way We Make and Live," FAB 9, https: //medium. com/@ fab9au/the - maker - movement - a550e68a9ad3, 2018 - 8 - 20

（Gershenfeld）则开设了一门"如何能够创造任何东西"的课程，[1] 引起了社会的广泛关注。微观装配实验室是一个可连接全球网络的区域实验室，通常通过对来访者提供数字工具的使用实现发明创造。直到 2005 年左右，"创客空间"一词并未真正存在于公共领域，直到《创客》杂志于当年推出，并于 2006 年在旧金山举办了第一届"创客嘉年华"，从那时起，在短短的十年时间里，类似活动在全球 44 个国家（包括中国、沙特阿拉伯、法国和德国等）已经举办了 225 场，创客节的涟漪效应令人震惊。[2]

自 2005 年以来，建基于学校场域的创客空间迅速发展，许多教育研究者认为创客空间内部的学习有助于培养学生对未来技术发展的敏感性。在创客运动早期阶段，创客空间只需要有共同兴趣的创客群体的支持，随着创客运动的蓬勃发展，政府、学校、非营利性组织等都纷纷介入了创客空间的规划、发展、运营等全生命周期之中。这一方面体现出了创客空间本身所具有的多维教育—文化—经济功能，另一方面也为创客空间的成长提供了更加充足的资源支持和政策扶持。以美国为例，早在 2013 年，国家和社区服务公司（CNCS）就与创客教育机构共同开展"创客 VISTA"行动，计划五年内将创客教育的理念推广到全美国各类型教育机构之中。次年 6 月，美国白宫就举办了首届"白宫创造者大会"。这次大会的主要内容就是呈现创客的创造性、协作性、可延展性，并且提出了美国将会成为"创造之国"的宏大愿景。[3] 2015 年夏天，奥巴马政府宣布将每年的 6 月 17 ~ 23 日定为"全国创造周"，并对创客及创客运动有贡献的人进行嘉奖。[4] 2016 年，奥巴马总统在全国创客周上肯定了创客教育的已有成就，其中包括：①8 个联邦政府机构联合制订了关于推进创客教育的计划，培训、拨款富有成效；②超过 1400 所的 K–12 学校 100 多万名学生开始接触创客教

---

[1]　N. Gershenfeld, "How to Make Almost Anything," *Foreign Affairs* 91 (2012).

[2]　W. Bonime, "World Maker Faire Comes To New York, How The Maker Movement Is Solving Diversity In Tech," https：//www. forbes. com/sites/westernbonime/2018/08/26/world – maker – faire – comes – to – new – york – how – the – maker – movement – is – solving – diversity – in – tech/# 4f02533e71c7, 2018 – 8 – 26.

[3]　T. KallL, J. Miller, "Announcing the First White House Maker Faire," https：//obamawhitehouse. archives. gov/blog/2014/02/03/announcing – first – white – house – maker – faire, 2014 – 2 – 3.

[4]　"Nation of Makers," https：//obamawhitehouse. archives. gov/nation – of – makers, 2019 – 8 – 26.

育的理念与实践；③与企业组织进行合作，共同制订支持校园创客空间发展的规划，其中就包括谷歌投资的 100 个全新校园创客空间计划；④成立学校创客教育联盟，共享理念、技术、资源以促进 77 所大学和学院之间创客教育的发展。① 就社会的层面而言，创客运动致力于为全球创客建立起无界合作、免费共享的创新创造空间。截至 2018 年 6 月，创客教育组织在计划实施的五年里，其创客 VISTA 成员通过招募和培训志愿者、培训教师及共同编写课程内容、开展创客活动、管理创客空间等方式极大地推进了创客教育在大学的发展。已经有超过 1/3 的大学建立起了颇具特色的创客空间或智造空间，覆盖学生群体达到了 50 万人。②

（二）美国大学创客空间的分布结构

从实际发展情况来看，促进一定区域内创客教育快速发展的有效途径是建立并优化专业的创客空间。创客空间的主要目标是为更多学生提供创新创造的机会，目前已有的创客空间包括营利性创客空间、图书馆创客空间和大学创客空间。截至 2019 年 1 月 6 日，相较于十年前，全球创客空间的数量已经增长了十倍，各类型的创客空间数量已有 2300 多个，其中活跃的创客空间数量为 1416 个。美国现有的相对活跃的高质量创客空间数量为 318 个，优质创客空间大多集中在加利福尼亚州、纽约、佛罗里达州、密歇根等经济发达区域，③ 并且数字化创客空间占了绝大多数。这些创客空间往往具有非常超前的布局意识，从未来科技发展的趋势着眼，在结构、功能、设施等方面尽量体现未来的趋势，从而满足各类型创客群体（如专业创客、技术发烧友、创客爱好者、创客潜在学生等）的需求。全美的创客空间主要分布在科技馆、图书馆、博物馆、科学中心、大学等社会组织之中。大学的创客空间通常是跨学科交流的理想场所，其魅力在于可以设计任何想要的、自下而上的由学生驱动的物品，包含设计、项目启动、产

---

① "Maker Education," https：//en. wikipedia. org/wiki/Maker_education，2019 - 8 - 26.

② M. E. Staff, "Making Change & Taking Stock：How the Maker VISTA Program Impacted Schools & Communities," https：//makered. org/blog/maker - vista - program - impact - schools - communi ties/，2019 - 1 - 15.

③ "List of Hacker Spaces," https：//wiki. hackerspaces. org/List_of_Hacker_Spaces，2019 - 6 - 6.

品研发与制作等多个环节的创造性活动。高校创客空间的投资成本随地区经济发展程度而定，大部分建立了符合标准的定性或者定量的数据库，其标准来源于学生的日常活动，包括创客空间的使用方法、创客空间的使用情况视频数据及收集的大量量化数据。常规下的高校创客空间包含以下几个特征：①学生自治；②无界开放；③移动设施；④整合课程；⑤学校中心。为进一步满足高校生的创新创造需求，许多高校的创客空间逐步从商学院和工程学院向创业学院转移。在创客空间的分布方面，出现了两种新的发展趋势：一是改造大学的图书馆，使之成为融创造、创新、分享等多功能的整合性创客空间，二是以学生生活区为节点创设创客空间群落，以生活的便捷连接推进跨学科的创造性活动。目前，全美高校的创客空间逐渐趋于多样化，主要有五种类型。第一种类型是概念空间。包括创意孕育空间和概念共享空间。创意孕育空间通常被称为预培养空间或者创意孵化室，该空间依赖安静的氛围，需要思维的发散与创意的产生，强调创新的认知元素。而概念共享空间则截然不同，该空间需要团队协作与对话对概念进行可行性分析与预判。第二种类型是孵化器。在初创项目的发展过程中，资源占据了相当重要的地位，如法律服务、导师、资金等。孵化器所能满足的需求同概念空间有很大的不同，概念空间强调思维过程并更多地倾向于思维方式及思维空间的形塑，而孵化器则更注重对创新产品的支撑及资源支持。因此，孵化器提供支持创新创业活动的资源并能够对初创项目提供一定的帮助和指导。第三种类型是物化空间。这种类型的创客空间专注于创新产品的创造。近年来，随着 3D 打印技术的快速发展，创客空间的数量急剧增长，其中大部分是从传统意义上的实验室改造而成的，旨在帮助学生和其他感兴趣的参与者。物化空间的特点是注重创造过程。第四种类型是一体化空间。该类型的创客空间，主要是连接与创新创业资源有关的所有设施、资源，构筑从创意到创新、从创客到创业、从设计到加工制作的一体化物理设施。一体化空间注重创业的导向，更加强调新颖创意的产业化推广，从"市场导向"的逻辑引领创客空间的目标、功能设计及相应的空间布局。第五种类型则是生活创客空间。这一类型的创客空间近年来在美国的高校中颇为流行。它打破了原有创客空间类型的边界，更加注重回归创客的本质，即在无目的的、游戏化的设计互动中自发地培育学生的创客精神，生活创客空间体现了创客的本质属性，剥离了其他外在的附着其上的"非创造性快乐"的目标，从而真正地构建起了基于个体兴趣、注重创造体验的生活化创造场景。其目标是创建一个具有相似个体意识的集群，确保集聚对创新创造有兴趣的学生，满足其创造与互动的现实需求。

二 "工程为基"的高校融合式创客空间：课程体系与分布结构

佐治亚理工学院作为历史悠久的工科学院，其丰富的工程领域研究基础及教学资源，对创客空间的发展起到了非常重要的平台支撑作用。发明工作室（Invention Studio）作为佐治亚理工学院创客的聚集场所及创客文化的汇聚中心，不仅能够为师生提供展览，更是美国高校典型的学生自治创客空间之一。佐治亚理工学院的创新创业发展依托发明工作室，结合校内前沿优质资源，打造学习、科研、创新创业、商务合作等一体化创新创业系统，为学生提供由初创概念到成熟公司管理的一体化场所及服务，扶持各阶段的创新创业人才。佐治亚理工学院提供的创新创业教育资源覆盖全校所有阶段的学生与机构，如具有创新创业意愿的学生，以及已经初具规模的初创公司和各类科研孵化机构等。

（一）创新—创业—创客"三维"的创客课程体系

佐治亚理工学院为所有学生提供包括创新创业教育、实习工作、创业指导、学术研究在内的多样性课程框架，与其他大学的创客空间相比，这些课程的实施场所几乎都融合在了校园的创客空间之内，形成了"创新—创业—创客"三位一体的发展模式。佐治亚理工学院为学生提供了从学习到创造和实施的渐进式创新创业课程，涵盖所有年级学生所符合的课程项目，依托佐治亚理工学院内多所创客空间，意在帮助学生完成从思维创新至发明创造及创新创业的一站式指导，如图 4-3 所示。

首先，具有创新创业想法的在校生可以从学校获取学习资源，通过学术项目参观、演讲聆听及参与生活学习社区等方式了解创业基础知识

图 4 – 3　创新创业课程

资料来源：笔者自制。

及创业精神。佐治亚理工学院为本科生及毕业生分别提供了不同的学习资源，并通过校园网站新闻不断地更新内容。例如，在创业教育的发展过程中，佐治亚理工学院意识到学生需要一个平台来实现他们的想法并将产品推向市场，佐治亚理工学院的校友组建团队开展 CREATE – X 项目，该项目主要为学生的创新产品及初创公司服务，在已有产品的基础上进一步为学生提供创业援助。截至 2019 年，CREATE – X 项目已经拥有 2000 多名学生和 75 名教职工参与者，学生通过使用初创资金、寻求法律援助及接受知识培训等方式来进行体验式学习。[①] 通过在 CREATE – X 学习的学生能够客观地审视以市场要素为基础的创业过程，同时能够学会系统地审查想法和验证市场需求。佐治亚理工学院具体的学习探究项目详见表 4 – 2。

表 4 – 2　学习探究项目

参与者	项目类型	项目内容
本科生	CREATE – X 创业实验室	该项目指导学生学习以循证为基础的创业过程以及系统地审查想法和验证市场需求
	顾客发掘实验室	该项目为初创者或创业实践者开设六周创业课程，每周将会有专家对小组报告和访谈进行评审
	大挑战	该项目为期一年，主要培养学生在实践中的问题解决能力、分析能力及批判思考能力
	GT 1000 "创业" 和 "研究与创新" 课程	该项目为新生介绍创业，挖掘客户，提供创业文化及创客空间的其他资源
毕业生	管理创新课程	该项目为自选 MBA 课程，结合了学术理论与实际的创业项目分析、演讲传授等

---

① R. Craig, A. Oxanne, "The Invention Studio: A University Maker Space and Culture," *Advances in Engineering Education*, 2014.

续表

参与者	项目类型	项目内容
毕业生	科技商业课程	该项目为具有初创意愿或在行业各领域寻求职业的 MBA 学生培养实践技能
	MBA 证书认证	该项目为 MBA 学生提供创业或企业管理的实践知识
	工程创业证书认证	该项目为佐治亚理工学院工科学生认证工程创业证书
其他人员	ATDC 课程及研讨会	该项目通过前沿技术发展中心（Advanced Technology Development Center，ATDC）为企业家提供课程并收取少量会员费用
	专业教育	该项目为培养职场专业人才提供课程及证书

资料来源：Georgia Institute of Technology，Entrepreneurship Education，https：//www.gatech.edu/innovation－ecosystem/education。

其次，学生可以通过学校提供的创客空间以科学实验、创业竞赛、项目实践等大多种形式，对交叉学科领域的产品原型进行设计、制造、检测。学校通过资金支持、技术支持和人才支持等多方面从创意产生到模型制作和成品孵化来帮助学生完成创业初期的准备工作。佐治亚理工学院具体的创新创造项目详见表 4－3。

表 4－3　创新创造项目

项目类型	项目内容
CREATE－X 创意原型	该项目指通过对教师指导内容、种子资金和大学资源的研究构建创意原型
课程设计	该项目指学生团队根据现实产品进行设计、构建并测试模型
创业竞赛	该项目为佐治亚理工学院一年一度的竞赛项目，要求研究生团队在三个月内建立优秀的商业模式。该项目给予第一名的团队 10000 美元奖励，第二名和第三名的团队可获得 1000 美元的奖励
课程设计博览会	在该项目下学生展示他们的课程模型并争取现金奖励
ACC 发明奖	该项目是一场"创智赢家"风格的比赛，学生团队会在真实的观众或评委面前代表 ACC 大学展示其发明或业务
佐治亚理工学院发明奖	该项目为佐治亚理工学院本科生的年度创新竞赛。该项目获得第一名的学生将赢得 20000 美元和一份免费专利，第二名的学生将获得 10000 美元和专利申请
创意服务	该项目是为佐治亚理工学院的学生或拥有初期产品、服务理念和风险概念的校友举办的比赛，旨在创造一个更美好的世界

续表

项目类型	项目内容
融合创新竞赛	该项目一年举办两次，鼓励学生通过学校资源和行业指导创造具有创新性和可行性的产品和体验

资料来源：Georgia Institute of Technology, Entrepreneurship Education, https：//www.gatech.edu/innovati on‑ecosystem/education。

最后，在前期丰富创客互动的基础之上，大学生可以通过项目孵化器或创意种子培育苗圃启动自己的初创项目，而佐治亚理工学院则会对这些项目提供相应的即时指导、资金支持和法律专业服务。佐治亚理工学院具体的创业孵化项目详见表4‑4。

表4‑4　创业孵化项目

项目类型	项目内容
CREATE‑X创业启动营	该项目为时长12周的强化课程，旨在帮助学生根据自己的想法、发明和技术启动创业。团队可从具有丰富经验的企业家那里获得启动资金、法律援助和指导
创业实验室	该项目主要通过孵化器帮助师生根据他们的研究和想法建立公司

资料来源：Georgia Institute of Technology, Entrepreneurship Education, https：//www.gatech.edu/innovati on‑ecosystem/education。

可以看出，佐治亚理工学院提供的关于创新、创客、创业的项目是贯穿一致的，具有彼此融合渗透、协同发展的特征。它以生态系统化的结构赋能了教师和学生充分激发自身的知识创造潜力，开展对交叉学科的探究。同时，大量的项目体现了佐治亚理工学院的工科办学特色，将技术研发与原型产品设计、创业项目培育整合其中，最大限度地呈现了佐治亚理工学院的工程资源特色，构造出了具有鲜明特色的工科类大学创客空间发展模式。

（二）多形态、多节点分布的创客空间分布结构

创客空间的原型通常是充满着工业朋克气息的"机械空间"，学生们需要将创新创造想法交给受过培训和训练的学生或者专业人才。而佐治亚理工学院为具有创新创业意向的学生提供了大量的创客空间环境及资源，目前已

有包括发明工作室在内的 9 个不同类型的创客空间向学生开放，其中以学生自治的发明工作室最具典型。佐治亚理工学院的创客空间以工学创新方向为主，各创客空间均具有其特色，能够满足在校生的大部分产品创新需求。

1. 发明工作室

自 2009 年起佐治亚理工学院开始为其创客空间招收第一批学生志愿者，着手为 Capstone 设计课程创造条件，建立了占地 1000 多平方米、全美高校最大的创客空间"发明工作室"，[①] 但随着时间的推移，发明工作室逐渐衍生了其独有的学生自治创客文化。佐治亚理工学院创客空间的主要目的在于为学生提供课外免费且先进的创新技术和设备，同时鼓励各年级和专业的同学开展各类个人项目及专业项目，为其从事关于创新发明的职业奠定基础，使其能够应对未来实际产品更新迭代的挑战。目前发明工作室由"创客俱乐部"下的学生俱乐部管理经营，其学生来自不同专业的本科生志愿者，他们被称为本科生实验室指导员（RLI），帮助同龄人学习设备使用方法、监督安全工作、维护设备和实验室空间，并从中获得管理经验。发明工作室通过引导学生学习、设计到制作三个步骤的工作，完全实现"从 0 到 1"的产品创新过程。

2. 数字制造实验室

数字制造实验室（DFL）是具备设计设施的场所，通常用于制造和组装模型，其建模规模可由人的大小至建筑大小。目前，数字制造实验室通过开放工作空间和机器培训使用的权限为设计学院的课程及设计项目提供支持和帮助。数字制造实验室占地 13000 平方英尺，含有多种材料加工设施，其计算机支持数字化建模，以及多种制造软件供选修课或者研讨会等使用。目前，该数字制造实验室拥有专门的实验室管理人，且仅向设计学院的师生开放，在访问实验室之前需要完成实验室的安全课程。不同于发明工作室，数字制造实验室具有较高的使用标准，项目入驻前首先必须联系实验室管理者对项目同 DFL 的契合程度进行分析。在项目进入生产阶段前还需进行两次的项目会议，分别涉及目前项目所涵盖的材料范围及机械

---

① T. W. Barrett, M. C. Pizzico, "A Review of University Maker Spaces: American Society for Engineering Education," 122nd ASEE Annual Conference & Expositio, 2015.

零件的编程使用。因此，由数字制造实验室产出的项目往往具有较好的效益。

3. 跨学科设计共享空间

跨学科设计共享空间（IDC）是由佐治亚理工学院校园礼堂翻新所改造的全新的创客空间，占地 15000 平方英尺，位于佐治亚理工学院校园中心的圆形建筑内，共有三层楼，每层楼都侧重不同的技术重点，专门为电子和计算机工程服务。跨学科设计共享空间是全美国最大的创客空间，也成为美国高校内同类型创客空间的典型，设有木工车间、3D 打印机、激光切割机、计算机、嵌入式系统设备等，高标准的设施设备为所有专业的学生提供了动手学习的环境。目前，该创客空间由名为"Hive"的学生组织进行管理，其组织成员具有良好的技术背景，能够准确了解学习者的发明意图并提供技术支持。跨学科设计共享空间通过空间内专门的学习交流场所使学生能够轻松实现跨学科交流，未来其目标是通过课程、学生竞赛等培养学生的创新创业精神。

4. GTRI 机械车间

GTRI 机械车间是一个可设计、制造、维修整个设备的机械车间，车间内提供 90 多种工具和四种类型的 PC 编程/设计应用程序，为佐治亚理工学院乃至全国各地其他学院和大学的客户提供服务。截至目前，GTRI 机械车间不仅为国际空间站制造太阳能电池等配件，同时也为奥运会火炬制作过零件和为埃格林空军基地建造大型风洞。[①] 总体而言，GTRI 机械车间承接佐治亚理工学院校内及校外高效精密项目，潜心于开发突破性技术、应用研究和先进技术，致力于为国家安全和政府应用、国家和地区经济发展与人类整体福祉提供突破性的技术创新。

除此以外，佐治亚理工学院还拥有创业交流所、创客俱乐部、材料创新与学习实验室、航空创客空间、BME 机械车间创客空间，有针对性地向有不同需求的访客提供可行性帮助。因此，在佐治亚理工学院学生可以第一时间将想法付诸实践，其学习效率得到了极大的提升。

---

① "Georgia Tech Research Institute's（GTRI）2018 Annual Report," Georgia Tech Research Institute, Atlanta: The Research News and Publications Office, 2017.

三 "共享、共有、共治、共赢"的创客空间治理机制

佐治亚理工学院创客空间的建设能够在培养校内人才基础上结合校外多重资源形成可持续的发展闭环。因此，基于产品创新生产过程的学习资源建设至关重要。通常情况下，创客空间要经历过程设计、产生想法或发现问题、创建模型、评估有效性、重复修改、解决问题、测量数据和完成因果验证等多个步骤。在此过程中，高标准的创造过程对创客空间的学习资源建设提出了较高的要求。通常情况下，在基于课程学习和场地支持下创客空间的学习资源建设往往应配备软硬件设施及持续性的资金支持。

(一) 构造自组织创客空间的 9 条 "军规"

创客空间作为一个自组织的场所，按照功能其大致可划分为营利性创客空间、图书馆创客空间和大学创客空间。其中大学创客空间如佐治亚理工学院创客空间依托大学校内资源快速发展，成为创客空间的典范。大学创客空间的目的是鼓励学生基于兴趣参与创新创造，通过获得创客空间的访问权限及专业设备的使用来提升自己的能力，其出发点源于内在动机。大致看来一个好的高校创客空间既包括含专门工具和设备（如 3D 打印机、激光切割机、加工中心等）的实体空间，同时也存在一个社群组织。综观已有的创客空间，一个最佳的创客空间应具备以下几点。第一，创客空间应有对外开放设施和项目。访问者通过了解创客空间成功项目的经验，提高产品成功率。第二，人性化的空间及工具。空间内尽可能使用可调节度高的设备和易使用的材料。第三，常用的设备和技术软件。包括 3D 打印机、数控机床、激光切割机、CAD 软件及单片机、焊接工具等。第四，一定的额外预算。用于支付设备材料和日常开销，以及创客空间的日常改建等。第五，基础安全设施。创客空间应有电气安全运输的方法。第六，耗材。创客空间需要消耗材料（如黏土、聚苯乙烯泡沫塑料、纸张、箔纸、胶水和管道清洁剂等），并将这些材料按需储存摆放以便于寻找。第七，舒适的环境。包括整洁、足够使用的设备，良好的照明及通风，并对有可能危险的活动制订相关计划。第八，创客空间准则。每一个成功的创客空

间都需要一个创始者制定相关原则和道德规范，在纪律规范和时间规定内创客空间参与者被鼓励在课程内外自由交流学习。第九，隐私空间。创客空间应给予学生自由创新实验的空间，减少教职工的干预，尊重其团队合作成果并确保其隐私。当然并非所有的学校都负担得起价格不菲的设备，因此许多学校选择了将有限预算充分利用起来，包括选择低价的设备、接受捐赠的设备、回收可循环利用材料、选择价格便宜的电子产品及开发低技术含量但有价值的项目。

（二）共享共有的物联网创客空间

首先，在创新创造中计算机对工具的控制往往具有很大的优势。一方面，与手工制品相比，计算机能够系统地进行私人化定制（例如改变颜色、大小及材料），解决了手工设计的问题。另一方面，使用软件工具通常需要建立数字文件来进行存储，因此用计算机软件可以在制作完成后重新创建文件或者修改副本，极大地减轻了存储的难度和修改的难度。这些工具通常是学生对强大的数学、逻辑、计算机思维和科学实验思想的切入点，复杂技术因此推动学生学习电路、微型控制器及编程原理，帮助学生运用建构主义理论探索设计，有针对性地解决相关问题。

其次，技术的进步与革新正在推动创客空间向物联网设施的前景迈进，即通过联网设备帮助人通过传感器等同环境和现实产品互动。创客群体在对物理工具进行设计后通过相关软件将其设计文件加载到计算机上控制现实产品的运作。互联网的出现能够颠覆企业产品及商业模式，使大众市场更加开放，简单的物联网应用已经普及，展望未来，更为复杂的物联网将对工程领域学生的跨学科知识储备及实践创造能力提出更高的要求。未来的创客空间，必须以创意创新创业为核心，涵盖了集虚拟现实设备、增强现实设备、原型机实验开发环境、数字编程与人工智能应用、物联网设施等于一体的实验空间。所有关于知识的想象、模仿、复制、创新，都能够在这个空间内部得到最大限度的开发。创客空间不仅是一个交流分享创意的场所，更是一个以物联网链接一切、创造一切的"造物世界"。

最后，在工业互联网的时代，共享式的网络平台进一步助力创客空间的在线发展。创客社区网站是创客沟通交流和共享新项目的有效手段，创客社区网站摒弃了传统的学历制度，汇集创客群体并发掘个人的特长，使其成为管理者和参与者。随着如 Meetup、Github 等软件开发共享工具及 Kickstarter 等众筹工具的出现，创客空间的活动更为密集，创客们能够通过社交网站聚集在不同地点开展如黑客马拉松等活动。开源软件曾一度被商业软件商因对其业务不利而排斥，而在创客空间环境有了极大的发展，降低了创客的创新成本，创建了其新的业务模式，反向推动了互联网的快速发展。

（三）共治共赢的创客空间治理机制

为保证创客空间的持续运营，通常需要具有合理组织架构的团队来进行运营管理。在人员配置方面，大致可分为空间负责人、管理者、创客教师、安全指导员等四类群体。创客空间负责人是创客空间的组织者和总负责人，能够带领其他工作人员开展创客空间的日常工作。创客空间的管理者是创客空间内具有技术背景且训练有素的工作人员，通常负责创客空间运营的监督工作。教师作为创客空间的成员之一比学生更具专业性，有偿或无偿为学生提供指导。安全指导员经过专门培训且熟悉空间内的所有机器并确保学生的设备安全使用。一般情况下创客空间会根据自己的需求进行人员调整以保证创客空间的正常运营，例如佐治亚理工学院的发明工作室由"创客俱乐部"下的学生俱乐部管理经营，负责创客空间的设备监督和值班等工作。一个可持续经营的创客空间往往还需要资金的持续投入，每个创客空间的资金来源不同。对于规模小的创客空间来说不需要太多资金，而对规模较大的创客空间来说，单一的资金来源往往不足以支撑空间的运转。因此，对于高校创客空间来说，资金来源一般有以下五种：会员收费、学校拨款资助、各方捐赠（包括校友捐赠）、行业合作伙伴支持及活动支持。佐治亚理工学院的发明工作室与全美较大的非营利性组织合作，获得运营所需的部分资金支持，从而提供了学生进入创客空间学习的充足资金保障。此外，寻求资源共享组织也正逐渐成为一种新趋势，当创客空间找到能够与之有协同效应的组织会进行资源共享，形成资源禀赋互补的发展路径。

四　赋能"新工科"理念的高校创客空间构造路径

我国高校的创客空间目前仍处于模仿、探索阶段，许多高校建设的创客空间更多地成为一种"社交空间"：封闭隔离的地理位置、学生经营的咖啡吧、漫无目标的课程、缺乏教育功能的空间设计……代表着探索"黑科技"前沿、激发创造力的创客空间，在现实之中却成了休闲娱乐场所，这不能不说是一种遗憾。现有的创客空间缺乏适切的多学科融合实践理念指引，更缺失专业的创客教师的指导与帮助。借鉴佐治亚理工学院创客空间的经验，我国高校的创客空间亟须在如下几个方面得到巨大的改进。

（一）创客空间的价值在于赋能创造力的实践场所

创客的生命力在于创造性地实践，对于高校的创客空间而言，创客空间本质上重视学生主体的需求，关注其可持续性的长远发展，与"从做中学"的教学理念有着契合之处，因此构建以"从做中学"为理念的创客课程体系对创客教育变革具有重要的意义。创客教育是基于学生主体的教育，学生并不需要成为一个专家，他们的任务在于创新突破自我，应朝着激励学生往更深的学习方向前进，为培养其创客精神及实践能力等核心素养奠定基础。因此，应对学生的个性化需求记录并加以分析，配备完善的个性化教学，强调学生创造过程的独立性并重视学生的独立思考、设计及创作过程，使其能够有针对性地参与创客及创造活动。[1] 不同于传统式授课课程，创客课程的教学在学生混合学习理念下通过对团队跨学科组建能够有效地促进知识创新的有效性，促进跨学科的合作能够为解决复杂问题提供有利的组织模式。而在此基础上，佐治亚理工学院根据学生不同需求为学生开展的创客课程、知识技能课程、实践能力提升课程、团队协作能力课程等诸多课程及项目，突出了每个项目的重点，具有较强的借鉴意义。创客教育秉承"从做中学"的教育理念，在实践中将 STEAM 知识传

---

[1]　李彤彤：《创客式教学：面向核心素养培养的 STEAM 课程教学新范式》，《中国电化教育》2018 年第 9 期。

授给学生，以高等教育为开端，向社区、K－12 教育辐射，将创客运动推广到全国乃至全世界的范围，取得的成果颇丰。"从做中学"应该如何"做"？创客空间中首先需要配备一些基本的工具，如 3D 打印机、激光切割机、计算机以及一些修补工具，哪怕是最简单的创客活动也需要工具辅助，创客空间拥有的工具越多，学生活动涉及的面就会越广。其次，空间中需要一些拥有一定创客经验的领导者，领导初次接触创客或是对创客活动还不太熟悉的新手开始第一步，专家熟手的经验能够帮助新手更快地着手"做"。"从做中学"应该如何"学"？学生的学习一定是基于真实的情境才能真正地发生，创客教育更是如此。创客教育中的知识全部都蕴含在具体的活动中，只有学生自己动手去操作，亲身体验，才能学到知识、掌握技巧。学生学习自己感兴趣的项目，在发现问题、解决问题的过程中，主动建构知识体系，在创客空间中的学习从来都是以学生为学习主体的，以自主建构为学习的主要方法。在借鉴国外成功经验时，要关注创客教育背后蕴含的理念，功利主义的思想不适用于任何教育。

（二）创客空间的发展需要丰富、持续、多渠道的资源投入

应积极推广建设高校创客教育在线平台。在新一代信息技术的推动下，现代开放教育的逐渐普及使得与时俱进的互联网学习理念在知识经济转型过程中起到持续助力作用，教学变革随着"互联网＋"教育的逐渐深入多元化发展，诸多教学模式和教学手段随之应运而生，多样化高校创客教育形式方兴未艾。高校创客空间可依托可视化平台，根据学习者特点进行批判性思维、逻辑思维、反省认知思维的训练，同时对学生的学习过程进行记录分析，根据学生的学习特点提供相关的学习资源和科学合理的建议。以 PISA 学习理念、MOOC 学习理念、SPOC 学习理念、泛在学习理念以及 STEAM 学习理念为代表的多种学习理念在不同高校学生群体中均获得了有效反馈。从实际情况来看，各类学习理念依托移动自主学习平台，利用高校的资源优势，合理配置教学资源，降低了教育成本，突破了传统教育时空的限制，提高了受教育者学习的自主性，达到了高效率、高质量教学目的。学校中开设创客教育需要一定的物理空间，无论是分布式的还是专门的创客空间都能有效促进学生的学习，可以利用本校已有的一些资

源参与课程建设，如图书馆可以作为创客开始的第一步，教室可以作为创客空间的延伸，STEAM 教师和图书馆管理员可以作为创客空间的"原初构造者"，建立教师学习共同体，教师们的相互学习有助于更好地融合创客知识，节约教师培训的成本。而校外的合作能为学校创客空间的发展提供更多的资源，与社区建立联系，能够吸引社区中有经验的创客参与学校的创客教育，社区的捐赠能为学校提供物质基础；与高校开展合作帮扶项目能为 K－12 阶段的创客教育提供专业的帮助，高校拥有更多的学习资源、更为丰富的创客教育经验以及创客空间课程开发的专业知识；与企业建立的合作则为学校创客教育提供了来自市场的经验，能够让学生在实战中学习知识，而不仅仅为学校提供丰富的资金和技术支持。

（三）创客空间遵循着开放、共享、平等、自由的内部治理逻辑

美国高校创客空间通过吸引参与者、社区志愿者、拥有专业知识的人员以及物资和现金的捐赠来维持创客空间的活性。学习资源的不断投入与更新，能够保证创客教育与时俱进。教育工作者一般可以通过在线展示学生的作品来宣传他们的空间，通过网络共享平台将自己拥有的成果分享出去，以换取别人的成功经验。飞速发展的网络为"共创、共享"提供了基础，移动社交平台成为创客们交流、分享成果的网络集散地。共享的、分布式的网络学习资源平台成为创客空间的软支撑，利用网络资源能为创客空间提供源源不断的资源，包括课程如何开发、教学活动如何开展、如何促进教师专业发展、教师的培训以及反思的经验等都能从共享的网络资源平台中获取。共享的网络平台能够在节约成本的基础上提供丰富、完整的学习资源。国内也应利用好社交媒体平台，使其成为创客交流、学习的地方。

第五章　高校创客空间的构造理念与组织模式：基于多案例的比较研究

第一节　构造民主的创客教育连续体：美国社区学院创客教育的发展

一　超越就业导向：加州社区学院创客教育的发展背景

（一）融合与发展：面向全体学生的创客教育

在过去的十几年里，随着麻省理工学院微观装配实验室的创建、《创客》杂志的正式创办以及创客大会（Maker Faire）的风靡，创客运动在全球范围得到了蓬勃发展。克里斯·安德森将创客运动视为"一场新的工业革命"，他认为创客运动的关键特征在于对数字桌面工具的使用、共享设计和在线协作的文化规范，以及使用共同的设计标准来促进共享和产品迭代。① 创客运动强调创造、合作和分享的核心理念深刻地影响着美国乃至世界各地的企业、研究机构、四年制大学、社区学院以及中小学教育机构。尽管创客运动源起于外界社会文化的变革，创客活动最初也主要集中在非正式学习环境中，但越来越多的教育研究者和实践者意识到创客对于正式教育的重要性，创客运动与教育的融合逐渐成为美国教育改革的一股新力量。

---

① Chris Anderson, *The New Industrial Revolution*, New York：Crown Business, 2012, p. 21.

作为培养学生创造与创新能力以及创业就业能力的重要途径，创客教育同样越来越受到美国高校的重视。2014 年，在给奥巴马总统的一封联名信中，150 多所美国高校承诺将增加学生参与创客的机会，具体措施包括在招生选拔过程中承认创客经历、投资建设高校创客空间以及参与支持创客运动的社区组织区域网络等。[①] 在对创客运动的回应和推动中，创客空间建设成为高校实施创客教育的重要载体和依托。创客空间最初出现在工程教育领域，工程教育由工程科学范式向工程实践范式的转型为强调动手实践以及创造创新的创客空间提供了土壤。此外，激光切割机和 3D 打印机等原型设备的成本价格下跌以及开源硬件资源的普及更新了产品创造工程的本质，为建立标准化的低成本工作室提供了可能，例如麻省理工学院的微观装配实验室就是第一所真正意义上的创客空间。[②] 高校创客空间作为创客社区聚集的主要物理空间，不仅容纳创客社区的设计和制造设备，同时还为成员提供设备使用、技术培训以及创造灵感的交流和支持。创客和数字化制造通常与工程学科的学习和实践相关联，创客空间内所装备的激光切割机或者 3D 打印机等设备也往往视为"硬科学"领域，主要由 STEM 领域的学生或教师使用。然而，随着创客运动在美国高校的不断推进，越来越多的教育研究者和实践者意识到由廉价的硬件、方便获取的数字制造、共享的软件和设计所带来的开放性和民主化的创造才是创客运动真正的力量所在，[③] 创客教育的实施开始从集中于 STEM 学科的创客活动转向面向全校性的创客教育，同时鼓励其他非 STEM 学科的参与，形成校园内的创客教育公共平台。

（二）提升基层的创造活力：社区学院创客教育的愿景

1960 年加州"Master Plan"的颁布和实施奠定了社区学院在加州高等

---

① "Building a Nation of Makers: Universities and Colleges Pledge to Expand Opportunities to Make," Executive Office of the President, https://obamawhitehouse. archives. gov/sites/default/files/microsites/ostp/building_a_nation_of_makers. pdf.

② P. Blikstein, "Digital Fabrication and 'Making' in Education: The Democratization of Invention," *FabLabs: Of Machines, Makers and Inventors*, 2013.

③ E. R. Halverson, and K. M. Sheridan, "The Maker Movement in Education," *Harvard Educational Review* 84 (2014b).

教育体系的地位与功能，社区学院与加州大学（University of California）以及加州州立大学（California State University）共同构建了加州高等教育的三驾马车。^① 自诞生初期，社区学院便承担着多样化和综合性的课程与教育功能，如转学教育、补偿教育、职业与生涯教育、社区教育等。尽管社区学院长期以来一直被视为四年制高等院校的垫脚石，但进入 21 世纪以来，随着美国社会和经济对于技能型人才的需求不断增加，社区学院职业与生涯教育功能越来越受到重视。社区学院从原有的社会角色逐渐向经济角色转变，为区域经济发展服务开始成为社区学院的重要任务之一。在这一背景下，加州社区学院校长办公室（California Community College Chancellor's Office）实施了一系列政策与战略措施，旨在建立社区学院与地区企业、产业以及其他利益相关者的合作机制，发挥社区学院在区域经济发展中的重要作用，为地区雇主提供丰富的技能型劳动力人才资源。其中最为突出的是于 2013 年开始实施的"做出对就业和经济有意义的事"（Doing What Matters for Jobs and the Economy，DWM）战略计划。在该计划实施之前，尽管加州各地区的社区学院也为当地企业和产业提供相应的职业人才培训服务，但呈现规模小、类别单一且分布零散的特征。DWM 计划强调社区学院与区域经济部门的合作，重视优先产业以及新兴行业领域的人才培养、学生学业成就以及创新创业，同时，该计划建立了覆盖加州的职业与生涯教育网络体系，加快对技术技能型人才的培养，以此参与和推动区域经济的发展和繁荣。^②

2016 年，应加州社区学院校长办公室请求，加州科学与技术委员会（California Council on Science and Technology）研究并发布一份名为《促进加州社区学院参与创客运动》（Promoting Engagement of the California Community Colleges with the Maker Space Movement）的研究报告，该报告指出"创造"为传统课堂提供了互补性的学习环境，可以帮助参与者获得在传统课程或学习项目中难以获得的技能，因此需要将创客活动以及创客空

---

① "A Master Plan for Higher Education in California 1960 – 1975，" Master Plan Survey Team，Sacramento：California State Department of Education，1960.

② "Doing What Matters for Jobs and the Economy，" https：//doingwhatmatters. cccco. edu/Home. aspx.

间融入社区学院的日常教学策略之中。创客空间将为社区学院带来诸多益处，如帮助学生获得 21 世纪技能以及各项软技能，有利于社区学院进一步深化与企业、行业以及其他区域经济生态系统合作伙伴的关系，并构建社区学院在加强区域劳动力发展和经济发展中的关键利益者角色。[①] 2016 年，加州社区学院校长办公室投资 1700 万美元启动加州社区学院创客教育计划（California Community College Maker Initiative），这一计划是 DWM 战略规划下的一项重要策略和行动，并将覆盖整个加州社区学院体系，加州也因此成为全美首个在全州社区学院体系内推进创客教育实施的州。[②] 加州社区学院创客教育计划围绕四个核心开展，即实践社群、创客课程、创客空间以及实习项目，旨在通过建设社区学院创客空间网络、支持教师将创客教育融入常规课程，以及与企业合作开展工作本位的实习项目来培养具有创新创业能力的学生并为创新型经济发展做出贡献。[③] 加州社区学院创客教育计划的领导者认为，创客运动与社区学院的联系将实现学生学习环境的优化，社区学院创客空间建设以及创客文化培育将使"学生以新的创新性方式探索、创造和合作，这将更有效地帮助他们为有意义的职业做好准备"。[④] 此外，在为学生、教师、社区合作伙伴提供创造与创新的教育机会的同时，社区学院创客教育也将进一步巩固社区学院在区域创新经济发展中的关键利益相关者地位。

二 加州社区学院创客教育发展的三大核心特征

与美国高校自发兴起的独立性创客空间相比，加州社区学院创客教育的推进则主要由州层面的社区学院主管机构进行设计、倡导、实施和评价，并迅速成为一股席卷加州社区学院体系的创客浪潮。在具体的实施过

① "Promoting Engagement of the California Community Colleges with the Maker Space Movement," Sacramento: California Council on Science and Technology, 2016.

② "California Community College Maker Initiative," https://cccmaker.com/.

③ Pepper - Kittredge, Carol, "We are All in This together: Building a Network of Makerspaces in California Community Colleges," Proceedings of 2nd International Symposium on Academic Makerspaces, 2017.

④ "California Community College Maker Initiative," https://cccmaker.com/.

程中，可以看到高效的管理机制、跨学科融合的课程体系以及校内外资源共享的合作机制是创客教育在加州社区学院得以顺利实施的重要保障。

（一）统筹规划的社区学院创客教育体系

为了促进创客教育在加州 24 所社区学院中的顺利实施，加州社区学院创客教育计划建立了由咨询委员会、项目主管以及技术支援者组成的管理机制，这种分工协作的组织架构能有效地统筹和整合资源，并加快创客教育与社区学院原有的教育策略的融合。

首先，由来自不同领域的代表所组成的州层面咨询委员会率先成立。咨询委员会由《创客》杂志和创客嘉年华的创始人戴尔·道尔特担任主席，其他成员还包括来自企业界、教育界、基金会和政府的领导者，如加州亚太商会（California Asian Pacific Chamber of Commerce）、加州科学与技术委员会、英特尔公司（Intel）等的领导者。[1] 作为加州社区学院创客教育计划的关键推动者，咨询委员会成员从各自独特的视角出发对项目设计和实施进行指导，讨论计划进展，并提供战略建议。其次，由项目主管（Project Manager）负责项目的实施和运作，并对可用资源进行协调和整合。在项目主管的推动下，加州社区学院与其他组织共同合作举办有关创客教育开展和创客空间建设的主题研讨会议，如美国社区学院创新创业协会（NACCE）的创新生态系统会议，福尔索姆湖学院（Folsom Lake College）举办的由各社区学院创客教育教师共同参与的课程研讨会、21 世纪技能研讨会，以及由创客教育计划举办的"如何成立并改善创客空间"研讨会等。[2] 这些研讨会议既为社区学院创客教育的有效开展提供指导，同时也为各社区学院提供交流的平台。最后，技术支援者（Technical Assistance Provider）作为加州社区学院创客教育计划领导团队的重要部分，主要负责制定具体实施策略和工具以实现该计划的创新愿景。通常技术支援者以个人或团队的形式向各社区学院创客教育项目团队提供援助。具体

---

[1] "California Community College Maker Initiative," https：//cccmaker. com/.

[2] Pepper - Kittredge, Carol, "Creating a Network of Community Colleges with Makerspaces：California's CCC Maker Model," Proceedings of the 1st International Symposium on Academic Makerspaces, 2016.

而言，技术支援者在内部建设方面帮助社区学院将创业和制作纳入常规课程、开发创客空间技能徽章和小型项目证书、协调创客教育项目资金与解决合同问题等，同时对外则支持社区学院建立利益相关者和合作伙伴生态系统，并鼓励社区学院利用大学和研究机构资源为学生提供更多参与创客活动和课程的机会。①

（二）建基于跨学科整合的创客教育课程体系

作为培养学生创造和创新能力的重要载体，课程在高校创客教育实施过程中占据举足轻重的地位。一般来说，美国高校主要采用三种创客教育课程类型：形式较为自由松散的主题式创客活动或工作坊；将创客教育有意识地与常规课程相融合；开设专门的创客教育课程。② 加州社区学院的创客课程建设主要采用第二种方式，注重将创客教育整合于原有的课程内容中，利用创造设备和工具支持学生的课程学习，这既能保证原有课程教学的进行，又能在课程中深化创客教育的理念。在具体实施中，社区学院创客教育课程强调对创客教育师资的培训，同时注重跨学科合作，将创客理念不同程度地融入常规课程中。

1. 注重创客教师专业发展以及教师参与

创客教育强调支持学生开展基于创造的学习，在这种学习模式下，学生是学习的中心，而教师作为学习的支持者和促进者给予学生充分的自主性和独立性。在创客教育的理想化课程中，学生需要主动发现、自主设计、创造和制作新产品，并在宽松的环境中实现与其他参与者的共享。然而，高等教育中最常见的教学模式仍然侧重于教师对知识和技能的直接传授，这与注重学生的内驱动力、多样化的学习产出/成果以及创造性过程的创客教育理念明显存在矛盾和差异。因此，将创客教育理念融入传统课程的前提在于教师教学理念和教学方式的改变。可以看到，教师在对创客活动的支持以及将创客活动纳入常规课程方面发挥着至关重要的作用。加

---

① Pepper‑Kittredge, Carol, "Creating a Network of Community Colleges with Makerspaces: California's CCC Maker Model," Proceedings of the 1st International Symposium on Academic Makerspaces, 2016.

② 郑燕林：《美国高校实施创客教育的路径分析》，《开放教育研究》2015 年第 6 期。

州社区学院创客教育计划采取了一系列关键策略，支持教师的专业发展以及教师在创客教育中的参与，进一步帮助教师实现创客理念与课程的融合。

2016 年，加州社区学院创客教育计划项目与福尔索姆湖学院创客空间以及萨克拉门托黑客实验室（Sacramento Hacker Lab）合作，共同举办了为期两周的创客教育教师专业发展研讨会。该研讨会旨在帮助教师将设计思维、原型工具和技能融入原有的常规课程之中。来自五所不同社区学院的八名教师完成了课程活动和课程设计的培训，并对相关课程活动设计和开发进行了展示。对教师专业发展的培训主要包括教学技术技能培养、对课程开发的教学设计支持（包括学生学习成果设计）和使用原型工具和技术的教学活动示例。[1] 此外，各社区学院的创客空间负责人或教学指导员也积极参与到创客教育课程的开发和设计过程中，与学院教师共同开发不同课程，为具有不同技能水平的教师提供多个融合创客理念的切入点，并帮助教师将新的教学方法融入课程实践中。可以说，这种有意识地将创客活动和思维方式融入课程学习的做法既能为创客空间及项目提供可持续性发展的可能性，又能促进社区学院课程教学的变革，有益于教师和学生的发展。

2. 着力跨学科合作，实现创客与常规课程多层次融合

高校创客空间为参与其中的学生提供了不同于其他传统课程的学习体验，如好奇心驱动的自主学习、创造技能、合作意识、综合设计以及问题解决。尽管近些年来创客空间在高校中越来越常见，但参与和使用创客空间的学生往往来自工程学科或是其他 STEM 学科。数据显示，参与创客空间活动的非 STEM 学生能获得与 STEM 学生同样的创造技能和创造思维，并在参与之后更有可能增加对创客以及 STEM 学科的兴趣。[2] 因此，如何将创客空间以及其资源整合到更为广泛的课程中，如何扩大创客空间的受众面并使更多非 STEM 学科的学生从中受益成为创客教育者和实践者思考

---

[1] Zachary Dowell, "Making Across the Curriculum," *Proceedings of the 3rd International Symposium on Academic Makerspaces*, 2018.

[2] L. Martin, "The Promise of the Maker Movement for Education," *Journal of Pre - College Engineering Education Research*（2015）.

的问题。

　　社区学院自诞生以来便秉承为所有人提供后中等教育的使命，因此也被称为"人民的学院"（People's College）或是"民主学院"（Democratic College），这一历史使命与创客运动倡导的"人人皆为创客"民主理念极为一致。在加州社区学院创客教育建设中，我们可以看到这一理念在各社区学院创客课程中的体现——创客教育课程的实施不仅集中于 STEM 学科，同时也鼓励其他学科的参与，如教育学、人类学、社会学或是艺术类学科。多学科的资源共享与合力为实现创客与常规课程不同层次、不同规模的融合，突破单一学科的局限性，促进创客教育课程建设的创新提供了有益的帮助。以福尔索姆湖学院为例，该学院尝试将"创造"融入不同学科的课程体系，并根据教师参与创客程度以及学生沉浸创客活动程度高低将创客理念与常规课程的整合划分为五项层级，课程融合程度由低至高分别为：①教师使用"创造"来设计物品/活动以支持教学；②教师与学生合作创造设计物品/活动以支持教学；③教师调整课堂/活动使学生沉浸于创造活动；④教师调整并重塑课堂/活动使学生沉浸于创造活动；⑤教师创造全新的学科视角（Discipline - lensed）的创客课程。前两项示例中，课程融合的关键主要在于教师，由教师独立或是与学生合作使用创客空间的资源来创造支持教学的物品。参与的教师往往来自非 STEM 学科，在这一过程中，他们主要学习应用创客思维和设计思维，并尝试在之后有意识地将创客技能和思维融入原有的课程活动中。第三项示例强调教师尝试将与创造有关的课堂活动整合到现有的课程中，因而使学生获得参与创客的实践机会。例如，在课程"幼儿教育 342：建构性数学与科学"中，教师将其中一次课程设计在创客空间中进行，使学生主动参与制作幼儿数学与科学教学活动的原型作品。最后两项示例对教师提出了更高的要求，教师需要深入理解和认同创客教育思维，并将创造和创新融入课程设计中。尤其是第五项示例，教师需要将设计思维和创客精神与原有课程结合，创造一门新的课程，这对教师自身所具备的创新和探索精神提出了要求。在与创客空间的项目负责人共同努力下，福尔索姆湖学院的创客教师尝试融合 STEM 学科与非 STEM 学科，实现跨学科的整合，最终创造出全新的学科视角的课程，例如人类学课程"古代与现代创造"（Ancient and Modern

Making)、历史学课程"创造的历史"（Making History）、社会学课程"创客与社会变革"（Making Social Change），以及一门环境学课程（在这门课程中，学生需要使用创客思维和设计理念来解决与环境相关的问题）。[①]

（三）开放共享的创客教育合作创新机制

自诞生以来，美国社区学院这一后中等教育机构一直秉承为地区/社区利益服务的信念和使命。美国总统杜鲁门委员会在 1947 年有关高等教育的报告中正式将"初级学院"更名为"社区学院"，该报告认可社区学院服务当地社区教育的职能，并指出"无论社区学院拥有何种形式的组织或不同时限的课程，它的主要特点仍是与它所服务的社区建立紧密联系"。[②]这种根植于社区学院的"服务社区"的历史使命决定了在实施创客教育的过程中，社区学院往往优先考虑与其他社区组织的资源共享和联动合作，建立协作共享的联动机制，共同推进当地社区的创客教育发展。

1. 关注与社区组织的联动，共同建设优质创客空间

创客空间作为创客教育实施的依托条件，为创客提供跨学科、基于项目的学习机会。广义上来说，创客空间为学生提供参与式以及分享式的学习环境，学生可以设计、发明和制造新产品，并在宽松的环境中实现与其他参与者的共享。创客空间的核心目标是为发明和创造提供一个场地，依靠参与者的好奇心和动力来创造作品，因此，创客空间在本质上不同于传统的课堂活动。打造优质的实体化创客空间是加州社区学院推进创客教育的重要途径，在规划创客空间建设时，加州社区学院注重与社区其他创客教育组织的合作互动，一方面社区学院为社区其他组织提供建设创客空间的信息和资源，另一方面与外部组织建立合作关系也能为社区学院自身创客教育带来活力和持续发展的动力。

以艾伦汉考克学院（Allan Hancock College）为例，为扩大创客教育的受众面使更多的人群从创客教育中受益，该学院联合当地的圣玛利亚公共

① Zachary Dowell，"Making Across the Curriculum," Proceedings of the 3rd International Symposium on Academic Makerspace，2018.

② M. Griffith & A. Connor, Democracy's Open Door: The Community College in America's Future, Portsmouth, N. H.: Boyton/Cook, 1994, p. 93.

图书馆以及圣玛利亚探索发现博物馆成立"圣玛利亚中海岸创客空间联盟"（Santa Maria's Central Coast Makerspace Collaborative），充分利用社区力量推动创客教育的实施，共同建设面向不同年龄段人群的区域型创客空间网络，促进从 K - 12 教育到后中等教育学生创造与创新能力的培养和提高。艾伦汉考克学院建立与其他社区组织的合作伙伴关系的初衷在于在当地社区中建设"创客教育连续体"（A Continuum of Maker Education），实现创客教育全方位覆盖社区各年龄阶段人群。由社区学院、公共图书馆以及儿童博物馆构建的创客空间网络支持不同年龄段人群的创客活动，儿童博物馆为 2 ~ 6 岁的儿童提供在探索实验室（Discovery Lab）里独立制作和探索的机会，公共图书馆创客空间为参与者提供从计算机的基本使用到虚拟现实仿真等各种技术的学习机会，这些创客活动旨在将非正式的科学学习与 K - 12 学校核心课程联系起来。社区学院创客空间则采用工作坊的形式创建和实施课程，将创客活动融入原有课程中，重点关注电子工程、陶瓷制作艺术等课程。① 艾伦汉考克学院所领导的"圣玛利亚中海岸创客空间联盟"在当地社区掀起了创客教育的热潮，区域型创客空间网络成为当地创客教育的中心，同时各创客空间还与当地的 K - 12 学校、产业界、企业和其他社区组织建立了紧密联系，共同举办面向社区的创客活动。与创客运动强调的创造、分享与合作理念一致，这种协作组织本身便是合作与共享的体现，三所创客空间共享知识和技能，共同推动创客运动在社区的发展。

2. 重视校企合作，提供工作本位的学习机会

长期以来学生在学校所学知识和技能与工作职业所需技能之间存在脱节，面对这种情形，加州社区学院创客教育的领导者认为，强调真实情境的创客教育可以为学生提供工作本位的学习机会（Work - based Leaning），促进学生将所学知识与生活实践联系起来，同时满足企业和产业对于劳动力的需求。

从 2018 年起，加州社区学院创客教育计划在五所社区学院的创客空间

---

① Robert Mabry，"Santa Maria's Central Coast Makerspace Collaborative：A Network of Internal and External Partners，" Proceedings of the 3rd International Symposium on Academic Makerspaces，2018.

中开展"创客实习"（Maker Matic）试点项目。这一项目由加州社区学院创客教育计划咨询委员会提出，该委员会认为社区学院学生的潜力长期以来被低估，社区学院应该与企业界合作，使社区学院学生与企业界近距离接触，以真实的商业问题作为学习主题，并从学生的创造性解决方案中获益。Maker Matic便是基于工作本位学习概念的一种全新的实习模式，该模式以社区学院创客空间为基地，实现企业合作伙伴与学生的共同参与。在Maker Matic项目中，来自各学科以及各专业的实习生们首先将接受一位企业领袖提出的挑战，之后学生们将通过课程学习，了解企业领导者面临的挑战，探索面临的问题，集思广益探索解决困难的方法，并利用创客空间的资源为企业提出解决方案。在这一过程中，一方面学生能够利用创客空间的资源解决真实情境下的现实问题，另一方面企业也能从学生应对挑战的独特观点和建议中受益。[1] Maker Matic项目的优势在于，它既比传统的实习模式更为省时，又能为学生提供与企业领袖直接协作的机会。此外，这一实习项目主要在创客空间中进行，创客空间作为学生和企业之间的重要桥梁，为实习学生提供了包括工具、技术、社会指导在内的支持性学习环境。Maker Matic既能通过创客空间资源培养学生的创新职业技能，同时还能使学生获得实践职业技能的机会。正如加州社区学院创客教育计划领导团队战略顾问保罗·德沃伊（Paul DeVoe）所言："实习生们将学习和实践问题识别、解决方案构思、团队合作和沟通技巧，无论他们今后是成为雇员或是创业者，这些技能都是他们之后所需要的。"[2]

三　促进社会融合的社区学院创客教育：前景与展望

自2016年起，加州社区学院创客教育计划已经实施三年，截至2019年3月，实施创客教育的24所社区学院总计有13547名学生参与创客空间活动，331名学生被授予数字创客徽章，此外，共计134名社区学院学生

---

[1] Karen Fraser - Middleton, "College Makerspaces Develop Innovation - ready Graduates," League for Innovation in the Community College, 2019.

[2] Carol Pepper - Kittredge, "Sierra College Makermatic Interns Meet Architecture Challenge," Sierra College New Center, 2019.

参与并完成以创客空间为基地的实习项目，有 207 家企业雇主参与加州社区学院创客教育课程与活动。在创客师资培训和课程建设方面，有 373 名社区学院教师参与创客教育，总计举办 125 场创客教师专业发展论坛活动，同时社区学院中有 311 项常规课程融入创客教育理念，并使用创客空间进行课程教学活动。① 可以看到，加州社区学院在创客教育的初步实施阶段取得了不少成效，创客作为一种教育理念以及一种校园文化开始逐渐融入社区学院这一后中等教育机构。

尽管创客运动最初发端于社会文化理念的变革以及创客群体的草根运动，但创客运动所强调的创造、分享和协作理念对教育领域影响尤为深远，它为培养创新型人才提供了一条新的路径，也为推动学校教育理念革新和实践变革创造了新的可能。在这一背景下，美国 K-12 教育学校以及高等院校均采取了一系列措施将创造和创客思维融入既有的人才培养模式和教育实践中。然而，基于对美国加州社区学院在推进创客教育过程中所采取的措施和相关经验的整理和分析，我们可以发现社区学院选择了一条和其他四年制高等院校并不完全一致的路径。在深入理解创客运动与创客理念的基础上，加州社区学院选择从社区学院自身特点入手，准确确立社区学院创客教育的目标和使命，并在学院原有的优势基础上采用不同的教育实践形式将创客理念融入社区学院。加州社区学院创客教育计划从以下四个方面入手来推进创客教育：建立创客实践社区、开发创客课程、提供基于工作的学习体验以及创建实体性创客空间。事实上，这条路径具有充分的灵活性和可实施性，也让我们看到了创客教育的更多可能性。

要想理解加州社区学院创客教育的实施，必须先从理解这一特殊的后中等教育机构开始。史蒂芬·布林顿（Steven Brint）在《高等教育的两声欢呼：为什么美国高校空前壮大以及它们将如何面对挑战》一书中指出，"社会融合"逻辑（The Logic of "Social Inclusion"）是美国高校在学术上以及经济上空前强大的原因之一，高校扮演着"社会融合助推器"的角

---

① "CCC Maker Quarterly Report: January 1 - March 31 2019," https://cccmaker.com/wp - content/uploads/2019/04/CCC - Maker - January - 1 - March - 31 - 2019 - Quarterly - Report.pdf, 2019 - 4.

色，为社会弱势群体和边缘群体实现社会阶层流动提供主要机会。[1] 综观美国高等教育体系，社区学院在为弱势群体提供高等教育机会以及促进社会阶层流动方面的作用不可小觑，作为促进社会融合的重要教育机构，社区学院强调为所有学生提供接受高等教育的机会。同样，创客运动本身便强调自由、开放性和民主化，注重将小众的创造活动变革为面向大众的创客文化，将原本在封闭的组织中才能进行的创新和创造转化成为开放和民主的创客过程，这与社区学院所具备的"无门槛"（Open Access）的民主化特点如出一辙。正如戴尔·道尔特所言，"社区学院处在使创客实现民主化的独特位置上"。[2] 正是基于对弱势群体或是代表性不足群体的关注，社区学院在创客教育的实施中往往注重将非 STEM 学科的教师和学生均纳入创客课程和活动中，为更多学生提供参与创客活动的机会。此外，由于社区学院承担着推动美国高等职业教育发展以及培养技能技术性职业人才的重任，因此长期以来都与地方政府部门、社区组织以及当地企业和产业界建立起广泛且紧密的合作网络。这一优势为社区学院在实施创客教育的过程中提供了诸多便利，社区学院往往能够与当地社区组织迅速建立起合作关系，采用资源共享和联动机制，共同推进当地社区的创客教育发展。在创客教育具体实施过程中，社区学院与地区企业和产业界合作，采用实习项目来为学生提供工作本位的学习经验以及解决真实性问题的学习机会。

近年来，创客运动在我国也悄然兴起并产生了一定的社会影响，部分高校也逐渐了解创客教育理念并开始对创客教育进行初步探索。尽管创客运动在我国发展迅速，但高校创客教育的实施仍然存在一些问题，如高校创客教育实施缺少整体规划和设计；创客空间发展模式单一，缺乏差别化和特色化；高校创客空间管理机制不健全；创客师资薄弱等。[3] 面对创客教育实施的困难，我国高校在发展创客教育方面可以选择性地吸取美国社

① Steven Brint, *Two Cheers for Higher Education: Why American Universities Are Stronger than ever—and How to Meet the Challenges they Face*, New Jersey: Princeton University Press, 2018.

② Karen Fraser-Middleton, "College Makerspaces Develop Innovation-ready Graduates," League for Innovation in the Community College, 2019.

③ 刘巍伟：《中国创客运动发展的现状、问题与对策》，《浙江社会科学》2017 年第 8 期。

区学院体系推进创客教育实施的成功经验。第一，对创客教育实施进行整体规划，结合高校原本特色和优势，在深入理解创客运动和创客思维的基础上打造体现自身优势和特征的优质创客空间。第二，重视跨学科创客课程的建设。尽管高校各学科以部门和学院划分，因建筑或地理位置缘故长期处于隔离状态，但创客教育为学科的融合和多学科参与提供了机会。高校应鼓励多学科参与创客教育课程建设，将创客空间以及其资源整合到更为广泛的课程中，并使更多学科的学生从创客教育中受益。在课程建设的同时需要注重创客师资的培养，尽管创客教育的实施主体是学生，但培养具有创新创造能力以及批判性思维的创客教师群体是创客教育顺利实施的保障。第三，高校应与社区创客教育组织或机构建立合作关系。

第二节　高校创客空间的组织行为：基于三所
高校的比较研究

一　研究背景

近年来，随着技术应用成本的下跌、开源硬件资源的普及以及互联网浪潮所带来的更为便捷的分享和交流平台，"创客"和"创客运动"逐渐成为全球关注的热点。如果说《创客》杂志于 2005 年的创办标志着创客运动的正式开始，那么 2014 年由奥巴马总统举办的第一届"白宫创客大会"更是在政府层面上有效地推动了创客在全球的传播。创客运动的蓬勃发展也为教育领域的变革拓展了新的方向，作为全球创客运动和教育改革的产物，创客教育越来越受到教育研究者的关注。在高等教育领域，以创客空间、课程以及创造活动为载体的创客教育更被视为培养学生创造和创新能力以及创业就业能力的重要途径，越来越受到各国高校的重视。

美国作为全球创客运动的发源地，在高校创客教育开展和实施方面一直走在世界前沿。近年来，有关美国高校创客教育比较研究的相关研究也较多，如巴雷特以全美 35 所拥有创客空间的本科院校为样本，从位置、会员制度、使用权限、管理体制以及设备情况等方面对各高校创客空间的管理和运行进行详尽的分析。① 弗雷斯特选取斯坦福大学、麻省理工学院、佐治亚理工学院、柏林技术大学以及亚利桑那州立大学五所大学的创客空间作为代表，对这些大学创客空间的聚焦重点、知识产权政策、管理机制以及资金来源等方面进行讨论和分析。② 尽管这些研究为了解美国高校创客教育提供了诸多有用的信息，但这类研究大多集中于精英型院校或是理工类院校创客教育实施的比较研究，对于其他类型的院校关注较少，且研究主要关注创客空间的建设情况，对创客教育其他实施载体如课程或创客活动涉及较少。

本书选取麻省理工学院、加州大学河滨分校（University of California, Riverside，UCR）以及莫诺雷山谷学院（Moreno Valley College，MVC）为案例，分别作为顶尖理工学院、综合性研究型大学以及社区学院三种不同类型和层次的美国高校代表，采用组织行为学理论视角，分析美国高校实施创客教育这一组织行为的发生机制以及组织内外各要素对其的影响。具体而言，本部分以大学组织行为发生机制的理论分析框架为基础，③ 从大学组织行为的动力机制分析、大学组织行为决策的影响因素分析以及大学组织行为的组织文化基础分析出发，对创客教育在高校的实施这一具体的组织行为进行分析。对美国高校创客教育实施的组织行为学分析一方面能更深刻地理解三种不同类型的美国高校如何参与创客运动，如何建立创客教育机制为学生提供更优质的教育资源；另一方面通过对美国实施创客教育这一具体的组织行为的解析，归纳和总结影响高校创客教育实施这一行为的组织影响因素，有助于进一步理解美国高校在创客教育实施中动力机制、管理方式和组织文化的发展趋向，为我国高校创客教育的开展和实施提供更多思路和视角。

---

① T. Barrett, M. Pozzico, "A Review of University Maker Spaces," 122nd Annual Conference & Exposition of the American Society for Engineering Education, Seattle, 2015.

② Craig Forest, Helena Farzaneh, "Quantitative Survey and Analysis of Five Maker Spaces at Large, Research – oriented Universities," 123rd Annual Conference & Exposition of the American Society for Engineering Education, New Orleans, L. A., 2015.

③ 李卫东：《大学组织行为发生机制的理论分析框架》，《清华大学教育研究》2015 年第 2 期。

二 研究方法

(一) 研究样本

本部分采用案例分析方法开展对美国高校创客教育实施的研究工作。一般来说，个案研究能通过有多种来源途径的证据，对某一高校创客教育实施情况进行深入和深度的剖析，[①] 因此采用案例分析方法有助于深入分析美国高校开展创客教育的主要路径和实施特点，并从实践活动中提炼出具有理论价值的典型性实施路径和模式。此外，案例比较研究方法更为适用于对不同高校创客教育实施的共性和差异进行分析，[②] 因此本书选取三所具有代表性的大学／学院——麻省理工学院、加州大学河滨分校以及莫诺雷山谷学院——作为主要分析对象。具体而言，本书采用目的抽样对研究对象进行筛选，一方面，这三所高校对创客教育较为重视，已经形成了较为成熟的创客教育实施机制，在创客空间建设、创客课程发展等方面具备一定的经验，有利于研究数据的收集；另一方面，这三所美国高校分别代表顶尖理工院校、综合性研究型大学以及社区学院这三类不同类型和不同层次的教育机构，在教育使命、目标和功能定位等方面存在一定差异，因此在创客教育的实施路径方面也形成了各具特色的模式，这对于研究美国高校创客教育实施现状提供了更为综合和全面的视角。

(二) 数据收集

为确保研究的信度和效度，本书通过文献资料、深度访谈以及实地观察三方面来源进行数据的搜集。文献资料涵盖与三所高校创客教育有关的官方网页公开信息、政策文件、新闻报道、调研报告、会议论文等。与来

---

① R. E. Stake, "Qualitative Case Studies," in N. K. In Denzin & Y. S. Lincoln, eds., *Strategies of Qualitative Inquiry*, Thousand Oaks, C. A.: Sage, 2008.

② M. B. Miles, A. M. Huberman, and J. Saldana, *Qualitative Data Analysis: A Methods Sourcebook*, Thousand Oaks, C. A.: Sage, 2014.

自三所高校的五名创客空间负责人员的深度访谈主要集中于 2019 年 2 月至 2019 年 7 月进行，访谈形式为一对一的半结构化访谈，一般持续 30 分钟到 80 分钟，这主要取决于受访者的参与积极性和可分享内容。具体访谈人员情况为：麻省理工学院（2 名）、加州大学河滨分校（1 名）以及莫诺雷山谷学院（2 名）。此外，笔者利用在美访学机会，前往三所高校创客空间进行实地调研和观察工作，具体观察数据包括与创客空间参与学生的交谈记录、对创客空间活动的直接观察以及对创客空间设备和活动的照片记录等。在收集相关人员访谈资料和实地观察资料的过程中，本书征求了每一位受访者的同意，对访谈过程进行全程录音，将访谈录音进行全文转录并翻译为中文。

三 研究发现

对三所高校创客教育实施模式的分析主要集中于创客教育目标/使命、资金来源、管理机制、创客教育覆盖人员、创客课程/活动以及校内外主要合作伙伴等方面（见表 5 - 2）。在具体实施过程中，麻省理工学院主要采取"平台模式"，即建立独立的创客教育实施项目团队，以该项目为平台系统地管理全校创客教育的开展和实施，如建立全校性创客空间网络；加州大学河滨分校则以图书馆为中心建立校内创客空间，这是典型的"中心模式"，即创客空间成为实施创客教育的平台，整合并汇集校内创客教育资源，以创客空间为中心促进师生对创客活动的参与。而以"发散模式"为特点的莫诺雷山谷学院则以可移动式创客空间为基础，在服务本校师生的同时将创客教育发散和推广至当地社区，连接当地政府经济部门、K - 12 教育体系以及企业/工业界，共同建设创客教育社区体系。

（一）平台模式——麻省理工学院

作为在世界上享有盛誉的顶尖理工学院，麻省理工学院既是影响创客运动发展的引领力量，同时也是高校创客教育实施的践行者和推动者。"从做中学"长期以来便是麻省理工学院教育思想的基石，而对"创造"和创新的重视也贯穿了麻省理工学院的办学历史。麻省理工学院拥有超过 40 个与创造有关的设计/建造/项目空间，总面积超过 13 万平方英尺。^① 位于校园各处的创客空间为麻省理工学院的师生提供了工具和空间，让他们通过发明和制作原型将想法变为现实。意识到创客体验对麻省理工学院教育的重要性，学院教务长马丁·施密特（Martin Schmidt）于 2015 年提出实施 Project Manus 项目，旨在进一步发展校园创客空间，升级遗留空间/设备；为学生提供便利，使其能自由地接触到新技术、工具和培训；与同行大学、校友、政府和行业合作创建和发展创客社区。^② Project Manus 项目于 2016 年 10 月正式启动，该项目由学校独立项目拨款资助，直接隶属学院教务长办公室。作为实施创客教育以及统筹创客空间资源的主要平台，Project Manus 项目从三个维度出发鼓励创新和创造：促进跨部门合作，实现学校内部创客资源的整合；建立涵盖各年级学生和教职员工的创客体系；引领全球创客社区建设，共享创客教育经验。

首先，Project Manus 项目为麻省理工学院创客教育实施和创客空间建设提供了一个重要的平台，组织和协调学校各院校各部门之间的合作，打破各院系之间的壁垒，实现资源共享，同时整合校内众多学术创客空间资源，最大化利用创客空间资源。例如，Project Manus 项目组在经过与学生、行政管理人员、校友会、学校环境健康与安全办公室以及其他利益相关者的协调后，创建 Mobius Maker 应用程序。该程序软件允许学生搜索和发现学校内任何创客空间所拥有的设备和使用时间，了解他们使用创客空间所需要的培训证书种类，同时还能够通过学生账户（MIT Makerbucks）或信用卡支付所使用的设备和材料。另外，各创客空间的设备主管（Shop Manager）能够在 Mobius Maker 应用程序上自主管理他们的设备和器材，行政部门和管理人员也能从软件中及时获取学生的使用反馈，针对相关问题进行数据分析并制定相应对策。^③

其次，Project Manus 项目组尝试建立涵盖各年级学生和教职员工的创

---

① "MIT Facts 2019：Makerspaces，" https：//web. mit. edu/facts/makerspaces. html.

② "Project Manus Catalyst Fund：How to Best Support Project Manus，" http：//project - manus. mit. edu/wp - content/uploads/2018/07/Project - Manus - Catalyst - Fund_Final. pdf.

③ P. Z. Ali，M. Cooke，M. L. Culpepper，et al.，"The Value of Campus Collaboration for Higher Education Makerspaces，" ISAM Conference，2016.

客教育体系，形成纵向纵深的创客教育实施机制。2016 年，在 Project Manus 项目团队的协调下，麻省理工学院开始实施 Maker Lodge 项目，该项目主要针对大一年级学生，通过一系列课程培训让学生了解和掌握创客入门技术，如 3D 打印机、激光切割机以及手动工具等。在通过能力测试并获得认证证书后，学生可以自由参与校内 12 个创客空间的创客活动、社交活动和课堂学习。[①] 而针对已掌握基本创客技能的高年级学生，Project Manus 则于 2019 年 3 月开放新的"深度创客空间"（The Deep）。与 Maker Lodge 不同，"深度创客空间"实际上是研发型创客空间，不仅注重寻常的制作和创造，同时还要求学生具备涉及精细手工技术、设计和制造的深度知识。[②]

（二）中心模式——加州大学河滨分校

加州大学河滨分校是隶属加州大学系统内的一所综合性研究型高校，学校以重视学术研究、种族多元化及开放包容的校园文化而著称。2017 年 4 月，由校图书馆、研究与经济发展办公室牵头合作建设的创客空间"R 创造实验室"（Creat'R Lab）正式向全校师生开放，该创客空间位于校科学图书馆，涵盖包括 3D 打印机、3D 扫描仪和相关软件、基本手工工具、用于原型制作的电子产品、用于纺织的工具等在内的各类设备，为学生、教师和研究人员提供使用工具和技术进行试验，是深化知识学习以及促进科研合作的创新型学习和工作环境。[③]

创建"R 创造实验室"的初衷在于在校园内建立一个以创造和创新为核心的空间，这一空间具备充分的独立性和包容性，为来自工程、艺术、社会科学、人文学科等不同专业的师生提供创造、分享和协作的平台。同时，自创立初期"R 创造实验室"便被纳入加州大学河滨分校创新创业教育体系，与创业概念证明和创新中心（Entrepreneurial Proof of Concept and

---

① "Project Manus：Maker Lodge," https：//project - manus. mit. edu/maker - lodge.
② Makowski Emily, "Welcome to The Deep：A new CreativeSpace Opens as Maker Culture Continues to Thrive at MIT," http：//news. mit. edu/2019/mit - welcome - to - the - deep - new - project - manus - makerspace - 0408，2019 - 4 - 8.
③ "Innovation Place：Creat'R Lab," https：//library. ucr. edu/research - services/creativity - and - discovery/creatr - lab.

Innovation Center，EPCIC）共同组成校内创新和创业教育实施平台。因此，"R 创造实验室"的启动和运营资金主要来自图书馆以及研究与经济发展办公室（Office of Research and Economic Development，RED）的项目资金，此外部分资金还来自包含在本科学生学费内的学生技术费用，该项费用每年需要由校学生团体选举投票决定是否资助，因此学生在创客空间的运行和管理等方面具有较大的影响力。

在管理机制方面，"R 创造实验室"实行学校图书馆主管及学生社团自我运行的合作式管理方式。在图书馆管理人员配置模式上，自 2019 年开始，创客空间的管理模式从之前的图书馆工作人员兼职分管模式转变为由三名成员组成的管理团队专职管理创客空间的设备和运行。管理团队由创客空间协调员、技术人员以及研究型管理员共同组成，创客空间协调员的主要责任为对创客空间项目及活动的管理，同时还将负责创客空间外部关系拓展，创客空间统计数据跟踪，并负责创客空间与研究和教学伙伴关系的发展和维护。技术人员则负责管理空间内的所有仪器设备，如 3D 打印机及激光切割机等设备的使用和运行。值得注意的是"技术人员不仅仅是在背后负责编码，而是在真正意义上使用知识将创客空间的使用者们与设备联系起来，帮助教师和学生使用技术来实现他们的目标"（UCR 创客空间负责人）。研究型管理员职位由图书馆管理人员担任，该管理人员和技术人员一样也与创客空间设备打交道，并需要深入研究空间现有的各种创客技术，但不同之处在于技术人员主要负责空间设备的管理，而研究型管理人员需要与创客空间的参与者建立合作，为参与者提供与技术相关的各类支持，并参与此类与创客空间相关的研究项目的不同进展过程。另外，创客空间的日常运行和管理均由学生社团自主分工管理，突出学生的主体性和自主权。

在课程建设方面，一方面由各学生社团组织定期的常规化课程培训，这类课程一般集中在学生课业结束后的晚上进行，学校任何学生均可以免费报名参加，且不要求任何前期创客经验。课程不仅包括教授游戏设计和开发流程的"黑客之夜"，将音乐、写作、电影或绘画结合起来的"跨学科艺术"课程，同时还涵盖简单易懂的入门课程，如"3D 打印技术入门"或"折纸艺术"课程等（见表 5-1）。这类由学生社团自主举办和管理的课程鼓励来自各学科各领域的学生参与创客活动，有助于促进创客在校园内的传播和发展。另一方面，"R 创造实验室"的领导者注重与教师的合作，将创客活动融入学科课程中，例如与人类学学科教师合作，协助学生完成课程小组项目，利用 3D 打印技术制作南方古猿手臂和纳勒迪人头骨（均为早期人类祖先）的三维复制品。[①]

表 5 - 1 "R 创造实验室"组织的部分创客工作坊

工作坊主题	组织者	内容
Arduino 工作坊	UCR 电机及电子工程社团	通过研讨会使参与者深入了解 Arduino 技能，同时教授参与者使用 Arduino 动手实践完成相关项目
黑客之夜	UCR 游戏开发社团	鼓励参与者加入现有的电子游戏项目开发工作或独立开发自己的游戏项目；由经验丰富的游戏开发者对参与者提供一对一的指导和帮助
跨学科艺术	UCR 艺术工作室	学习如何对各类艺术进行捕捉、融合与重建
3D 打印	UCR 机械工程协会	学习使用免费在线应用程序 Autodesk Tinkercad 进行产品设计和 3D 打印
服装设计	UCR 设计室社团	使参与者系统了解服装制作方式和过程

资料来源："Creat'R Lab Workshop Schedule," http：//guides. lib. ucr. edu/c. php？g = 645451＆p = 4523510。

（三）发散模式——莫诺雷山谷学院

与麻省理工学院以及加州大学河滨分校两所高校相比，成立于 1985 年的加州莫诺雷山谷学院并没有悠久的建校历史，然而，凭借其扎根社区及服务学生的特点和优势，莫诺雷山谷学院在短时间内便发展成为拥有 14000 名学生、54 个学位项目的社区学院。2018 年，莫诺雷山谷学院与莫诺雷市市政府以及非营利机构 Base 11 共同成立 iMake 创客空间，该创客空间包括位于学院科技楼占地 4100 平方英尺的"iMake 创新中心"（iMaker Innovation Center）以及由巴士改装的移动式创客空间"iMake 移动创新中心"（iMaker Mobile Innovation Center）。iMake 创客空间隶属学

[①] "Innovation Station：Creat'R Lab Serves as Testing Ground for New Ideas," https：//medium. com/ucr - magazine/innovation - station - d2174df64481.

院 STEM 中心，致力于通过创造和创新活动为参与者提供丰富的、基于探究的以及专业化的 STEM 学习活动，以增加 STEM 领域学习和职业的参与。[①]

可以说，从一开始，iMake 创客空间便与 STEM 教育建立了紧密的联系，一方面，其资金由美国教育部西班牙裔教育服务机构 Title Ⅲ 赠款项目（Hispanic Serving Institutions Title Ⅲ Grant Project）和加州社区学院创客教育计划（California Community Colleges Maker Initiative）提供，其中西班牙裔教育服务机构 Title Ⅲ 赠款项目提供为期五年、总计 600 万美元的资金，而加州社区学院创客教育计划提供每年 10 万美元的款项支持。另一方面，iMake 创客空间在莫诺雷山谷学院 STEM 中心的指导下，由一名项目主管、两名中心主管以及两名技术人员组成的项目管理团队进行创客空间的运营和管理，此外还有十名学院学生代表也加入创客空间的建设中，学生们不仅负责创客空间日常管理，也积极参与到移动创新中心在社区内举办的各类创客活动中。

包容性和开放性是莫诺雷山谷学院创客空间的重要特点。iMake 创客空间不仅为学院师生提供使用技术工具和创新创造的机会，同时还为学院所在社区更为广泛的群体提供新的学习机会和创造体验，这不仅增强了创客空间对社区的辐射力和影响力，同时也为创客空间本身的发展提供了新的活力。在谈到创客空间的受众时，负责人员这样说道："创客空间主要是为莫诺雷山谷学院的学生建造的，然后我们想把它扩展开来。所以，首先是以学生为中心，其次是教职员工，因为我们想确保学校本身将创客空间视为创造和原型制造的中心区域；然后需要向外延伸到社区，也向外延伸到产业界，所以我们也在寻求创客空间与产业界和创新创业的联系；此外，当地的 K‑12 学校也是我们的合作伙伴之一。"（MVC 创客空间负责人 1）

这种开放性和包容性也进一步体现在创客空间的课程设计和活动安排上。一方面，在校内鼓励多学科参与和跨学科合作，尤其重视非 STEM 学科教师和学生的参与。网络安全项目是莫诺雷山谷学院创客空间所组织的

---

① "Moreno Valley College：Maker Innovation Center，" https：//mvcstemssc.com/micenter/.

主要课程项目之一，此外还开设额外的与创客空间设备相关的课程并提供证书，如激光切割机或 3D 打印机入门课程。来自英语学科以及心理学学科等非 STEM 学科的教师和学生也参与到创客空间，将创客与学科内容有机结合，说道："我们与英语系的教师进行合作，学生们使用创客空间的设备完成期末项目，例如他们利用 3D 打印机来创建不同地区的地形地图……也有心理学科的师生参与，他们研究运动行为，因此可以利用创客空间的设备创造能够使用手语的机器人。"（MVC 创客空间负责人 2）另一方面，车载式"iMake 移动创新中心"这一独特的创客空间形式，为创客活动的顺利开展提供了移动式"学习"实验室，也为创客教育进入社区提供了平台。"iMake 移动创新中心"开展的创客活动包括动手实践、多学科实验室和多媒体技术，同时根据参与者的文化背景和教育需求提供不同的创客教育体验。例如，"iMake 移动创新中心"与莫诺雷市就业资源中心（Employment Resource Center）建立合作关系，于每周三举办"小型企业研讨会"，以帮助小型企业家和求职者，研讨会关注的主题包括"如何创办小型企业""如何完善你的演讲"等。同时，参与者还可以利用创客空间开展创新设计工作，有机会使用原型制作的尖端资源和技术，学习相关工作技能和技术知识。[①] 此外，"iMake 移动创新中心"还与周边社区的 K - 12 学校/学区建立合作关系，为涵盖学前教育阶段到高中阶段的学生提供体验创新和创造的机会，以鼓励更多的学生加入 STEM 学习，进一步促进 STEM 教育的多样性。

表 5 - 2　三所高校创客教育实施情况

	麻省理工学院（MIT）	加州大学河滨分校（UCR）	莫诺雷山谷学院（MVC）
创客教育目标/使命	进一步发展校园创客空间；为学生提供便利，使其能自由地接触到新技术、工具和培训；创建和发展创客社区	提供创新的学习环境，使学生、教师和研究人员可以使用工具和技术进行实验，从而加深知识和扩展研究	利用创客空间为参与者提供丰富的、基于探究的、专业的 STEM 活动，以增加 STEM 领域的学习和职业参与

---

① "I Maker Mobile Partners with the City of Moreno Valley," https：//cccmaker. com/imake - mobile - partners - with - the - city - of - moreno - valley/.

续表

	麻省理工学院（MIT）	加州大学河滨分校（UCR）	莫诺雷山谷学院（MVC）
资金来源	学校独立专项资金	校图书馆及研究与校经济发展办公室资金、本科学生技术费用	美国教育部西班牙裔教育服务机构 Title Ⅲ 赠款项目、加州社区学院创客教育计划
管理机制	Project Manus 项目团队统筹管理	专职项目管理团队及学生社团自我运行的合作式管理	专职项目管理团队与学生共同管理
创客教育覆盖人员	学校社区成员	学校社区成员	学校社区以及当地社区成员
创客课程/活动	创客空间设备证书培训；与马丁信托中心合作的项目课程；Maker Break 创客活动	创客空间设备证书培训；定期开展创客工作坊课程	创客空间设备证书培训；网络安全项目课程；与社区其他组织合作举办创客活动
校内主要合作伙伴	工程学院、马丁信托中心、学校环境健康与安全办公室、校友会等	校图书馆、校研究与经济发展办公室、创业概念证明和创新中心等	校 STEM 中心、其他院系
校外主要合作伙伴	以 HEMI 以及 MIC 为平台连接其他高校	暂无	当地社区政府机构、企业、K－12 教育机构

资料来源：笔者自制。

四 分析与思考

（一）美国高校实施创客教育的组织动力分析：注重创客与创新创业教育的共生体系

作为处在社会中的开放系统，高校组织的行为发生在很大程度上受到外部环境的影响。组织分析的新制度主义认为，组织身处的制度环境对组织行为和决策起着重要的作用，制度环境包括组织所处的"法律制度、文化期待、社会规范、观念制度等广为接受的社会事实"。[1] 因此在制度环境中，高校组织为了生存需要和资源获取需要采取合乎制度环境要求的行

---

[1] 周雪光：《组织社会学十讲》，社会科学文献出版社，2003，第 27 页。

为，可以说，制度环境在某种程度上约束和规范着高校组织的行为。迈耶和罗恩提出了合法性的组织行为框架，认为组织实质上受制于环境制度，为了得到社会承认或是提高自身地位，组织主动或是被迫采纳具有合法性的组织结构和行为。①

尽管创客教育在美国高校的接受和实施仅在近几年才开始全面开展，且大多为学校层面进行设计和推动，但仍需考虑高校所处的社会环境和外部因素，以更为深入地了解创客教育在高校开展的动力机制。随着高等教育对国家经济影响力的不断增强，高校的社会服务功能越来越受到政府和社会的肯定和重视。而在以知识驱动为主的全球经济中，随着创新逐渐成为国家长期竞争力提高和经济稳步增长的关键因素，大学逐渐发挥自身在国家创新系统中的关键性制度主体功能。② 作为创新创业人才培养的重要阵地，高校本身所具有的知识资源优势有助于培养未来创新所需要的各类人才，因此，对创客教育的重视实质上源自美国高校管理层对创新、创造和创业之间的联动关系的思考，这一组织行为最主要的动力是合法性机制，也就是说，高校作为国家创新系统主体的这一组织定位和特征决定了高校的组织行为需要合乎社会的规范和期待，也决定了高校需要通过推进创客教育来获得外部对于其作为创新系统关键主体认可度的提高。事实上，随着创客运动在美国的风靡，高校领导者也看到了创造和创客在鼓励创新和推动创业中的潜力，因此如何利用创造的强大动力更好地培养创新创业人才，以及如何将创客文化和创造活动纳入高校本身的创新创业教育体系成为美国高校推进创客教育的主要动力。

创新和创业对于国家和区域的经济发展与活力至关重要，而随着创客运动逐渐从一种边缘和小众的个人爱好发展成为一种引人瞩目的生活方式，创客空间这一创客聚集场所也被认为能够提供一个灵活且具有创造性的环境，既有利于创新，还能在成员将想法变为现实产品时提供支持。根

① 约翰·W.迈耶、布利安·罗恩：《制度化的组织：作为神话与仪式的正式结构》，〔美〕沃尔特·W.鲍威尔、〔美〕保罗·J.迪马吉奥主编《组织分析的新制度主义》，姚伟译，2008，上海人民出版社，第72页。
② 王志强、卓泽林、姜亚洲：《大学在美国国家创新系统中主体地位的制度演进——基于创新过程的分析》，《教育研究》2015年第8期。

据阿马比尔（Amabile）提出的创新要素理论，组成创新的要素可以分解为领域相关技能、创新相关技能、内在动机以及社会环境因素，而创客空间所具备的培养多项工具使用技能、提高解决问题能力、培养探索和发现精神以及创建包容和开放的社区交流网络等特点能有效地激励和促进创新。① 此外，创客空间为创客提供原型设计的场所，同时能够通过空间内其他成员对于原型产品的使用反馈尽早发现设计问题，并做出相应的调整。通过在创客空间社区中的分享和协作过程，创客们能够更有效地测试产品和获取资助，更有可能将产品推向市场。② 显然，创造、创新和创业之间存在一种相互作用和相互影响的联动关系，正是意识到创客空间和创造活动的巨大潜力，本书中三所高校的领导者决定在校内推进创客空间建设和创客教育实施。

以加州大学河滨分校为例，"R 创造实验室"在成立之初便被纳入学校创新创业教育体系，与创业概念证明和创新中心共同组成校内创新和创业教育实施平台。③ 与加州大学河滨分校不同，麻省理工学院则采取了另一种将创客融入创新和创业体系的方式。

（二）美国高校实施创客教育的组织决策分析

决策对于一个组织而言非常重要，可以说，组织的大多数管理行为都与组织决策有关。分析组织的决策过程和行为可以反映出组织中诸多要素之间的关系，如管理结构、机制、价值取向、资源分配等，因此对某一组织行为的决策过程和模式进行分析可以更深入地了解该组织的运行机制和价值理念。伯尔曼（Bolman）和迪尔（Deal）在对以往文献中著名的组织领导理论进行整理和归纳后，提出四种不同的组织视角来理解组织行为：结构性架构（Structural Frame）、人力资源架构（Human Resource Frame）、政治化架构（Political Frame）、象征化架构（Symbolic Frame），这四个架

① T. Amabile, M. Teresa, "The Social Psychology of Creativity: A Componential Conceptualization," *Journal of Personality and Social Psychology* 45 (1983).

② Eric Holm, "Makerspaces and Contributions to Entrepreneurship," *Social and Behavioral Science*, 2015.

③ "Jump – staring Startups in the Creat'R Lab," https: //libr ary. ucr. edu/about/news/jump – starting – startups – in – the – creatr – lab.

构为理解不同组织以及有效的领导行为提供了重要的概念，在某种程度上反映了所有高等教育院校某些方面的制度性运作。① 结构性架构将组织视为以明确的权威为特点的机械性科层结构，在结构性组织模型下，组织拥有清晰的目标，以绩效为导向，主要依赖组织领导者的能力进行问题分析，确定备选的解决方案，并选择和执行最优方案。在人力资源架构下，组织被视为共同体，组织成员是组织的最重要资源，如何满足成员的需求以及如何与成员相互沟通协调成为着重解决的问题。在政治化架构下，组织被认为是由具有不同利益和价值观的多元化群体组成的，且不同团体常常处于争夺权力和利益的进程中，组织决策的实现往往来自各个群体互相协商、影响和妥协的结果。在象征化架构下，组织拥有由共享的价值理念和信仰组成的文化系统。组织内成员认同组织既有的文化和价值观，共同为组织目标之实现而努力。利用这四种架构可以分析不同高校组织中的领导者是如何管理和决策有关创客教育实施的策略和发展问题，尽管高校管理者可以采取多种架构形式，但本书中三所高校的创客教育领导者都更为重视在决策过程中其他组织成员的参与，强调沟通和协调，三所高校实施创客教育的组织决策均更为倾向于人力资源构架。

在伯尔曼看来，人力资源架构有助于理解注重通过商讨和交流达成共识的稳定性组织。② 使用人力资源架构的领导者往往寻求参与性、协同、民主化的决策过程，关心组织内成员的需求，以此努力实现组织目标。同样，麻省理工学院创客教育的领导者采取了协商和对话的机制获取组织成员对创客教育的支持和理解，调动参与者的积极性、主动性和创造性，更好地推动创客教育文化在校园内的推广。在过去，麻省理工校园内拥有几十个用于培训、指导和制作复杂与精细物件的空间，这些空间往往是各自独立的，且分别由不同的技术人员主管，这些空间/工作室的设备主管就像是"自己独立王国中的国王一样"，对学生自由使用空间来制作物件产生了阻碍，因此 MIT 创客教育实施的主要领导者在计划实施的最开始便

---

① Lee G. Bolman, Terrence E. Deal, *Modern Approaches to Understanding and Managing Organizations*, San Francisco: Jossey – Bass Publishers, 1984, p. 96.

② E. Bensimon, "The Meaning of 'Good Presidential Leadership': A Frame Analysis," *The Review of Higher Education* 12 (1989).

"花了几个月时间邀请校内所有创客空间主管参加圆桌会议，并与他们围绕创客空间的相关主题进行讨论，如安全问题、学生资助培训……而在这一过程中，主管们也逐渐意识到他们有更多的共同点，他们能够达成一定的共识，这也是校内创客空间能够串联起来的主要原因。因此与他们进行对话，并实现他们互相之间的对话和增进了解……这是一个重要的优先事项"（MIT 创客教育项目负责人 2）。而在谈及创客教育实施过程中领导者与组织其他成员之间的关系时，负责人这样说道，"……因为我没有权力去要求人们做什么。我的工作是找出正确的做法，然后向人们展示，要么向他们展示数据，要么向他们展示（成功的创客空间）是如何运作的，向他们展示如何更好地培训学生使用创客空间内的设备。所以，我们是在校园里提供……我们向其他人提供有价值的东西，然后他们采用这些东西，但这是他们自己的选择"（MIT 创客教育项目负责人 1）。

此外，还可以看到高校创客教育领导者在决策过程中极为重视学生在创客教育实施中的重要性，将学生意见纳入创客教育决策中。这种对学生意见的考量在于这一事实：在创客运动的三要素——创客、创客空间、创造活动中，人往往是最重要的一环。而在高校创客空间内部，进行创造活动的主体是高校学生，因此广泛采纳学生的意见，并给予学生一定的自主性成为创客教育领导者在决策过程中需要考虑的部分。正如麻省理工学院创客教育负责人所提到的，在创建创客空间的初期，便需要马上让学生参与进来，因为"高校创客空间是为学生而构建的，如果你仅仅只构建它，却不听取学生的需求，那将是极为愚蠢的。所以（领导者）需要做的是询问学生，使他们参与进来，进行相关调查并了解他们对于创客空间的期望……与学生进行对话，让他们在创客空间建设中拥有一些自主权（对于高校创客教育实施）是极为重要的"（MIT 创客教育项目负责人 2）。

（三）美国高校实施创客教育的组织文化分析

在研究高校的组织行为时，不仅要考虑组织内部结构和外部环境对组织行为的影响，更要看到组织文化对组织的深层影响。作为一种非正式的制度，组织文化承载了组织的整体价值观念、思维方式和行为方式，扎根于组织成员的意识之中，并潜移默化地规范着组织和其成员的行为。文化指代组织内成员共享的一套价值观念、态度、准则以及思维方式，比特格瑞（Pettigrew）将组织文化定义为"信念、观念、语言、礼仪和神话的聚合体"，他认为组织是"一个具有历史延续性的社会系统，而这种连续性的维持主要依靠上述文化因素，这些文化因素对组织内部人们的行为具有强大的控制作用"。① 可以说，组织文化是由一些主要因素构成的，例如阎光才教授将组织文化的构成要素分为"观念形态、符号、规范和结构"。② 此外，蒂尔尼（Tierney）在 1988 年对高等院校的组织文化概念和术语进行了初步的界定，他认为高校组织的文化概念主要包括"环境、使命、社会化、信息、策略、领导力"。③ 蒂尔尼还指出，文化就像是由话语和意义编制的相互联系的网络，在分析一所学院或大学的组织文化时，不仅需要看到这一网络原有的结构和自然法则，还要通过处在文化网络内部的组织成员的阐释来理解组织文化本身。

分析三所美国高等院校实施创客教育这一组织行为，可以看到高校本身的文化对组织行为的重要影响。一方面，高校组织原有的教育使命、目标和环境等文化要素为组织成员提供了一种认同感，组织成员能够感受并认同所在院校的历史文化背景和价值观，并以此作为实施创客教育的路线和方向。另一方面，院校的组织文化促使组织成员关注大学组织作为一个整体所体现出的完整价值体系，同时促进大学组织成员保持组织行为的目标与大学整体组织目标的一致性。麻省理工学院建校于 1861 年，在创立之初，麻省理工学院便被定位为一所注重实用性工程技术的具有职业取向的学校，而在后续一百多年的办学历史中，麻省理工学院成为将基础理论科学和工程技术成功融合的典范，在这一发展过程中对创新、创造以及由此衍生的知识商业化的创业的重视也深深地融入了学校的文化体系中。在谈到学校文化与历史使命对创客教育的影响时，负责人肯定道："如果你看看麻省理工学院的校徽，这是麻省理工学院的象征，在麻省理工学院于 19 世纪 60 年代成立之时，校徽便被创造出来，校徽上绘有学者和工匠的图

---

① 阎光才：《识读大学：组织文化的视角》，教育科学出版社，2002，第 74 页。
② 阎光才：《识读大学：组织文化的视角》，教育科学出版社，2002，第 82 页。
③ G. William Tierney, "Organizational Culture in Higher Education: Defining the Essentials," *The Journal of Higher Education* 59 (1988).

案，它们代表了麻省理工学院基本教育和哲学的两个部分，即你需要学习如何运用你的大脑成为一名学者，但同时你也需要学习如何使用知识来从事实践活动和创造产品。所以这种教育文化理念可以一直追溯到麻省理工学院成立之初……麻省理工学院成立的最初几年往往关注如何对世界产生影响，但这种影响不仅依靠思考实现，更需要思考与动手实践的结合。"（MIT 创客教育项目负责人 1）

而如果考察莫诺雷山谷学院创客教育的实施，可以看到社区学院这一特殊的院校类型所固有的文化定位决定了社区学院更倾向于选取服务社区的发散式模式，社区学院鼓励组织成员在实施创客教育时需要关注社区学院作为一个整体所具有的价值系统，并保持组织行为的目标与组织固有的教育目标一致。纵观社区学院的历史，可以发现，美国社区学院这类后中等教育机构自诞生以来便一直秉承为地区/社区利益服务的信念和使命。美国总统杜鲁门委员会在 1947 年有关高等教育的报告中正式将"初级学院"更名为"社区学院"，该报告认可社区学院服务当地社区教育的职能，并指出"无论社区学院拥有何种形式的组织或不同时限的课程，它的主要特点仍是与它所服务的社区建立紧密联系"。① 这种根植于社区学院的"服务社区"的历史使命决定了在实施创客教育的过程中，社区学院往往优先考虑与其他社区组织的资源共享和联动合作，共同推进当地社区的创客教育发展。当谈到莫诺雷山谷学院创客空间与当地社区的联系时，负责人这样说："我们与社区有着紧密的联系，我们就像是一道生命线，就像是社区的生命线。我们希望利用创客空间为当地社区民众提供更多的机会……我们希望创客空间成为社区的中心，我们希望为所有人提供开放性的创客资源，这是我们的目标……我们提供接触高端设备的机会，提供接触高水平指导教师的机会，这样居住在社区的人们便能拥有最好的创客教育机会。"

在创新驱动经济发展的大背景下，创客文化和创客运动被视为经济社会转型发展的重要动力，随之产生的创客教育也在培养创新创业型人

---

① M. Griffith and A. Connor, *Democracy's Open Door: The Community College in America's Future*, Portsmouth, N. H. : Boyton/Cook, 1994, p. 93.

才方面发挥着日益重要的作用。作为创客教育实施的领先者，美国高校已经形成了较为成熟和完善的机制。综观本章中所涉及的三所高校，尽管其在创客教育实施过程中形成了不同的发展模式，但强调以学生为中心的教育理念、建立高效的管理机制、打造优质创客空间平台、优化创客课程和活动体系、构建创客教育资源的合作共享机制仍然是每所高校共同强调的重要事项。此外，对三所高校创客教育实施组织行为层面的分析为我们提供了更为微观的角度来理解高校组织在外部环境下如何为实现各自的组织目标所做的决策和行动。近年来，创客教育在我国高校也逐渐兴起并得到了初步发展，部分高校开始引入创客教育理念，并创建校内创客空间进行初步的实践探索。借鉴美国不同高校创客教育的发展模式，国内高校创客教育实施可以从以下几个方面着手：第一，对创客教育实施进行整体设计，创客教育不能机械照搬其他高校的做法，而是需要结合高校固有文化和原有资源，选择最为有效的创客教育实施模式；第二，在我国高校进一步深化创新创业教育改革的背景下，尝试采用不同机制将创客教育融入创新和创业教育体系，进一步培养优秀的创新创业型人才；第三，在创客教育实施过程中，高校应重视建设多元化的沟通与对话平台，多方采纳创客教育利益相关者如学生的意见，推动创客教育的顺利开展。

第三节　创客空间构造策略的案例研究：基于三所高校的比较分析

美国作为全球创客运动的发源地，在高校创客教育开展和实施方面一直走在世界前沿，不同类型和层次的美国高校也纷纷在校内开展和实施创客教育。基于文献研究与访谈数据，本部分选取麻省理工学院、加州大学河滨分校以及塞拉学院三所高校作为案例，探析美国不同类型高校实施创客教育的模式以及优势策略，为我国高校创客教育开展和创新创业教育改革提供参考。

一　理工类院校——麻省理工学院的创客教育

（一）跨部门合作连接创客与创业

在麻省理工学院创客教育的领导者看来，创新、创业和创造之间存在着紧密的联系，创客和创新创业的融合成为未来高校创客教育发展的方向。一方面，创造和原型制作让学生们意识到，教育的目标不仅仅在于创新的想法，同时还关乎解决实际问题的有效方法。另一方面，创客空间为对创造、创新和创业有兴趣的人们提供连接和交流的重要平台，是将创意转化为产品再到成功创业的重要催化剂。在这一背景下，Project Manus 成为统筹校内相关资源，将创客教育与创业教育整合连接的重要平台。作为独立于各院系的协调性平台组织，Project Manus 的灵活性和独立性有利于协调校内不同利益相关者及其拥有的资源，推动跨部门之间的合作，实现创客教育与创业教育的融合。

2016 年，Project Manus 项目与麻省理工学院马丁信托中心合作建立 Proto Works 创客空间，旨在培育一处融合创造精神和创业热情的创客社区，建立连接创客、创新和创业的生态系统。学生们既可以在这一创客空间完成初步的物理原型设计和制作，同时还能进一步针对原型产品来探索和实验他们的创业想法。此外，Project Manus 促进工程学院和商学院的共享合作，共同为学生开设相关创客课程，搭建创客和创业者了解和合作的平台。例如，课程"创客入门"便是一门针对全校本科生和研究生的入门类创客课程，以高度沉浸式和动手实践操作为特点，并由工程学院以及商学院教师共同指导，学生将在课程中掌握常用的制作技术和使用技巧，如 3D 打印、激光切割、Arduino 编程等。[①] 在访谈中，麻省理工创客教育的领导者表示，"将创造、思考和创业结合是我们未来发展的方向……因此我们帮助马丁信托中心成立创客空间，并开设融合创客和创业者的课程

[①] "Making the Future: MIT's Maker Culture and the Metropolitan Warehouse Makerspace," MIT Project Manus, https://betterworld.mit.edu/making – the – future – mits – maker – culture – and – the – metropolitan – warehouse – makerspace/, 2019 – 8 – 12.

'创客入门'，我们将工程学院和商学院的新生组织起来，让他们在课堂上共同合作完成项目。这一行动的目的在于建立创客和创业者的互动关系，让这两个群体理解彼此的语言和行为。我们不是要把创造者变成企业家，或是将企业家变成创造者，我们所要做的是教给创客企业家精神，同时让创业者了解创客，这样他们就能走得更近，更容易创造合作机会"。[①]

（二）引领全球创客社区建设，共享创客教育经验

作为推动创客教育以及传播创客文化的中坚力量，麻省理工学院在积极推动学校内部创客教育发展的同时，还注重获取其他高校的创客教育经验并相互分享，搭建全球共享的创客教育平台，推动高校创客空间的建设和创客教育的发展。早在 2016 年，麻省理工学院便与包括斯坦福大学、耶鲁大学、加州大学伯克利分校在内的八所高校共同发起成立高校创客空间联盟，成为分享高校创客空间建设实践理念和经验的重要平台。在 2019 年 3 月，麻省理工学院与印第安纳大学、密歇根大学、新南威尔士大学等六所高校成立"创造影响力联盟"，建立致力于"定义需求、创造资源，以及打造能够吸引、教育和支持下一代创新和创业型创客的高校和区域环境"的全球性联盟。值得注意的是，与 HEMI 不同，这一联盟尝试将创客、创新与创业结合起来，为如何在技术创新生态系统中明智地部署和使用资源创建新的范式。[②]

二 综合性研究型大学——加州大学河滨分校的创客教育

（一）创客教育的目标

加州大学河滨分校创客教育的核心在于通过建设具备充分的独立性和包容性的创客空间，为来自不同学科的师生提供创造、分享和协作的平台，培养学生的创新思维、动手实践能力以及合作分享的精神。其创客教育的最终目标是将创客空间与学校创业环境以及社会创业环境整合和衔

---

① 摘自对麻省理工学院创客教育负责人 B 教授的访谈，时间为 2019 年 7 月 30 日，地点为受访者办公室。

② "The Make Impact Consortium，" https：//makeimpactconsor tium. com/about - us/.

接，构建由创新创造到创业的连贯性整体。

（二）创客教育的实践路径

加州大学河滨分校以校图书馆为中心建立校内创客空间，这是典型的"中心模式"，即创客空间成为实施创客教育的开展平台，整合并汇集校内创客教育资源，以创客空间为中心促进师生对创客活动的参与。

（三）内外部合作机制构建

为扩大创客教育在校园内的影响力，创客教育的领导者建立协商和对话的平台机制以获取学校成员对创客教育的支持和理解，调动参与者的积极性、主动性和创造性，更好地推动创客文化在校园内的推广。2018 年，"R 创造实验室"成立指导委员会，以获取学生和教师对于实验室的观点和看法，并对创客空间的课程设计、项目管理、人员安排、空间使用、设备采购和项目发展提供监督和指导。该指导委员会成员涵盖来自科技/工程、社会科学、艺术/人文、科学/数学以及创业教育的教师，同时还包括校学生会（ASUCR）以及技术/工程学科的学生代表。在访谈中，创客空间负责人表示，"对我们来说，建立这样一个指导委员会是非常重要的，因为虽然是由图书馆工作人员主管创客空间的事宜，但我们要确保有关创客空间的各类决策与我们的教员和学生共享……将来自不同学科和组织的人员组织在一起共同思考与创客空间相关的最为重要的战略性问题有助于创客空间的长期发展"。[①] 这种多元主体参与的协作对话机制有利于了解创客空间校内利益相关者的真实需求，有助于推进创客教育在校内的可持续性发展。

同时，"R 创造实验室"还注重与其他创新创业教育平台的互动，合作构建学校创新创业教育体系，共同助力于创新创业型人才的培养。事实上，"R 创造实验室"被视为学生涉足学校创新创业教育体系的起点，来自各学科各领域的师生可以相互融合并塑造崭新的鼓励创新、探索和合作

---

① 摘自对加州大学河滨分校创客教育 C 负责人员的访谈，时间为 2019 年 5 月 7 日，地点为该校创客空间。

的创新创业文化。创客空间成为连接创造、创新和创业的重要平台，在加州大学河滨分校创客教育领导者的规划中，如果学生们"享受并热爱在'R 创造实验室'的学习经历，那么他们创新创业之旅的下一步将是创新创业工作坊，之后学生们还可以申请 EPIC 或创业孵化器 ExCITE 的其他机会，如由驻校企业家提供一对一的创业指导，或是为期 6 ~ 12 个月的创业孵化器项目"。①

三 社区学院——塞拉学院的创客教育

（一）创客教育的目标

位于加州北部的塞拉学院是美国第一所与商业化社区创客空间合作共同实施创客教育的社区学院，是采用合作式创客空间促进地区教育创新和劳动力发展的先行者。2016 年，加州社区学院校长办公室（California Community College Chancellor's Office）启动覆盖全州的"加州社区学院创客教育计划"（California Community College Maker Initiative），塞拉学院被任命为这一计划的主要协调机构及技术支持部门，领导和促进创客教育在加州社区学院体系内的发展。塞拉学院的创客教育旨在通过使学生与教师参与多元化的创客活动，培养创客和创新创业精神，培养具有创造力、激情、好奇心、坚持终身学习的学习者和教育者。②

（二）创客教育的实践路径

塞拉学院创客教育的实施模式为社区合作模式，即整合社区资源共建大型创客空间，为学校师生以及社区成员提供更为优质的创客教育。这种创客教育模式实现了资源的双向流动，一方面高校有意识地与社区创客教育建立互动关系并整合社区资源，可以为学生提供多样化的学习机会以及

---

① "Jump – staring Startups in the Creat'R Lab," https：//libr ary. ucr. edu/about/news/jump – starting – startups – in – the – creatr – lab，2019 – 8 – 12.

② Carol Pepper – Kittredge，"Creating a Network of Community Colleges with Makerspaces：California's CCC Maker Model," ISAM Conference，2016.

与创客社区交流的机会，有助于学生将课堂中所学知识应用于实践，并探索更多的可能性职业。另一方面，受益于高校教师与学生的专业技能，合作式创客空间能够吸引和积聚更多来自当地社区的企业、居民和创业者，形成支持创客和创业活动的区域性社区组织。

1. 校企合作式管理机制

2014年，塞拉学院与位于加州萨克拉门托市且处于成立初期的商业化社区创客空间"黑客实验室"建立合作关系，共同建设合作性创客空间"塞拉—黑客实验室"（Hacker Lab Powered by Sierra College）。在2016年，为进一步扩展创客教育的合作伙伴生态系统，塞拉学院与其他两所社区创客空间合作在位于格拉斯（Grass Valley）和特拉基（Truckee）的分校区分别成立两所新的创客空间。三所合作建设的创客空间均隶属塞拉学院应用竞争技术中心，由塞拉学院提供基本设施和设备，社区创客空间负责日常运作管理。与黑客实验室等社区创客空间的合作是将塞拉学院与在当地社区引领技术和社会创新的个人、企业和相关组织联系起来的关键因素，这些开放性的创新合作关系将塞拉学院融入区域创客行动，有利于培养学生的创造能力，提升其就业能力。

2. 多途径实施创客教育

塞拉学院依托合作式创客空间为参与者提供丰富的创客资源与活动，其创客教育的实施主要有三种方式。以最早成立的"塞拉—黑客实验室"为例，第一，创客空间为所有参与者提供多样化的创客教育课程。课程内容不仅包括有关创造工具和设备使用的基本知识和训练课程（如木工入门、激光切割、Arduino概述、3D打印、金属加工等），为创客成员讲述相关工具和设备的基本使用知识、方法和注意事项，同时还针对不同层次和水平的创客参与者提供特定类型的课程，如针对儿童开设Java编程课程（Kids Learn Java Script in Mine Craft），针对有更高需求的创客提供高级课程。此外，创客空间还针对具有创业想法和兴趣的人员开设相关创业性课程与组织相关活动，如为期六周的"从想法到概念"的企业家培训和指导。第二，"塞拉—黑客实验室"通过举办丰富的竞赛活动，鼓励社区成员积极参与创造和创新。例如，青年黑客马拉松、Vex机器人挑战赛、创业演示之夜、学生企业家展示竞赛等丰富的活动为创客空间参与者提供协作、分享与展示的平台。第三，创客空间与学院各学科教师合作，鼓励和支持教师参与创客活动并学习新技术，同时将最新的技术和实践整合到课程教学中，实现创客与学科的跨领域整合。例如，商学院教授与创客空间合作在"创业与小型企业管理"课程中大胆采用 Adobe 公司的 Kickbox（一种开源创新流程）模型，指导学生学习和运用这一开源工具进行设计思维、客户确认以及发现新的市场机会。创客空间技术人员还与塞拉学院心理学教师合作，将创造纳入传统的文科课程"死亡心理学"，参与该课程的学生将在位于创客空间的纺织实验室中学习基本的计算机软件，在织物上扫描和打印图像，以及使用缝纫机来制作他们的作品及其装饰品，最终在纺织专家和教师的共同指导下，学生将自行设计并完成一项缝纫作品，作为对逝去的人或事物的缅怀和致敬。通过自己创造和制造产品，有助于学生深入了解与死亡、濒死和丧亲相关的信仰、态度和行为。①

（三）内外部合作伙伴关系

塞拉学院在创客教育实施过程中注重整合校内外资源，以主动积极的态度与外界利益相关者建立完善的合作机制，利用社区学院本身的优势和资源创建合作式创客空间，为学生和社区成员提供先进的设备，培养他们的创新能力和就业技能。除社区创客空间以外，塞拉学院的主要外部合作伙伴还包括政府机构、企业、非营利性机构、当地中小学教育机构以及其他社区学院等。塞拉学院创客空间自成立之初便受到洛克林市政府的支持和财政资助，市政府在 2015 年将连接市政厅、"塞拉—黑客实验室"与塞拉学院校区的三角形地带列为创新创业区，塞拉学院的创客空间被认为是激发城市经济活力的关键组成部分，并获得了政府的专项资金资助，同时政府机构与创客空间定期举行会议，以共享信息和讨论合作机会。例如，自 2015 年起，"塞拉—黑客实验室"便与学校所在的洛克林市政府、市旅游局合作在校园内举办一年一度的"洛克林迷你创客大会"，吸引包括教师、学生、社区居民、企业和非营利组织在内的各类人员参与，鼓励社区成员对创客行动的积极参与，

---

① Karen Fraser – Middleton, "Sierra College Incorporate the Maker Mindset into Education," League for Innovation in the Community College, 2018.

扩大创客在社区的影响力，有助于形成社区的创客文化。塞拉学院创客空间也与企业保持良好的合作伙伴关系，Adobe 公司和美国银行为创客空间提供资金赞助以及讲座指导，鼓励学生参与创新与创业。塞拉学院与其他重视创客教育的社区学院也建立了良好的合作关系，例如与萨克拉门托城市学院和福尔索姆湖社区学院合作建设创客教育创新中心，旨在关注创客教育与已有学科课程的整合与衔接，促进创客教育课程建设。[1]

四　分析与启示

作为创客教育实施的领先者，美国高校已经形成了较为成熟和完善的创客教育实施机制，对我国高校的创客教育具有一定的参考价值。本章中所涉及的三所不同类型的美国高校在创客教育实施过程中形成了不同的发展模式，但可以发现，其在创客教育的实施中也存在共同的优势策略，优化创客课程和活动体系、构建创客教育资源的合作共享机制并推进创客教育和创新创业教育体系的融合仍然是每所高校共同强调的重要事项。

（一）对创客教育不同实施模式的比较分析

从三所不同类型的美国高校所选择的创客教育实施模式可以看到，由于三所高校在教育目标定位、原有优势资源等方面存在差异，其选择的创客教育实施策略也截然不同。建校于 1861 年的麻省理工学院在创立之初便被定位为一所注重实用性工程技术的具有职业取向的学校，而在后续一百多年的办学历史中，麻省理工学院成为将基础理论科学和工程技术成功融合的典范，其对创新、创造以及由此衍生的知识商业化的创业的重视已经深深地融入于学校的发展过程中。诞生于麻省理工学院的享誉世界的开放式实验室——微观装配实验室被视为国内外创客空间的原型，对世界各国的创客教育影响深远。因此，依托学校原有的专业实验室和工程技术中心，麻省理工学院选择成立整合校内外创客资源的项目管理平台，系统有

---

① Carol Pepper – Kittredge, "Finding Middle Q: Sierra College's Public – Private Makerspace Partnership as a Strategy for Workforce Development," ISAM Conference, 2019.

序地对不同院系以及不同学科下的创客教育资源进行整合与链接，构建覆盖全校的创客教育生态体系。而作为一所公立研究型大学，加州大学河滨分校采用中心模式，以图书馆为中心构建新型创客空间，同时依托校内外强大的创新创业教育平台、来自各学科的优秀师资力量以及校内各学生社团组织共同创建创客教育的实施网络。与研究型大学不同，美国社区学院这一特殊的院校类型所固有的办学定位决定了社区学院更倾向于选取社区合作模式，建立与政府、企业合作的共赢模式。纵观社区学院的历史，可以发现，美国社区学院这一后中等教育机构自诞生以来便一直秉承为地区/社区利益服务的信念和使命。美国总统杜鲁门委员会在 1947 年有关高等教育的报告中正式将"初级学院"更名为"社区学院"，该报告认可社区学院服务当地社区教育的职能，并指出"无论社区学院拥有何种形式的组织或不同时限的课程，它的主要特点仍是与它所服务的社区建立紧密联系"。① 这种根植于社区学院的"服务社区"的历史使命决定了在实施创客教育的过程中，社区学院往往优先考虑紧密结合区域产业，与其他社区组织共享资源和联动合作，共同推进当地社区的创客教育发展。

随着我国"大众创业、万众创新"的深入推进，创客教育越来越被高校所认可，成为培养创新创业型人才的重要途径。在创建创客空间及实施创客教育的过程中，我国不同类型的高校可依据自身的办学定位对校内外优势资源实现不同途径、不同模式的整合。比如，在理工类学科领域具有优势地位的研究型大学可以整合校内原有的工作车间、制造空间或工科实验室，构建覆盖全校的创客教育资源网络，为学生提供释放创新潜力的学习空间，促进创客文化在高校的发展。综合性研究型大学可以依靠专业教学与科研资源，以图书馆为中心创建以教育、交流与共享为特征的创客空间，利用图书馆原有的数字资源和服务体系融合理工类、人文社科类学科，满足不同专业学科学生对创客活动的需求。而应用技术类大学或高职院校可以紧密结合区域产业发展，与商业化的社区创客空间建立合作机制，充分发挥高校与社区创客空间双方的优势，在为高校学生提供创客教

---

① M. Griffith and A. Connor, *Democracy's Open Door: The Community College in America's Future*, Portsmouth, NH: Boyton/Cook, 1994, p. 93.

育的同时也推动社区创客文化的发展，实现合作共赢的良好局面。事实上，各高校在推进创新和创客教育的过程中也可以不依据某一单一形式的实施策略，而立足自身办学定位，整合内外资源，采用多样化路径推进创客教育的实施。

（二）　美国高校创客教育实施的优势策略

1. 创建多样化创客课程，激发学生的创新潜力

美国高校开展和实施创客教育通常具有两个视角：其一是"创客的教育"，旨在培养专门化的创客人才；其二是"创客式教育"，这是一种基于创客理念且面向全体学生的教育，旨在应用创客的教育理念和方式改造原有教育体系，培养学生的创客素养和实践能力。[①] 这种视角也体现在美国高校创客教育课程的设置上，一般而言，高校创客教育课程可以划分为两类。一是专门的创客教育课程，由专业化的指导老师或技术人员教授。如麻省理工学院针对从本科新生到高年级学生所采取的系统化训练，或是"塞拉—黑客实验室"为参与者提供的由易到难的创客教育课程。二是依托专业学科，将创客教育整合于常规学科课程，为不同学科的学生提供动手实践的创客教育体验。如加州大学河滨分校在推进创客教育过程中尝试与人类学、地理学科等非 STEM 学科教师合作，开展基于创造的学习，激发不同学科学生的创意想法，培养具有创新意识和创造能力的学生。

国内高校在建设创客教育课程体系的过程中，一方面可以通过开设专门的创客课程推进创客教育，这类课程既可以借鉴麻省理工学院培养新生的成功经验开设向所有本科新生开放的公共基础课程，也可以尝试开设专业化程度更高、难度更大的创客教育课程，以选修课形式向有更高需求的学生开放，如塞拉学院开设的旨在培养高级创客的有关机器人制作的课程。另一方面，高校可以鼓励创客空间与各院系进行跨学科的团队合作，支持高校教师利用创客空间的技术设备与工具进行创新性和突破性的课程建设，为来自各学科各领域的学生提供更多与创客相关的学习机会，拓宽

---

① 王佑美、陈赟安：《从创新到创业：美国高校创客空间建设模式及启示》，《中国电化教育》2016 年第 8 期。

学生的认知层面，激发学生的创新活力。

2. 注重内外联动，实现从创客到创业的转化

创新和创业对于国家和区域的经济发展与活力至关重要，而随着创客运动逐渐从一种边缘和小众的个人爱好发展成为一种引人瞩目的生活方式，创客空间这一创客聚集场所也被认为能够提供一个灵活且具有创造性的环境，既有利于创新，还能在成员将想法转变为现实产品时提供支持。因此如何利用创造的强大动力更好地培养创新创业型人才，以及如何实现从创客到创业的转化成为美国不同类型高校推进创客教育的核心议题。从麻省理工学院、加州大学河滨分校以及塞拉学院推进创客教育与创新创业教育协调融合的举措来看，注重内部跨学科及多领域的融合，同时强调与外部政府机构、产业部门或其他教育部门等组织的联动成为三所高校共同采用的重要路径。比如，麻省理工学院重视与商学院的合作，共同创建创客空间，同时为来自商科和工程学科的学生提供对话和交流的平台，实现创客与创业者的对接与交流。加州大学河滨分校将校内创客空间与高校创业园、社区创业平台、孵化园区等平台连为一体，形成从创客到创业的生态体系，形成创客教育空间、学校创业教育平台以及社会创业环境相互融合并依存的有机整体。塞拉学院更是将创客教育直接与社区创客空间及社区创业资源相互连接贯通，形成从创新创意实践到创业转化的直线型路径。

国内高校在建设创客空间推进创客教育的过程中，可以借鉴美国不同类型高校的实践经验，一方面重视跨学科的合作，统筹校内优势资源将创客文化和创造活动纳入高校已有的创新创业教育体系；另一方面加强与政府、社会企业、社区创客空间等组织的合作，利用社会创客与创业资源，尝试推动创客项目向创新创业项目转化。

第六章　中国高校创客教育的现状
及未来展望问题

　　创新是一个国家可持续发展的动力之源，高校大学生创新能力的培养状况也是一个国家高等教育发展程度的重要衡量指标。随着创客运动在世界范围内日益勃兴以及创客对社会经济等诸多方面所产生的积极影响得到广泛认同，创客以及创客教育逐渐得到政府、高等教育机构及其他社会组织和个人的持续关注。在教育领域，学者普遍认为通过开展创客教育可以驱动学生主动探究和分享交流，发现问题并解决问题，能够帮助学生培养创新、批判等高阶思维能力和团队合作意识。创客教育对高校大学生这些能力的提升作用不仅对学生个人有重要意义，而且对社会和国家都起到了极其重要的作用。创客教育所培养的创新型人才是当前国际竞争的重要基础，在很大程度上影响着一个国家或地区能否成为创新型国家或地区及其在世界人才市场上的话语权。基于创客教育对学生创新能力提升、对创新人才的培养和对社会经济的推动等方面的显著作用，世界主要发达国家的众多高校，甚至图书馆、政府部门和产业界开始通力合作，开展创客教育。例如，在美国，创客空间数量快速增长，质量也得到了翻天覆地的提升，创客空间不再是个体技术掌握者的专属，也成为高校、企业、图书馆、博物馆等组织发展的一项重要内容。[①]

---

① 王志强、杨庆梅：《美国教育创客空间的发展逻辑、核心议题与未来展望》，《比较教育研究》2019 年第 7 期。

第一节　我国高校创客教育的发展历程及特征

一　我国高校创客教育的发展历程

创客教育起源于 20 世纪下半叶美国等发达国家兴起的创客运动，是创客运动和创客文化在教育领域的显现。与美国和欧洲等发达国家或地区相比，我国创客教育发展相对滞后。直到世纪之交，创客运动才传入我国，出现少量分散的创客。2010 年上海"新车间"的建立推动着国内创客运动的勃兴，其逐步走向大众视野，创客群体开始聚集并在全国多地建立创客空间。从 2015 年李克强总理参观深圳柴火空间，到十二届全国人大三次会议将"创客"写入政府工作报告，"创客"这一概念得到广泛普及，创客运动逐步受到社会各界关注并引起了热烈讨论。例如，教育部在《关于"十三五"期间全面深入推进教育信息化工作的指导意见（征求意见稿）》中就明确提出，要"推进信息技术在日常教学中的深入、广泛应用，有条件的地区要积极探索新技术手段在教学过程中的日常应用，有效利用信息技术推进'众创空间'建设，探索 STEAM 教育、创客教育等新教育模式，使学生具有较强的信息意识与创新意识，养成数字化学习习惯，具备重视信息安全、遵守信息社会伦理道德与法律法规的素养"。[①] 在经济转型升级的关键时期，创新是解决当前我国经济发展瓶颈问题的重要手段，而对创新型人才的重要构成——创客的培养则是创新活动的根本。因此，各级政府尤其重视创新活动的开展和创客人才的培养，出台了一系列促进创新和创客发展的政策文件（见表 6 - 1）。

[①] 《教育部办公厅关于征求对〈关于"十三五"期间全面深入推进教育信息化工作的指导意见（征求意见稿）〉意见的通知》，中华人民共和国教育部网站，2015 年 9 月 2 日，http：//www. moe. gov. cn/srcsite/A16/s3342/201509/t20150907_206045. html。

表 6 - 1 我国关于创客空间、创客教育的文件

时间	相关事件/政策文件	相关内容	发文单位
2015 年 3 月	《国务院办公厅关于发展众创空间推进大众创新创业的指导意见》	提出"大众创业、万众创新",为高校创客教育的开展提供了政策基础	国务院办公厅
2015 年 5 月	《中国制造 2025》	将创新摆在制造业发展全局的核心位置,提出创新驱动发展,注重培养学生的创新意识和创造能力	国务院
2015 年 6 月	《国务院关于大力推进大众创业万众创新若干政策措施的意见》	要求"做大做强众创空间,完善创业孵化服务"	国务院
2015 年 9 月	《发展众创空间工作指引》	进一步明确了众创空间功能定位、建设原则、基本要求和发展方向,以指导和推动全国各地的众创空间建设	科技部
2015 年 9 月	《关于加快构建大众创业万众创新支撑平台的指导意见》	提出要建立平台支撑创新,加大对创业创新活动的引导和支持力度	国务院
2016 年 3 月	《教育部教育装备研究与发展中心 2016 年工作要点》	加强创新创造教育研究,贯彻"双创"要求,为创客教育装备支撑,培养学生的创新能力、综合设计能力和动手实践能力	教育部
2016 年 5 月	《国家创新驱动发展战略纲要》	提出学校要逐步开展创客教育,培养创客文化,要"推动创客文化进学校,设立创新创业课程,开展品牌性创客活动,鼓励学生动手、实践、创业"	国务院
2016 年 6 月	《教育信息化"十三五"规划》	提到"有条件的地区要积极探索信息技术在'众创空间'、STEAM 教育、创客教育等新的教育模式中的应用"	教育部
2017 年 2 月	《教育部教育装备研究与发展中心 2017 年工作要点》	提出要关注 STEM 教育和创客等对教育发展的影响,在学校开展创客活动	教育部
2017 年 3 月	《山东省学校创客空间建设指导意见》	提出系列政策促进学校、学生素质教育和创新教育的全面发展。根据规划,2018 年底,全省所有学校都将建立学校创客空间,而创客教育、跨学科学习(STEAM 教育)等新兴教育模式将逐渐在学校普及	山东省教育厅

续表

时间	相关事件/政策文件	相关内容	发文单位
2017 年 10 月	《南京市全民科学素质行动计划纲要实施方案（2016—2020 年）》	提出"十三五"期间将在全市建设 100 所创客教育实验学校，建设有本校特色的科普实验基地，90% 的学校建立不少于一个项目的科技教育创新实验室	南京市人民政府办公厅
2018 年 2 月	《2018 年教育信息化和网络安全工作要点》	推进信息技术在教学中的深入普遍应用，开展利用现代信息技术构建新型教学组织模式的研究，探索信息技术在众创空间、跨学科学习（STEAM 教育）、创客教育等教育教学新模式中的应用，逐步形成创新课程体系	教育部
2018 年 3 月	《教育部教育装备研究与发展中心 2018 年工作要点》	表明积极探索新理念新方式，持续关注 STEAM 教育和创客等对中小学教育、课程发展的影响，开展移动学习、虚拟现实、3D 打印等技术在教育中的实践应用研究	教育部
2018 年 4 月	《教育信息化 2.0 行动计划》	完善课程方案和课程标准，充实适应信息时代、智能时代发展需要的人工智能和编程课程内容。推动落实各级各类学校的信息技术课程，并将信息技术纳入初、高中学业水平考试	教育部
2018 年 2 月	《山西省基础教育信息化"十三五"推进意见》	提出开发创新教育课程，将培养学生的创新精神与实践能力作为重点，以项目学习方式积极推进创客教育、STEAM 教育和机器人教育，开展创新教育模式实验研究，每市至少建设 3 所创新教育基地学校	山西省教育厅
2018 年 3 月	《省委高校工委、省教育厅 2018 年工作要点》	提出推进教育信息化，加强中小学创客教育指导	中共湖北省委高等学校工作委员会、湖北省教育厅
2018 年 3 月	《陕西省教育信息化建设三年行动计划（2018—2020 年）》	强调要进行信息技术条件下的基础教育教学创新，深化教育改革。提出有条件的地区要积极探索信息技术在"跨学科学习"（STEAM 教育）、创客教育等新的教育模式中的应用	陕西省教育厅

在各级政府的支持和鼓励下，高校作为知识生产中心和高素质人才培养的重要地点受社会创客运动和各级政府政策的影响逐步关注创客和重视培育学生创客，很多高校都创建了创客空间、众创空间、创新活动中心等

创客教育实践平台，建立并完善了相关机制体制以发展创客教育。例如，清华大学、温州大学、深圳大学等高校相继创建创客空间对学生进行有针对性、有选择性的创客技能培训和创客理念教育。为建立跨界协作桥梁，提高动手创造能力，鼓励学生发扬创新实践精神，积极创造，勇于创业，清华大学早在 2013 年就建立了清华创客空间，并以"动手创造、思想碰撞、跨界协作、创业实践"为其社团宗旨，成立至今，清华创客空间已有超过 1000 名注册会员，1/3 来自非工科专业，已举办超过 100 场活动，超过 40000 人参与，覆盖了校内及校外的人群。① 而且，清华大学还将每年 11 月的最后一个周六定为"清华创客日"，邀请来自全球的创客团队参加创客竞赛、创客作品展览和创客论坛。例如，2018 年 11 月 24~25 日，清华大学就成功举办了"2018 清华大学'创客日'暨'创响中国'活动"，中国科协企业创新服务中心主任郑浩峻在活动中提出，"未来中国社会的发展与科技的进步需要具有跨学科背景的创新型人才，高校要发挥创客教育驱动创新的重要作用"。② 部分高校甚至还成立了跨地区、跨学校的创客教育组织，相互交流合作，共同举办创客活动，相互分享创客教育发展模式、创客教育课程和创客活动，以推动高校创客教育的发展，创客教育在我国高校场域已呈现大众化、普遍化趋势。

二　我国高校创客教育发展的特征

尽管我国高校创客教育起步晚，发展历史较短，但是，我国高校创客教育在政府的鼓励下发展迅速，在不到 10 年时间里全国大多数高校都已建立创客空间或大学生创新中心。一方面，这是因为各级政府的大力支持，中央和地方政府通过颁布一系列的政策文件来鼓励、引导和支持高校发展创客教育和建立创客空间，推动着高校创客教育体系得以迅速建立起来；另一方面创客教育所倡导的创新创造、"从做中学"等教育理念和创客教

---

① 清华创客空间官网，2019 年 12 月 30 日，http：//www.thumaker.cn/。
② 《2018 清华大学"创客日"暨"创响中国"活动举办》，清华大学新闻网，2018 年 11 月 30 日，http：//news.tsinghua.edu.cn/publish/thunews/9649/2018/20181129095941221878832/20181129095941221878832.html。

育所需要的培养学生创新创造能力、推动科技创新、促进创新成果转化等功能符合当前我国经济结构转型升级和培育创新型人才这一社会现实，适应了时代发展的潮流。这是我国高校创客空间得以迅速发展的两点关键因素。从我国高校创客教育发展的历程来看，主要呈现以下几个特点。

第一，创客、创客运动和创客教育起源于欧美等发达国家，是舶来品，但是在引入中国后其发展逐渐走向"本土化"和"中国化"。例如，美国研究者所理解的创客教育，注重通过创设一定的学习与体验环境，培养学生的参与感、认同感、合作意识，追求公平公正的价值导向，从而建构起完善的人格与健康的心智。[①] 而且在创客教育理念上，欧美等国家的创客教育强调学生创客在创客空间中，通过熟练掌握和运用技术设备，创造出新的东西，将创意转化为产品，以此来解决实际问题。而我国高校创客教育更加强调对创客精神的形塑，更加强调通过完善课程、师资、管理、技术设备等要素来建立功能齐备的创客教育体系，以实现创新人才的培养。

第二，我国高校创客教育的发展历程具有层次性和阶段性，首先将部分东部发达地区高校作为试点高校，通过一段时间的实践检验，再逐步面向其他高校进行推广，各高校相互学习，实现借鉴式发展。通过这种方式发展创客教育，一方面能够实现创客教育的"本土化"，对创客教育发展过程中出现的问题提出"中国对策"，后期的相互学习借鉴能够实现高校创客教育的快速发展；另一方面又导致各高校创客教育单一化问题严重，很多高校没有根据地区实际开展创客教育，因此对所在地区影响力有限。这种发展也呈现不平衡性。例如，部分地区的高校创客空间不具备创客空间的特质，仅仅是将学校工程训练中心等进行简单改造。因为现阶段我国高校创客空间的建设基本都是相互借鉴的，具有较强的同质性，东部沿海地区高校创客空间能够得到地方政府、学校和社会的广泛支持，但是其他地区的高校创客空间缺乏足够的人财物支持面临严重的生存和发展问题。

---

① 王志强、杨庆梅：《美国教育创客空间的发展逻辑、核心议题与未来展望》，《比较教育研究》2019 年第 7 期。

第三，我国高校创客教育的发展不同于美国高校，美国高校创客教育的参与主体比较多元，高校在开展创客教育过程中，有意引入政府、企业、科研机构等社会力量广泛参与，邀请资深创客和产业界人士担任创客教师，吸引社会资源共同致力于创客空间建设和发展，推动各个参与主体双向甚至多向互动。但是，我国高校创客空间的发展基本由行政主导，缺乏主体多样化，政府机构或学校部门提供资金、设备、人力保障，这就导致我国高校创客空间的发展受行政干预的可能性更大，这样对高校创客空间的长远发展会有抑制作用。

第二节　我国高校创客教育的发展现状

经过近十年的发展，我国高校创客教育取得了显著成就，全国高等院校基本都已建立了比较完善的组织管理和运营体系，成立了专门的组织机构负责创客教育的开展和创客空间的运营，在创客教育机制体制、创客教育课程和教学、创客教育师资、创客教育活动等方面都取得了长足进步，并积极探索出了适合各高校实际的创客教育发展体系。但是，我国高校创客教育也面临资金欠缺、设备老化、课程与教学滞后、师资队伍质量不高、创客文化氛围不浓、产学研协同创新育人不强等突出问题和挑战。

一　我国高校创客教育取得的成就

（一）各级政府的支持为我国高校创客教育的开展创造了良好的政策和社会环境

中国的社会是政策导向型的社会，政策支持与否在很大程度上影响着一个领域或事业的发展。在经济转型的关键时期，创新驱动发展成为政府促进经济增长的焦点。因此，从中央到地方，各级政府逐渐重视创客创新对经济的驱动作用，先后出台了一系列鼓励创新和推动创客教育在各级各类学校发展的政策文件，并设立专项资金进行政策扶持，倡导高校根据实际情况面向全校师生开展创客教育，建设高校创客空间，发展创客文化。例如，2015 年 3 月发布的《国务院办公厅关于发展众创空间推进大众创新创业的指导意见》，提出"顺应网络时代大众创业、万众创新的新趋势，加快发展众创空间等新型创业服务平台，营造良好的创新创业生态环境，激发亿万群众创造活力，打造经济发展新引擎"；[①] 2015 年 9 月，科技部发布了《发展众创空间工作指引》，进一步对发展众创空间的目的意义、基本原则、主要特征、建设条件、服务功能和保障措施等进行了界定，提出要"加强与高新技术产业开发区、科技企业孵化器、大学科技园、高校、科研院所及第三方科技服务机构的全面对接"。[②] 这一系列政策举措为创客教育在全国范围内的蓬勃开展营造了良好的社会和政策支持环境，推动着高校创客教育的开展。

另外，地方政府也根据国家发展战略并结合本地实际情况，制定了相关的推动创新创业、建设创客空间和发展创客教育的政策鼓励措施，或者是发起实施相关项目来推动高校创客教育发展。例如，山东省教育厅颁布《山东省学校创客空间建设指导意见》，提出"牢固树立和贯彻落实创新、协调、绿色、开放、共享的发展理念，以培养学生的创新精神和实践能力为切入点，以提升学生的核心素养为目标，以学校创客空间建设为着力点，积极推行创客教育、跨学科学习（STEAM 教育）等新兴教育模式在学校的普及应用，逐步形成优质高效的创客生态体系，为实施'大众创业，万众创新'国家战略培养创新人才"。[③] 这一系列的举措，一方面为创客教育开展提供了政策指引、政策支持和保障，另一方面，政府在全社会鼓励创新创造为创客教育的开展营造了良好的社会环境和氛围。

---

① 《国务院办公厅关于发展众创空间推进大众创新创业的指导意见》，中国政府网，2015 年 3 月 11 日，http：//www. gov. cn/zhengce/content/2015 - 03/11/content_9519. htm。

② 《科技部关于印发〈发展众创空间工作指引〉的通知》，中国政府网，2015 年 9 月 8 日，http：//www. most. gov. cn/mostinfo/xinxifenlei/fgzc/gfxwj/gfxwj2015/201509/t20150914_121587. htm。

③ 《关于印发山东省学校创客空间建设指导意见的通知》，山东省教育厅（省委教育工委）网站，2017 年 3 月 15 日，http：//edu. shandong. gov. cn/art/2017/3/15/art_11990_7738935. html。

（二）各高校基本建立了功能完善的创客教育管理体制和运行机制

高校创客教育管理体制，是高校在创客教育活动中创客领导小组、创新创业学院、创客导师、创客空间、学生创客等各创客教育构成要素之间的层级性的关系及其组织结构和机构设置。而运行机制，则是在管理体制的框架之下具体的、规则性的、动态的工作方式。完善的体制机制是高校创客教育发展的制度前提，决定着高校创客教育能否发展和发展的程度。高校在政府和社会各界的引导和推动下，逐渐重视对学生进行创客教育，高校之间相互学习，相互借鉴创客教育的经验，进行了一系列大刀阔斧的校园体制机制改革，着重强调建立专门的组织机构推进高校创客教育工作。例如，建立创客教育领导小组，成立创新创业学院，组建高校创客联盟，建立高校创新中心和创新成果转化基地等。这些组织机构的设立及其功能的逐步完善对高校师生参与创新创客活动、加强对创客活动的引导和管理起到了极大的推动作用，并在高校内部营造了良好的内涵丰富的文化环境，为创新人才的培养和创客创新活动的开展提供了制度保障和边界规制。到目前为止，全国多数高校基本都建立了创新创业二级学院，或设立了创新创业中心和创客空间（众创空间），专门负责学生的创客教育和管理创客活动，相应的规章制度也基本建立并得以施行。以温州大学为例，2000 年温州大学就开始了对创新创业教育的探索，2007 年建成大学生创业园，2009 年组建全国最早的处级建制、实体运作的创业人才培养学院，2014 年设立温州大学众创空间。① 温州大学注重顶层规划，确定了新时期学校创业教育基本框架和发展目标，制定了《"十三五"创业人才培养专题规划》《温州大学创新创业教育改革实施方案》《温州大学创业学院建设试点工作方案》等顶层规划文件，出台《温州大学创业教育创新行动计划》，将创业教育纳入人才培养体系，提出了"立足区域、分层分类、深度融合、协同递进"的创新创业教育理念，明确了"重实践、强创新、能

---

① 温州大学创新创业学院官网，http：//edu. shandong. cn/art/2017/3/15/art_11990_7738935. html。

创业、懂管理、敢担当"的高素质应用型人才培养目标，建立了分层分类、深度融合的创新创业教育新体系。还有一些高校为提高创客教育开展的效率，成立了由校长或副校长直接领导的创客教育发展委员会或创客教育领导小组，直接负责高校创客教育、创客空间的发展以及创新创业学院的管理、运营。这种扁平化的组织体系和管理结构缩减了行政层级，具有较强的独立性，使得创客教育的行政工作效率大幅提高。

（三）创客品牌活动逐渐增多，社会影响力得到逐步提升

创客教育不同于传统的教育，创客教育强调体验式教学、项目教学，融合了"创造中学"的学习理念。因此，在创客教育的过程中，创客活动发挥了重要作用，是创客教育的重要内容，也是创客空间的核心。高校通过举办各种创客活动或积极支持本校学生参加各种大型创客活动，激励学生更加积极地思考创新，并将创意通过动手操作创造出实品，进而在各种创客活动中分享创新成果，促进学生创客与具有不同经历、不同知识背景和不同领域的人之间的交流，开阔其视野，改进其创新成果的不足。对学校而言，创客活动能够强化创客文化氛围，提升学校的知名度和影响力。因此，很多高校的创客教育以高校创客空间为基地，组建创客团队，举办或参加各种创客竞赛，通过开展创客教育的竞赛活动，坚持以赛促学、以赛促教、以赛驱创，进而达到培养学生创新精神、提高创造能力和增强创业意识的目的。

当前，高校为帮助学生培养创客意识和创客精神以及在高校文化圈内发展独特的创客文化，基本都开展了丰富的创客文化活动，打造出了各个高校独具特色的品牌。例如，举办创新创业文化活动周，将该年度高校的创新成果展现给全校师生，树立创新创造模范，激发学生的创新创造愿意。经过多年的发展，很多高校已经形成具有校际特色的品牌活动，例如，清华大学的"创意周末"，浙江大学的"紫金创新产业投资论坛"和主题性创客大赛。高校还积极响应政府和社会组织的区域性、全国性甚至是世界性的创客活动，派出校内优秀创客团队参加各级各类竞赛。一方面将学生创客的创新成果推广和商业化，从而取得经济价值；另一方面则是塑造浓厚的创客文化，激励高校师生积极创新和创造。很多高校为了能在国际创客品牌活动中取得成绩，甚至创建了高校创客联盟，招揽各种跨领域、跨专业、跨地域的学生创

客，以联盟的形式参与国内或国际型的创客大赛。

目前，令人瞩目的创客大赛有"中美青少年创客大赛"、"创客中国"创新创业大赛、"平和创客"创新创业大赛、金砖国家创客大赛、"中国创新创业大赛"、"创响中国"、"全国双创活动周"以及面向高校学生的"挑战杯"大赛、"中国创客大赛"，同时还有广州女性创客（创新创业）大赛、羊城"科创杯"等特定群体和区域性的创客大赛。目前我国高校创客大赛取得较大成就，通过创客大赛推动了创新人才的培养和创新成果的转化，而且，各种创客大赛的规模和层次也逐年扩大和提升。以中国"互联网＋"大学生创新创业大赛为例，该赛事是我国深化创新创业教育改革的重要载体，为大学生实现创新创业梦想打开了一扇美丽的天窗。五年来，大赛累计有 230 万个团队的 947 万名大学生参赛，上了一堂"最大的创新大课"。在 2019 年 10 月举办的第五届中国"互联网＋"大学生创新创业大赛中，就有来自全球五大洲 124 个国家和地区的 4093 所院校的 457 万名大学生（不包括萌芽板块 182 所高中学校）以及 109 万个团队报名参赛，参赛项目和学生数接近前四届大赛的总和，其中，国际赛道有来自 120 个国家和地区的 1153 所院校的 6000 多名大学生参赛。[①]为深入贯彻习近平总书记给第三届中国"互联网＋"大学生创新创业大赛"青年红色筑梦之旅"大学生的回信精神，100 万名大学生、23.8 万个创新创业项目踏上"青年红色筑梦之旅"，对接农户 74.8 万户、企业 24204 家，签订合作协议 16800 余项，产生经济效益约 64 亿元。[②]3 年来，累计 170 万名大学生踏上"青年红色筑梦之旅"，扎根中国大地，了解国情民情，坚定理想信念，锤炼意志品质，助力精准脱贫扶贫和乡村振兴。同时，创客品牌活动"以赛促创"效果尤为显著，孵化出许多高质量创业项目。对中国"互联网＋"大学生创新创业大赛前四届获得金银奖的 528 个项目的调研数据显示，创意类项目赛后成立公司的有一半左右完成融资，19% 的项目完成 5000 万元以上的融资；实践类项目 2018 年的年收入在 5000 万元以上的占

---

① 《第五届大学生创新创业大赛 457 万人参赛创历史新高》，《新京报》2019 年 10 月 10 日，https：//baijiahao. baidu. com/s？id＝1646986553438976236&wfr＝spider&for＝pc。

② 《中国"互联网＋"大学生创新创业大赛：创新创业的实践课》，中国经济网，2019 年 10 月 12 日，http：//district. ce. cn/newarea/roll/201910/12/t20191012_33325158. shtml。

比为 13%，最高的项目年收入突破 2 亿元。①

（四）创客教育有力地推动了高校教育体制改革和人才培养模式的创新

创客教育是新时期高校人才培养模式的新探索，是高等教育机构主动适应、积极回应时代呼唤的创新、深化，其本质是培养具有创新意识、创新思维、创新能力和实践操作能力的人。近年来，高校通过完善体制机制、建立创新创业基地、举办创客活动、进行创客空间建设等一系列措施发展创客教育，有力地推动了高校教育体制改革和人才培养模式的创新，高校创客教育在创新创造和培养人方面取得了较大成就。

当前，各大高校创新创业教育改革已延伸到课程、教法、实践、教师等人才培养的各个重要环节，实现了知识教育、能力培养、素质养成的有机结合，有效促进了学生的全面发展。2018 年初，教育部发布了《普通高等学校本科专业类教学质量国家标准》，明确了各专业类创新创业教育目标要求及课程要求。截至 2018 年底，全国高校开设创新创业教育专门课程 2.8 万余门、上线相关在线课程 4100 余门，创新创业教育专职教师近 2.8 万人，校内创新创业实践平台达 1.3 万个。② 此外，全国共有 9.3 万余名各行各业优秀人才走进高校，担任创新创业指导教师。为引领高校创新创业教育改革走向深入，教育部还会同国家发展改革委建设了 19 个高校双创示范基地，设立了 200 所深化创新创业教育改革示范高校，建立了全国万名优秀创新创业导师人才库，首批入库 4492 位导师。同时，教育部依托国家级精品在线开放课程建设项目，推出了 52 门创新创业教育精品慕课，会同国务院发展研究中心建立了创新创业教育质量评价体系。

上述措施带动了我国高等教育理念更新、人才培养机制创新、教学管

---

① 《中国"互联网＋"大学生创新创业大赛举办五年》，中华人民共和国教育部网站，2019
  年 10 月 2 日，http：//www. moe. gov. cn/fbh/live/2019/51300/mtbd/201910/t20191012_402
  886. html。
② 《全国高校广泛开展创新创业教育——种下追逐梦想的种子》，新华网，2019 年 10 月 27
  日，http：//www. xinhuanet. com/politics/2019－10/27/c_1125157000. htm。

理制度革新，有力推动了高校人才培养模式改革。通过课堂教学、项目演练、创客活动和创客竞赛等方式把创新创客教育融入高等教育各环节、人才培养全过程，推动人才培养模式实现了两个转变。一是实现了从就业从业教育到创新创业教育的转变，以创新引领创业、以创业带动就业，形成高校毕业生更高质量创业就业的新局面；二是实现了人才培养机制的转变，通过创新创业教育，打破了学科专业、产业学校的壁垒，产生了令人欣喜的"破壁效应"，实现了多学科交叉融合、跨学科学习、校内外协同。目前，协同育人呈现新格局，学科专业调整机制不断健全，教学管理制度体系更加完善，实践能力训练更受重视。如今，部部、部校、校校、校企、校所等各种渠道的协同育人模式更加成熟，产学研用结合更加紧密，系列卓越人才教育培养计划已覆盖 1000 余所高校、惠及 140 余万名学生。① 2018 年，教育部印发"新时代高教 40 条"，启动实施了"六卓越一拔尖计划 2.0"，在工程、法治、医学、农林、新闻、教师以及基础学科领域大力培养卓越拔尖人才，引领新时代高等教育改革创新。同时，高校逐步开展和实施弹性学制实验，甚至很多高校已经全面推广，通过学分制来完善高校创客教育的协调性和灵活性，同时加大在线课程的建设力度，实现网络创客课程的开放化，进而激发高校师生的创新创造能力。释放活力的同时，也更重视增强学生实践能力，教育部因此提出了要深入实施"国家级大学生创新创业训练计划"，倡导以学生为主体开展创新性实践。2019 年 10 月 10 日，教育部举行"介绍深化高校创新创业教育改革及中国'互联网＋'大学生创新创业大赛以赛促创、以赛促教有关情况"的发布会。教育部高等教育司司长吴岩在会上明确提出，2019 年，该计划共有 118 所部属高校、932 所地方高校的 3.84 万个项目立项，参与学生人数共计 16.1 万人，项目经费达 5.9 亿元，有效提升了大学生的创新创业实践能力。②

---

① 《创新创业教育汇聚中国新动能》，中华人民共和国教育部网，2019 年 10 月 10 日，http://www.moe.gov.cn/fbh/live/2019/51300/sfcl/201910/t20191010_402406.html。

② 《介绍深化高校创新创业教育改革及中国"互联网＋"大学生创新创业大赛以赛促创、以赛促教有关情况》，中华人民共和国教育部网站，2019 年 10 月 10 日，http://www.moe.gov.cn/fbh/live/2019/51300/。

二　我国高校创客教育面临的挑战

（一）高校创客教育师资力量面临严峻挑战

创客教育师资力量的强弱极大地影响着高校创客教育教学水平。创客教师与传统意义的教师不同，具有特殊性。一方面，在创客教育过程中，教师更多的是扮演协助者和引导者的角色，而不是知识的传播者，教师通过引导学生探究问题、发现问题并动手解决问题的过程需要创客教师把握教学的度，把握学生的实际能力，激发学生探究新知的动力和想象力。另一方面，创客教师是创客教育项目教学的设计者、领导者，面对开放式、松散型的教学形式，教师不仅需要增强课堂教学的管理能力，而且由于教师的"备课""说课"需求减少，需要教师广泛掌握计算机、物理、编程、机械等多门学科的知识并能够熟练运用相关原理来解释实验现象和设计相关课程，以此来应对学生的求知欲。同时，创客教师需要将学校已有的创客教育资源进行有效整合，并结合其自身的学科背景、创意想法，根据学生知识结构来设计课程，这就要求教师必须具备较强的科学创新意识、动手操作能力和创新教学能力。总之，在创客教育教学过程中，不仅要求创客教师成为跨学科的优秀教师，而且需要成为一名资深创客。

对创客教师的这些特殊要求在很大程度上限定了优质创客教师的数量，导致了很多高校创客教育师资力量严重不足。这种不足既表现为"量"的不足，也表现为"质"的不高。第一，各高校创客教育教师数量不足，受过专业培训的创客教师数量更是严重不足，尤其在欠发达地区的高校，创客教育教师甚至由计算机网络技术、机械操作等单学科教师或行政人员担任。第二，创新创业学院师资力量严重不足，面对全校学生的创客教育课程和创客空间的创客活动，只能聘请一些教学质量一般的教师或让其他学科的教师代替进行教育教学，这些教师知识结构和学科背景比较单一，创客实践经验不足，动手能力较欠缺，没有创客意识和创客思维，更不具备创客能力和创客综合素养。例如，很多创业学院的教师并不具备工科教学背景，大多数是教育学、信息技术、机械等单科专业教师，面对创客教育的跨学科属性，很多教师都无法设计出具有技术含量和满足学生需求的创客项目，也无法融合多种学科进行授课教学，学生的技术问题也不能得以解决，导致很多创客空间成为少数学生的"自娱自乐"地点，创客教师无法指导学生。此外，很多高校的创新中心、创新创业学院等创客教育机构基本都设置了专门的创客行政人员对学校创客空间、创客教学等进行管理，但是却没有设置专门的创客教师岗位或仅仅设置了较少数量的专业创客教师岗位。很多行政人员或其他相近学科的单科教师成为兼职创客教师，在没有接受过长期专门的创客教育培训的情况下就开展教学，无疑会导致高校创客教育质量不高，效果有限。因此，解决高校创客教育的师资问题是当前及往后一段时间高校创客教育发展的重要面向。

（二）高校创客教育教学演变为传统教学模式，教学质量不高

教学是学校教育的核心内容。创客教育的教学具有特殊性。第一，传统意义上的教学偏重通过教师讲授、学生学习来实现知识的传递，着重考查学生对基础知识和技能的掌握；而创客教育教学注重学生利用计算机、人工智能、3D 打印等新技术和新设备在团队合作、手脑互动、成果产出和分享的过程中达到动手实践能力的提升和创新思维的培养，通过发现问题、探究问题、解决问题的真实过程去培养和提升自己的沟通交流能力、创新能力、动手实践能力，注重学生的自我创造和个性发展。第二，不同于传统的教学形式，创客教育在教学内容设置方面主要围绕创新性、实践性、教育性等方面进行，尽可能让学生利用已有知识去实践和制造产品，在创作的过程中不断解决问题，解决问题的过程中不断学习新的知识。创客教育教学内容不仅仅集中于书本知识，更多的是无形的能力提升，围绕项目去学习，在实践中不断学习。第三，在教学组织形式上，创客教育教学不局限于单一的班级课堂授课制，倡导小组合作学习或自主探究学习。

实施创客教育要先转变传统的教学观念，改变教学方式，这还远远不够，创客教育的开展也需要对教学环境、教学目标、授课内容、授课教师等方面进行改进。但是，很多高校在创客教育开展过程中难以把握教学与课程问题，这就导致了各高校在创客教育教学过程中出现诸多问题，主要表现在以下几方面。第一，在课程教学方面，很多综合性创客课程涉及多

门理工学科知识或技能，尤其是涉及计算机编程、机械、物理等学科，对技术和仪器设备要求较高，导致很多高校创客教师无法胜任。因此，创客教育教学逐渐蜕变成传统的课堂灌输式教学，过于注重对知识的传授，在动手实践方面有所欠缺，这就导致了学生对创客教学课程提不起兴趣，学生创新思维得不到发挥。第二，由于创客教育以项目教学和设计教学为主要教学方法，教学内容具有开放性和跨学科性，很多高校创客教育教学没有固定的教材，缺乏校本教材，教学授课内容来源于网络慕课较多。第三，高校创客教育教学注重形式，教学内容质量得不到提高。一方面，高校创客教育以创客空间为基地，但很多高校的创客空间建设存在严重问题，设备不齐全或老化严重，创客课程仅是将通识课程或其他专业课程挪到创客空间上课而已，教学内容并没有得到变革；另一方面，高校创客空间资源有限，只有少量学生创客能够进入创客空间进行创新创造活动，而且还有时间限制，导致高校创客空间形同虚设。

（三）创客教育课程体系不健全，优质课程不足

课程是教育教学的承载主体，是实现教育目标的重要途径，是学生在学校身心得以发展的关键。优质的课程能够帮助学生建立系统的知识体系，起到提升素质的重要作用。创客教育的发展需要完善的课程体系指导，是创客教育从理念走向实践的着力点。换句话说，就是将创客理念融入创客课程中，进而作用于创客教育的各构成要素。创客教育课程具有特殊性，表现在以下两方面。第一，创客课程不具有单科属性，它是多学科知识和技能的融合。创客教育以项目教学法为主要教学方法，这就要求创客教师必须综合计算机语言、机械物理、电子信息等多学科知识或技能来设计教学课程及其内容。第二，创客教育课程具有实践导向性，纯理论、"填鸭式"的教学不是创客教育，动手实践是创客教育课程的重要特征，通过动手实践导出结论和归纳升华为理论，并在实践中运用理论，将创意与动手实践相结合，创造出新的东西。

当前，我国高校并没有统一的创客课程，各高校的创客教育教学以校本类课程为主，是学校结合本校实践和现有的教学条件开设的课程，这些课程的来源主要有：第一，对以往的信息技术课程、计算机语言课程、电

子机械课程或通用技术课程加以改造成为创客课程，这类课程具有较强的专业性，主要面向工学或理学学生，少量基础知识会吸收其他文科学科学生；第二，高校创客教师通过调研、访谈、培训等途径了解掌握其他高校开发的创客课程，因此模仿和借鉴其他高校的创客课程，这类课程主要通过案例教学、项目操练等方式着重培养学生创客意识；第三，高校创客教师或邀请校外专家并与之合作自主开发设计创客教育课程，这类课程在开发过程中会结合课程内容编写相应教材，具有很强的校本性。通过这些渠道，我国很多高校基本都开设了门类齐全的创客教育课程，适应了高校创客教育和学生创客学习的需求，但是我国创客教育课程存在较大问题，主要表现在以下几方面。第一，很多高校缺乏"接地气"的优质课程，课程设置脱离学生实际，没有根据学生的兴趣爱好、知识结构和能力发展水平来开发课程，现有课程要么是案例教学，内容过于简单，对学生没有挑战性，要么融入太多晦涩难懂的理论知识，学生学习困难。第二，由于创客教育具有较强的跨学科属性，很多高校以夯实创客教育的基础为由将某一单科知识作为创客课程，例如，将信息技术、机械原理、工程构图等学科课程作为创客课程。这类课程虽然被当作创客课程，但实际上并没有创客课程的跨学科属性或动手操作属性。第三，很多高校创客教育实践课程存在"成果导向"、"竞赛导向"和"过度技能化"的问题，忽视创客教育的本质，忽视创客教育对人的塑造作用，这种"只见技术不见人"的问题愈发严重。第四，很多高校都设置了不同类型的课程，但是没有在宏观层面形成一个完备的课程体系，很多创客课程流于形式，创客空间的课程仅面向部分在校学生，创客教育的整体受众面不广泛，对学生创客意识和创客能力的培养有限。第五，我国创客课程体系缺乏深度的优化与改革，主要由于创客教育课程需要跨学科知识进行整合同时融合信息技术，还要注重学科活动的实践性，锻炼学生的动手操作能力，对创客教师的专业素养以及创造能力提出更高的要求。一些学校开展创客实践活动，只是一时心血来潮，并没有形成一整套成熟且完整的体系，导致创客教育的开展缺乏有针对性的指导，缺乏对宏观课程的把控，容易出现虎头蛇尾的现象。

（四）创客教育实践与创客教育的本质发生偏离，对创客教育的错误认识仍旧存在

创客教育所追求的终极目标，是关于人的心智养成、创造力激发和价值观塑造。[1] 高校创客教育的本质是培养人，是以培养具有创新意识、创新思维和创新能力的人才作为主要使命的，并以此为目标建立相关的组织架构、体制机制和衍生出一系列体现其内在价值和独特意蕴的文化特征和环境要素的一种教育实践活动。高校所属性质、发展历史、创客教育发展程度高低、创客空间规模大小、创客课程体系构建完整与否等因素都不应偏离这一本质属性，创客教育必须是培养人的活动。但是，当前我国各高校在实践过程中逐渐偏离了这一"育人"本质，在创客教育过程中，逐渐强调创新和创造成果，逐步重视创新成果的商业价值，很多高校仍然将创客教育看作培养学生的"竞赛能力""赚钱能力""工作能力"的课外活动，是高校的"面子工程"，这也是很多高校在创客教育发展过程中致力于建设规模宏大、设备齐全、制度完善的创客空间，致力于成果的产出和鼓励学生创客团队参加各类创客大赛，并将其作为高校创客导师教学成果的关键评价指标。

2015 年，国家提倡"创新驱动发展"战略和"大众创业、万众创新"的目的是激发和调动全社会进行创新创业的热情，以推动社会就业、促进产业结构转型升级，从而为社会持续发展注入动力。这一系列的政策举措面向的是整个社会。高校作为培养人的场所，应该着力于创新人才的培养，而不是致力于追求创新成果和经济效益。而国内很多高校，不能把握其"育人"本质，片面强调创客教育的创新成果、创造成果、竞赛成果和创业成果，过于注重创客空间的项目产出和实践操作，忽视创客教育课程体系的建设、创客师资力量的提升、创客文化的形塑等工作，使得创客教育成为部分学生对创客空间的"探索"，缺乏系统的教学和专业的师资引导。在课程评价维度上，过于注重创客学生的竞赛成绩和专利成果，忽视创客教育对人的塑造作用，导致创客教育逐渐演变为创客培训或创业培

---

[1]　王志强、杨庆梅：《美国教育创客空间的发展逻辑、核心议题与未来展望》，《比较教育研究》2019 年第 7 期。

训，使得创客教育与其本质属性产生较大偏离。还有部分高校将创客教育当成学校和地区的"形象工程"，通过提供经费、场地和仪器设备来完善创客空间，招聘创客教师开展教学，但是学校并没有做好顶层设计和发展规划，对创客教育如何发展定位不清，并不清楚创客教育"为什么教"、"怎样教"和"教成什么样"，因此，在实践过程中毫无章法，创客空间的学习活动未能与学校教学活动相统一，偏离了创客空间建设的初衷，创客教育未能与学校教育有机融合。创客理念强调每位学生都能在创造中提高自我的创新能力，学校对创客理念认识和把握的缺失容易导致创客教育的发展局限化。很多高校在创客教育实践过程中，不断强化对部分学生创客的技能培训，但是这并不代表整个学校创客教育得到全面发展，也没有对学校的现有教育产生实质性的影响。很多高校甚至将各种创客大赛当作创客教育的目的，因此，创客教育就沦为少数创客教师对少数学生创客的专门培训，这些都违背了创客教育的本质。

（五）高校创客文化培育还处于"经验借鉴"阶段，缺乏"本土化"特征

为营造良好的创客文化氛围，国务院办公厅在关于创新创业的意见中指出："积极倡导敢为人先、宽容失败的创新文化，树立崇尚创新、创业致富的价值导向，大力培育企业家精神和创客文化，将奇思妙想、创新创意转化为实实在在的创业活动。加强各类媒体对大众创新创业的新闻宣传和舆论引导，报道一批创新创业先进事迹，树立一批创新创业典型人物，让大众创业、万众创新在全社会蔚然成风。"[①] 在各级政府的倡导和引导下，重点"双一流"大学、本科院校、专科职业院校甚至是其他各类师范院校和成人教育机构都开始注重对学生进行创客教育以及在校园内形塑创客文化。尽管创客教育在全国高校内得到了广泛推广，但是很多高校的创客教育和创客文化培育的措施都是对其他高校的"经验借鉴"，缺乏本校的"本土化"特征。这种"经验借鉴"通常是国内学者将国外高校创客教

[①]《国务院办公厅关于发展众创空间推进大众创新创业的指导意见》，中国政府网，2015 年 3 月 11 日，http://www.gov.cn/zhengce/content/2015-03/11/content_9519.htm。

育介绍到国内，国内部分一流高校借鉴试行，而后国内其他高校纷纷对这部分一流高校的创客教育模式进行经验借鉴和"照搬照抄"，形成了现阶段的全国各地高校创客教育"遍地开花"的局面。合理的经验借鉴有利于吸收其他高校创客教育的优点和弥补本校的不足，但是不加筛选地"引进来"必然会产生"不良反应"。经验借鉴必须以本校实际情况为依据，坚持"以我为主"的经验借鉴。例如，理工科院校的创客教育与综合类高校的创客教育有所不同，理工科院校更具有技术属性，在进行创客教育和创客文化培育时必须将这一点考虑在内；有些地方性职业院校在进行创客文化培育时，应该考虑结合地方特色和区域对人才的需求推进创客教育。高校创客文化形塑缺乏"本土性"特征还表现在对创客师资的招聘和引进上。由于创客师资力量薄弱，很多高校的创客教育课程基本很少由专职创客导师进行授课，而是由本校其他院系的老师兼任或是由研究生辅导员代为授课。这些老师并非专业教师，缺乏创客理念素养和创客实践经验，不利于指导学生进行创客实践。

三　我国高校创客空间现状分析

创客空间是创客教育的实践场所，没有创客空间就没有创客教育。通过为创客空间配备设备仪器、设立创客项目、组建创客导师团队为学生提供指导等举措能够有效提升学生创客的实践操作能力、批判性思维能力和解决问题的能力，促进其高阶思维的养成和手脑协调发展。学生创客在创客空间中把创意想法转变为成果的过程可以为学生创客积累经验。自 2009 年创客空间引入中国以来，各类型的创客空间不断发展，为高校创客空间建设提供了发展范式。创客空间对个人发展和国家综合实力提升具有重要作用。一方面创客空间中的教育具有提升知识技能水平、促进学生创新能力提升、推动教学创新改革等的显性功能；另一方面创客空间中的教育放眼于国家的未来和社会的发展，具有培育创新文化意识、提高生产及生活质量，实现全社会的全面、协调和可持续发展这一隐性功能。[①] 因此，从

[①]　张茂聪等：《创客教育：本质、功能及现实反思》，《现代教育技术》2016 年第 2 期。

2013 年起，我国各大高等院校相继建设创客空间，推动创客教育动手实践。高校创客空间在组织架构、创客师资、创新创造成果、竞赛活动等诸多方面都取得了较大成果。但是，由于我国高校创客空间起步晚，发展时间较短，内生驱动力不足，因此也存在发展动力不足、功能单一、宣传不够等问题。

（一）我国高校创客空间过度依赖体制支持，呈现"粗放式"发展态势

受政策支持和全国各地各高校建立创客空间热潮的影响，高校创客空间以惊人的速度发展，部分高校校园内还存在多个创客空间，形成了高校创客空间在全国范围内"遍地开花"的局面，全国各高校创客空间数量急剧增加，但是，国内创客空间也呈现发展规模普遍较小、发展动力不足、过度依赖体制支持的"粗放式"发展态势。一是因为很多高校创客空间建立在政府或高校的资源优势之上，其形成过程并非如社会创客空间一样先经历创客聚集，然后再由资深创客发起建立，高校创客空间主要由非创客人士发起建立，针对学生开展创客教育，其主体是学生，创客教师的主要任务是传授创客基础知识和引导学生进行创客实践，但是真正的学生创客数量有限，经验不足，难以掌握相关技能进行创新创造，创新成果产出较少，无法满足社会需求。二是因为国内高校创客空间的运营模式不同于多元主体和市场导向的美国创客空间，政府和学校在高校创客空间建立初期会大量支持，但是，成立之后则会适当减少对创客空间的投入，很多以政策资金扶持为生存基础的高校创客空间只能是勉强生存，创客空间得不到进一步发展，资金严重不足，创客空间场地狭小，设备老化无法更新维护，缺乏管理人员等问题限制了创客空间的规模扩大。三是很多高校的创客空间在建立起来之后，仅让少部分热衷于创客活动的学生对创客空间进行管理和运营，已有的办公场所、设施设备并没有真正利用起来，运营效果不理想，很难创造出具有价值的创新成果，对人才的培养作用也非常有限，这些原因都直接导致了创客空间运营驱动力不足，运营状况不良。

在资金支持方面，我国高校创客空间资金主要运用于场地建设和改造、购买软硬件设备和技术，举办或参加创客活动以及其他事项（如设备

更新和维修、耗材、物业等）。而我国多数高校创客空间的资金来源以学校全额拨款为主，实行包干制、限额制，来自企业等其他社会组织的资金相对较少，没有形成一个丰富多元的资金支持体系。在高校创客空间的建设初期，资金、设备、场地、人力等资源学校支持力度较大，在后期的运营和维护中有少量的社会资助和运营收入。创客空间在运营过程中未能取得明显的成果，高校也会相应地减小资金支持力度，进而在资金方面对创客空间的发展产生掣肘影响。高校创客空间渠道单一的资金来源状况必然导致高校创客空间的发展过于依赖学校和政府财政，增加财政负担的同时也不利于高校创客空间自身的发展。美国高校创客空间以图书馆创客空间为主，但是其资金支持主要来源于天使投资、社会资助和其本身的运营创收，对政府和学校的依赖性较低。但是，我国各级政府都为创客空间的发展提供了专项的扶持资金，导致很多创客空间形成政策依赖，不主动在市场中寻求生存和发展，而是寄希望于财政补贴以求维持运营，对外扩张性不足。

在场地和设备方面，创客空间最重要的物理要素就是场地、设备和各种材料。这些要素的配备情况在很大程度上体现了高校对创客空间建设的重视程度，以及创客空间服务的水平和学生创意成果的质量。我国很多高校建立的创客空间供在校师生使用，其场地基本由学校提供，将大学生活动中心、孵化园、学校课室、库房、办公室等进行改造而成，场地面积小，可容纳人数有限。高校创客空间的创新创造需要3D打印机、3D扫描仪、数控机床、电子套件、可视化设备、激光切割机等硬件设备和其他相应的开源软件和系统。但是，目前我国大多数高校由于资金不足等并没有完备的设备供应，很多高校的创客空间设备不足、设备老化、设备维护等问题较为严重。加之很多高校创客空间由于成立时间短，还处于建设初期，制度不健全，组织形式和服务内容单一，所以其创客空间的服务内容表现出简单集中而非思维聚合的特点，主要是面向学生提供创客课程和提供某种培训服务或是以提供场所和简单设备等服务为主。

（二）我国高校创客空间管理体制不健全，运营主体单一化现象严重

高校创客空间管理体制是高校创客空间有效运营的保障，对创客空间

的建设、运营和发展起着重要作用。但是，现阶段我国高校创客空间并没有建立完善的管理体制。一是没有建立完善的创客空间管理制度。完善的创客空间管理制度能够有效规避和减少风险，保障创客空间的平稳运行。目前，由于我国高校创客空间管理者法律意识还比较淡薄，防范风险意识不强，高校创客空间缺乏完善的管理制度，创客空间日常管理条例和设备器械使用条款都没有建立和完善。二是缺乏专业的创客空间管理人员。高校创客空间管理制度的欠缺或不完善直接或间接导致了高校创客空间发展没有一个可以参照的标准进行规范，阻碍了高校创客空间的正常运营。现阶段，我国很多高校创客空间由创新创业学院负责管理运营，其组织架构相对简单，人员较少，多数都是行政人员和辅导员调任，不具有创客指导工作经历，甚至本身不是创客，没有创客和创客空间管理经验。加之师资力量有限，很多高校在全校范围内招募了大学生组建创客联盟，形成了学生创客自我管理的发展模式。这在很大程度上解决了高校创客空间人力不足的问题，但是学生创客的自我管理存在难以规避的问题，学生管理者经常调整导致管理经验不足，学生在创客空间的时间受其专业课程、实习等现实情况影响。因此，专业的创客师资和管理人员是创客空间发展的必备，而很多高校相关人员欠缺，即使配备有相关工作人员，但都是身兼数职。

（三）高校创客空间及其活动宣传不足，创客文化作用不明显

高校学生对创客空间的熟知度在很大程度上影响高校学生创客的数量，影响高校创客空间的发展规模及其资源的利用情况，而学生对创客空间的熟知情况在很大程度上又受高校创客空间的宣传情况影响。因此，高校创客空间的宣传工作就显得尤为重要。但是，现阶段我国高校创客空间的宣传力度不足，宣传方式单一，平台建设和内容更新少，创客文化的传播作用不够明显。很多高校学生对创客空间的认识仅仅局限于入学教育手册的简单介绍或者是创客教育课程中授课教师的粗略传授，而且大多创客课程教师只会粗略介绍高校创客空间服务现状，很少向学生具体、详细介绍其能够在高校创客空间开展的创客活动、可利用的创客服务等内容。一是因为高校对创客活动的引导和宣传不重视，造成高校学生对创客空间不甚了解，缺乏创客意识，没有在全校范围内营造统一认知的创客教育的良

好氛围，创客文化作用不明显，部分领导者仍然怀有创客空间只是学校对外展示成果的地方的想法，认为创客空间对学生的影响有限，对创客空间及其活动的宣传积极性不足。二是因为高校创客空间缺乏专门的职位来负责宣传工作，很多高校创客空间的宣传工作被分配给创新创业学院的个别兼职老师，或者是将宣传工作交予创客学生或助学学生。

高校创客空间的宣传力度不足，导致很多高校师生对创客空间不了解，对创客空间的活动不关心不参与，高校创客空间资源的整体利用率偏低，有些学生甚至没有利用过创客空间资源、设备资源与服务，造成高校创客空间资源浪费。另外，由于宣传不足，高校很难形成具有教育价值的创客文化，缺乏文化精神引领的创客空间或创客教育在某种程度上是不具有教育价值的，也称不上是创客教育。这也是大多数高校创客空间发展滞后、规模不大、难出成果的根本原因。

第三节　我国高校创客教育的变革路径

创客教育作为创新型人才培养的实施基础，涉及实施、理念、政策、教学目标、空间建设等多维要素，是一个相对宏大的建设体系。[①] 而当前，我国很多高校创客教育存在诸多问题，解决这些问题需要政府、高校、教师、学生、企业等多主体联动发力，融合改进创客教育理念、创客文化、课程教学等诸多方面，而这必然是一个系统性工程。此次针对上文罗列的几点问题提出解决思路。

一　高校要积极引进优质师资，将培训创客师资作为创客教育发展的重要任务

创客教师的能力和参与程度是创客教育成功的关键，而创客教师能否得到自我成长的空间和自我实现的机会，是创客教师是否愿意提升能力和

---

① 傅骞、郑娅峰：《创客教育区域推进策略研究》，《中国电化教育》2018 年第 5 期。

其参与程度的前提。① 作为融合了创客技术的跨学科教学形式，创客教育具有综合性、实践性、技术性等特征，因此，复杂的创客教育对创客教师的知识储备提出了新的要求。② 当前，我国高校创客教育师资问题的严重性和创客教育的复杂性使得培养具有扎实的跨学科知识、教学资源整合利用能力、创客项目课程设计能力等高素质专业创客教育师资队伍成为高校创客教育发展的重中之重。高校一方面要注重引进高水平的创客师资，另一面也要加强创客师资的培训和再教育。第一，积极引进优质创客教师，组建高水平的师资队伍。一方面是要引进和招聘高水平的跨学科、跨领域全职创客教师，创客教师的招聘来源和学科背景可以多样化，包括专业领域的博士、跨学科跨领域的教师、社会资深创客、校外专家学者以及各类产学研人员。另一方面，可通过招聘兼职创客导师或者邀请校外专家学者、资深创客或产业界知名人士来校演讲等形式增强创客教育的师资力量，充分利用社会人士为本校学生讲解创客课程和传授创客经验、提供技术咨询、为本校创客空间发展建言献策和提供创客项目发展方案以及开通创客发展渠道等，通过这些举措来提升高校创客教育师资力量，弥补师资不足的短板。第二，学校主管部门应给创客教师创造良好的学习平台和制造交流机会，要定期对创客教师进行专门的培训，提高高校创客教育的整体水平。学校可以邀请校外专家入校举办讲座和考察指导，现场模拟教学，也可以组织创客教师去企业或其他高校交流学习，以提升创客教师的教育教学水平。同时，定期开展教师创客活动，鼓励不同学科的教师在创客空间学习交流，增强其创造性思维和创新创造能力。第三，要提高创客教育教师的自我认同，增强其对创客教育的本质的认知，不断提升创客教师的综合素养和能力。学校要搭建创客教育交流对话平台或鼓励创客教师到校外创客空间和其他高校创客空间交流、访问和学习，积极参与创客实践活动，提高创客综合素养。第四，创客教师本人要转变观念，保持开放共享、终身学习、认真负责的态度，积极学习，提高创客素养和创客教育能力。创客教师在创客教育教学过程中不仅需要承担知识传授的任务，而

---

① 傅骞、郑娅峰：《创客教育区域推进策略研究》，《中国电化教育》2018 年第 5 期。
② 蔡慧英等：《创客教育教师准备好了吗——智能时代创客教师知识发展的影响因素探析》，《远程教育杂志》2019 年第 3 期。

且必须做好教学资源整合工作和发挥引导作用。在这个过程中，创客教师将创客理念融入创客课程，引导学生创客积极思考，创新创造，发现问题并积极探究和解决问题，这就要求教师首先得是一名资深创客，对创客活动有自己的经验和见地。因此，创客教师自身也得提高认识，提升自身的创客素养，在教学中要变成学习情境的创设者、创客资源的协调者、学习过程的调控者、实践质量的提升者和学习质量的监控者。

二 完善创客教育教学，实现学生素质的全面提升

教学是教师的教和学生的学所组成的一种人类特有的人才培养活动。通过这种活动，实现学生知识的获得、智力的发展、能力的培养提高、思想品德的完善、基本技能的形成、个性特长的发展，进而实现学生素质的全面提升，这是学校教育工作的核心内容，对于学生的发展具有举足轻重的作用。当前，我国高校创客教育教学存在教学目标不切实际、教学环境差、教学方式保守、教学内容刻板、教学评价单一等诸多问题，严重阻碍了高校创客教育的发展。因此，明确教学目标、转变教学模式和形式、改进教学内容、完善教学评价等对于创客教育的发展具有重要意义。

第一，在教学目标方面，创客教育的教学目标不是聚焦于学生对基础知识和基础技能的机械掌握，而是通过新技术、新方法、新理念的运用致力于提升学生创客的创新创造能力、探究能力、思辨能力和动手实践能力，在问题产生、问题探究和问题解决的过程中实现学生个人品质的提升。其核心不在于产出多少创客产品、参与多少创客大赛、收获多少奖项或专利，而是实现人的发展，这才是高校创客教育的核心教学目标。

第二，创客教育更加强调学生创客之间的互助合作，通过提供创客空间这一平台，促进学生相互交流合作、共同探讨解决难题。在创客教育教学活动中，教学形式不局限于课堂教学，翻转式教学、"微课导学"教学、项目教学、多媒体教学等以学生自主创作为主、教师帮助辅导为辅的新型教学方法、教学模式和形式更是层出不穷。在创客教育教学中，可以根据学生的知识结构、能力素质、兴趣特长和学校创客教育发展的情况进行基于项目的学习，学校可以与其他科研机构、产业部门建立合作项目，或者是创客教育教

师设计合适的项目进行现场教学、个别指导和开放式探究。这种基于项目的合作学习强调操作性和教学实践性，通过跨学科团队分工协作、相互配合交流创新以及成果产出和分享实现对创新人才的培养。

第三，学生的知识获取、知识创造、创意迸发、创意"创造物"新造构成了创客教育的四个阶段和层级的育人目标，四个阶段环环相扣，四个层级层层递进，形成了纵横交叉又相互融合的育人网络。[①] 因此，在教学内容安排上，要坚持内容新颖、指导实践和教育培养的统一，教学内容设置要围绕学生兴趣，内容要由简单到复杂，循序渐进，引导学生去探究深层次的知识和技能，尽可能让学生利用已有知识去实践，去制造产品，在创作的过程中不断解决问题，在解决问题的过程中不断学习新的知识。教学内容不仅仅集中于书本知识，更多的是无形的能力提升，围绕项目去学习，在实践中不断学习。在教学过程中，要因材施教，注重学生的个性发展，尊重学生学习的兴趣，才能促进学生身心的全面发展，达到提高教育质量的目的。传统的教育模式单一、固化，学生只能按照统一的教学计划学习，忽略了学生的内在兴趣，抑制了学生个性发展。美国的创客教育关注学生的创造兴趣和需求，在尊重个体差异的前提下，让学生根据自己的兴趣选择学习内容，能够更好地吸引学生，激起学生藏在心底的创造欲、求知欲，同时培养学生的创造性思维。

第四，教学评价是课堂教学的重要环节，是学生课堂表现情况的重要反馈。在创客教育教学评价方面，高校要敢于打破传统的一元化教学评价模式，避免学生教学评价的成绩导向和教师教学评价的功利化导向，积极引入多元化的教学管理和评价模式。在实践中，不仅要注重创客教育结果的量化评价，也要强调创客教育教学过程的质性评估。当前，我国很多高校创客教育评价依然存在照搬传统教学评价模式的现象，采用统一标准对学生进行管理和评价，忽视学生个体差异，不利于学生创新思维的培养，因此，改革高校创客教育教学评价方式至关重要。一是要革新创客教育教学评价理念，创客教育的核心目标是培养具有创新意识、创新能力和动手操作能力的学生，提升学生的能力素质。基于这样的考量，创客教育教学

---

① 陈洪源：《明晰创客教育的育人指向》，《中国教育学刊》2019 年第 11 期。

评价理应将这一目标作为教学评价的关键指标，因此，在对创客教育教学效果的评价过程中要重视对学生学习过程、创造过程、教学过程的评价，增强学生自评、学生互评和师生互评在评价中的权重，根据学生在创作过程中动手参与的积极性、主动发言的表现、提问、团队协作、虚拟空间互动记录、阶段性产出成果等方面来对过程进行评价。二是引入多元化的创客教育评价模式，革除以往以成绩和导师评价为中心的一元评价模式，采用教师、学生、主管领导等多主体和学习过程表现、创新成果评估多维度的教学评价模式。三是要促进创客教育教学评估方式的多元化，将自我评价、师生互评、专家点评和过程评价、成果评价相结合，评估方式不应局限于考试，评估主体也不应局限于教师，评估的面向更不应局限于创作成果的价值。例如，由清华大学研发的"学堂在线"MOOC平台，将包括"视频观看率、课程论坛活跃度、发帖数量"等学习行为数据在内的网络学习过程和课程作业纳入教学评价体系之中，作为课程学习评价的重要指标，并分别以40%和10%的权重计入课程学习总成绩，这样更侧重于对学习者动手实践能力和学习过程的评价。[1]

三 积极推进高校课程改革，建设系统完整的创客教育课程体系

创客课程从本质上看是一种新型课程模式，是创客教育发挥效用并直接作用于学生的必要措施，也是强调"实践创新"核心素养的必然要求。[2]创客课程不是由一门或几门课程组成的，而是一个从初级到高级逐步深入的课程体系。[3] 由于当前我国高校创客教育课程体系建设仍处于起步阶段，很多高校尚未建立系统性、完整性、层次性的创客教育课程体系，还存在高校创客教育课程体系不健全不完善、优质课程严重不足、课程同质化严

---

[1] 刘树林、李博：《创客教育与课程教学的融合：方式、问题、对策》，《现代教育技术》2018年第9期。
[2] 万超、魏来：《创客教育：高校创新型人才培养的新视角》，《东北大学学报》（社会科学版）2017年第5期。
[3] 李艺潇等：《大学生创客教育的实践探索》，《学校党建与思想教育》2019年第16期。

重、缺乏校本类课程等问题，严重影响着高校创客教育开展的质量和育人效果。因此，积极推进高校课程改革，建设系统完整的创客教育课程体系，通过观摩、实践训练、项目探索等方式丰富高校课程内容，将创客教育理念融入学生的通识课程和专业课程中，逐步将课程教育理念融入学校课程体系中。

在课程体系建设过程中，要注重课程设置的系统性和层次性，注重顶层设计，建立完善的系统化的课程体系，要淡化学科界限，重视学科之间的相互渗透与交叉；重视创客教育课程取材的实用性与创新性，要结合区域实际，陆续创立自身独具特色、比较健全的创客教育课程体系。高校要在全校范围内开展创新教育，将创客思维融入专业教育中，尤其是理工类的专业，并建立立体化与多层次的课程体系，既要有全校型创客普及课程，也要有面向特殊群体的创客课程。基础入门课程面向全校学生，进阶和高阶课程则可面向创客班或个别创客小组。在课程设置上，不仅要有计算机控制、编程、创客创新等公共基础课程，还要有 AR、3D 打印技术、机械控制、激光雕刻、虚拟现实等专业技术课程，以及项目调研、焊接作业、模型搭建等课外实践课程和创客讲座、案例分析、成果分享交流等开放性研讨课。创客活动以问题解决为导向，应用各种技术工具解决实际问题，创客课程的价值在于让学生看到学科课程与现实之间的关联。[①] 因此，在创客课程的开发和设计过程中，要结合学生的知识结构和能力水平，注重学科课程与现实之间的衔接，注重对学生基本技能和操作的培训。

四　高校创客教育要坚持"走出去"，实现跨界合作

社会大分工和跨界合作是人类历史向高级阶段发展的必然趋势。创客教育不同于传统的教育，创客教育更加强调创新性、包容性和开放性。"闭门造车"地开展创客教育必然无法长远发展，高校创客教育必须坚持"走出去"的战略。这种"走出去"不仅包括高校创客团队参加各种创客

---

① 王佑镁等：《触摸真实的学习：迈向一种新的创客教育文化——国内外创客教育研究述评》，《电化教育研究》2017 年第 2 期。

大赛、举办各种创客活动、邀请专家授课讲学，而且还包括为了共同的利益诉求与产业部门、高等院校和科研机构等其他社会组织展开合作。例如，高校与产业界展开合作共建创客项目，帮助企业克服技术难题，企业为高校提供资金、设备等物质支持；高校与其他高校合作，资源共用，借鉴经验；高校与政府部门共同建立创客服务平台，有效对接市场需求与高校创客服务，为创客创新成果转换、产业部门的专利转让等提供支持。

创客项目的开发涉及一些新技术以及市场信息，单纯依靠学校和教师无法提升创客活动的质量。[①] 高校与产业部门共同搭建创客平台，开展创新创造活动，将创业部门的先进技术、创新设计和创客人才需求与高校相应优势结合起来，实现资源共享。一方面，通过合作，高校能够获得产业界的资金资助，为高校创客教育和创客活动的开展提供资金支持，推动高校创客空间或创新中心的基础设施建设，促进高校创客教育发展，同时高校创客的创新创造也能够在产业部门的引导下满足市场需求，创造出符合社会发展的创新成果和热销产品；另一方面，产业部门根据市场需求以项目形式与高校开展合作，高校创客团队受企业资助所取得的创新成果企业有权共享，企业可直接快速实现市场化和商业化，这种精准技术创新能够帮助企业减少创建研发团队的资金，实现企业技术革新和产品创新的外包。当前国际上很多大型企业都与高校或研究机构开展合作，通过经费支持和建立实验室等途径以谋求技术创新和产品研发。例如：中国海洋大学与华为技术有限公司在青岛签署战略合作协议，共建智能高性能计算机联合实验室。当然，创客教育不只是高校与产业部门开展合作的重要桥梁，而且也是高校与政府、科研机构等社会其他组织合作的重要桥梁。通过创客教育，能够打破各领域之间的壁垒，实现政产学研协同发展，这种多重跨界合作可以帮助创客空间的有效建设，减轻其建设与运营的负担，丰富服务内容，提升服务水平，帮助用户快速体验创意成果。因此，高校开展创客教育应坚持"走出去"战略，着力引入社会力量共同参与，积极吸引社会资源，实现跨界合作。第一，资金支持是高校创客教育发展的基本保障，没有

---

① 王佑镁等：《从创客到创造性公民：智慧教育视野下的创客公民及其培养》，《电化教育研究》2019 年第 11 期。

充足的创客教育资金支撑，高校创客空间就难以运作。因此，高校要主动走出去寻求社会资金支持，制定一系列优惠政策吸引企业、投资者参与高校创客空间建设和创客教育发展。同时，在"大众创业、万众创新"的背景下，各级政府都出台了相关的优惠政策和建立了相关的创新创业支撑基金，高校可以积极申请政府资助来解决资金不足问题。第二，积极倡导和鼓励校友参与高校创客教育发展。美国政府对高校创客教育的发展支持有限，其创客教育发展所需资金、设备、技术等受社会力量资助较多，校友在其中占据支柱地位。第三，要积极吸引和利用社会上优质人力资源参与高校创客教育，招聘社会知名创客、企业家或各行知名人士担任高校创客教育兼职导师，或者邀请创客教育相关专家学者来校开展讲座、考察指导。

五　转变认知，将培养高阶思维能力作为创客教育的核心

创客教育强调在实施过程中大胆创新、勇于实践，具有挑战性，解决生活中实际问题的创造活动，具有激发学生学习动机、趣味性的功能。[①] 当前，国内很多高校将创客教育视为培养学生的"竞赛能力""赚钱能力""就业能力"的课外活动，片面强调创客教育的创新成果、创造成果、竞赛成果和创业成果，过于注重创客空间的项目产出和实践操作，对学生学习动机的激发和能力的培养并不重视，这背离了创客教育的本质。创客教育应该是一种培养人的活动，高校的一切创客活动都应该围绕学生的发展进行，高校教职工应转变认知，积极服务于学生，服务于学生的发展。而创客教育对学生的培养最主要的就是通过项目化教学实现对其思维的训练和能力的提升，学生思维训练的最重要目标就是高阶思维能力的培养。学生高阶思维能力培养的教学模式具有学生主体、教师主导、挑战性、创新型、教学相长、开放性等特点，项目式教学具有高阶学习教学模式的所有主要特征，国内外多所知名高校的教学改革实践也可证明，项目式教学可以满足具备高阶思维能力的人才培养需求，是高阶学习的最佳教学模式。[②] 其主

---

① 庞敬文等：《创客教育支持学生核心素养发展模型研究》，《中国电化教育》2018 年第 5 期。
② 赵永生、刘尧、赵春梅：《高阶思维能力与项目式教学》，《高等工程教育研究》2019 年第 6 期。

要通过项目教学法进行培养，创客教育过程中的项目教学、翻转课堂和小组合作学习与学生高阶思维能力的发展关系密切。有学者提出，基于设计思维的项目化教学的效果体现在学习者的过程性设计制品之中，过程性制品的变化蕴含着学习者思维的变化过程。① 而在翻转课堂中，学生的高阶思维发生在由技术支持的以学生为中心的课堂互动中，并需要与教学活动、课堂对话、知识类型进行整体设计。② 合作学习则对于学生的高阶思维培养具有独特的组织形式优势，在参与全面、信息多元、产出个性化的小组任务中，学生的思维以群体互促的形式实现升级。③ 由此，高阶思维的发展需要以探究式学习、发现式学习或研究式学习为依托，将高阶思维发展融入具体学习活动开展高阶学习，注重学生的认知策略、元认知策略、非策略性知识等多方面的发展，强调过程中的情境、互动、可视化、支架（在模拟中反思）、问题设计，从知识共享到知识共建。④ 因此，培养高阶思维能力，可以通过创客教育培养学生的创新创造能力、问题求解能力、决策力和批判性思维能力，以自主探究、导师引导和创客团队分工协作的方式，培养学生的高阶思维，在这个过程中，强调学生动手与思考、手脑协同发展，注重操作性、互动性、探究性和发展性。有学者认为，高阶思维的培养是在学习高阶知识基础上进行的，而高阶能力的培养又是在高阶思维的基础上进行的，高阶学习需要学习者具备较高水平的认知能力，如项目探究等学习方式可以有效地培养学习者的高阶思维，创新能力属于高阶能力，需要高水平学习的训练和培养。⑤ 发展高阶思维能力能够促进创客思维的培养，教师在设计创客项目过程中就是一种高阶思维的训练过程。实践证明，主动的创新思想能够衍生出活跃的创新行为，在经历过反复思考动手后，大部分学习者能够根据结果反馈调整设计并丰富内

① 林琳、沈书生、李艺：《谈设计思维发展高阶思维何以可能——基于皮亚杰发生认识论的视角》，《电化教育研究》2019 年第 8 期。
② 董安美、庄绍勇、尚俊杰：《学生高阶思维在翻转课堂的课堂互动中的发生路径》，《现代教育技术》2019 年第 2 期。
③ 蔡歆、祁红：《高阶思维培养：小组合作学习的升级之路》，《中小学管理》2019 年第 9 期。
④ 钟志贤：《促进学习者高阶思维发展的教学设计假设》，《电化教育研究》2004 年第 12 期。
⑤ 彭正梅、伍绍杨、邓莉：《如何培养高阶能力——哈蒂"可见的学习"的视角》，《教育研究》2019 年第 5 期。

容，最终将知识创新转变为成果。① 因此，在具体的操作中，通过项目教学促进学生创客深度思维的培养，就要通过项目探究带动学生创客主动思考。基于项目教学的高校创客教育就是通过真实问题和情境化任务的实践过程，促进手脑协同发展来提升人的高阶思维能力。

六　推动创客空间发展

创客空间是创客教育的载体，是一个开放的、共享的、团队协作的、产品孵化的服务空间，高校的创客空间不同于社会上的创客空间，其承担了学生的创新创业教育工作，更关注创客项目与学科教学的结合，以及学生在参与创客项目后创新精神与创新能力的提升情况。② 鉴于目前我国高校创客空间存在的资源不足、服务单一、缺乏宣传等问题，我国高校创客空间的主要负责人和创客导师首先要提高认识，积极了解各级政府相关的政策文件、积极参观交流，学习借鉴其他地区和高校创客空间发展的宝贵经验，为本校创客空间的发展建设提供思路借鉴和方向引导，从思想认识上改变以往对创客空间和创客教育的消极错误认知，增强高校创客空间的主要负责人和创客导师对创客教育和创客空间的强烈认同感，使其在创客空间的发展中起到引领作用，为高校创客空间的发展在精神和行动上给予支持。同时，高校创客空间管理者尤其要注意丰富服务、加强文化宣传等方面的工作。

（一）转变发展模式，引入社会力量，保障创客空间资金支持

资金支持是高校创客空间得以发展的重要基础，在很大程度上影响着其发展进程和状况。稳定、充足和来源多元的资金支持是高校创客空间发展的动力之源，尤其是在创客空间发展初期，资金支持尤为重要。当前，我国高校创客空间过度依赖政府和高校本身，创客空间缺乏与市场主体

① 王志强、陈倩倩：《创造－创新－创作：荷兰创客教育的发展理念与实践路径》，《外国中小学教育》2019 年第 7 期。
② 万超、魏来：《创客教育：高校创新型人才培养的新视角》，《东北大学学报》（社会科学版）2017 年第 5 期。

的联动，其呈现"粗放式"发展态势。因此，我国高校创客空间应致力于转变发展模式，逐步减少对政府和高校的依赖，尤其是在资金等方面，通过引入市场力量、参与市场竞争提升其自身发展能力。目前，各级政府对高校创客空间的发展都提供了政策或其他方面的支持，出台了相应的政策措施，《国务院关于大力推进大众创业万众创新若干政策措施的意见》（国发〔2015〕32号）提出，"按照税制改革方向和要求，对包括天使投资在内的投向种子期、初创期等创新活动的投资，统筹研究相关税收支持政策。……引导创业投资更多向创业企业起步成长的前端延伸。……拓宽创业投资资金供给渠道。……引导社会资金支持大众创业"，① 这在很大程度上为高校创客空间引入社会力量，吸引其参与高校创客教育提供了政策上的支持。因此，地方政府应在此基础上进一步根据实际情况研究并颁布相关具体的政策来吸引社会力量参与高校创客空间建设，整合广泛的社会资源，建立社会化、市场化的平台投资机制。同时，地方政府要对经过国家、省市认定的创客空间直接给予一定的财政补助，或者设立专项扶持资金和天使投资基金，聚集资本，给予部分高校创客空间专项资金扶持，用于初期运营和基础设施建设，并完善相关的奖励机制，对达到绩效标准的创客空间团队酌情进行奖励，以帮助更多的初创企业在创业之初获得资金。

高校创客空间则要积极扩大资金来源的渠道，同时也要做好资金节流和接受监督。一是积极搭建校企合作的平台，引入社会力量，鼓励企业参与高校创客空间建设，积极争取校友捐助、社会资助和社会公益基金，通过制定优惠措施吸引社会力量参与创客空间的建设和发展，吸引社会企业和个人参与高校创客空间建设和发展，为创客空间建设及后期维护寻求资金支持。二是积极争取学校和政府有关部门的专项经费支持，现阶段各级政府和很多高校均设立政府助创基金和高校创新基金，高校创客空间可根据实际情况申请。三是促进创新成果转化或通过技术转让等形式来筹措资金，高校创客空间可设立专门的创新成果转化办公室专门负责相关工作。

---

① 《国务院关于大力推进大众创业万众创新若干政策措施的意见》，中国政府网，2015年6月16日，http：//www.gov.cn/zhengce/content/2015 - 06/16/content_9855.htm。

高校创客空间在资金开源的同时，必须提高资金利用效率，将资金利用情况主动公示，接受公众监督。

（二）高校创客空间要增强基础设备建设，积极拓展服务并建立相关管理制度

目前，社会上出现了很多创客空间，如上海的新车间、深圳的柴火创客空间等，它们建立时间相对较长，制度、功能、对外联络、服务体系等各方面都比较成熟，创客空间设备齐全，服务类别丰富多样，但是，我国高校创客空间的发展相对滞后，设备无法满足学生需求，对外服务类别单一。要改变这种状况，一是要购置一批新型的先进的软硬件设备，加强创客空间基础设施建设，为学生创客提供接触前沿技术的机会。例如，购买3D打印机（FDM）、数控雕刻机（CNC）、激光切割器等硬件设备和快速原型软件、3D建模软件等软件资源，以及数据库中的在线学习资源、虚拟社区、学校精品课程等学校在线教育平台和网络资源。二是在基础设备满足要求的情况下要积极拓展创客服务，丰富服务类别以提升其影响力、生命力和发展力。一方面，高校创客空间要积极学习借鉴社会上营利性或非营利性创客空间的成功经验，并与之展开广泛合作，引入其人才、设备、技术等资源来促进高校创客空间建设。另一方面，现阶段我国很多高校创客空间服务较少是由于创客空间工作人员不足所致，因此，高校创客空间要积极发挥高校创客社团的作用，吸收学生创客加入创客空间的建设中，这样既可以帮助学生学习相关的知识和技能，又可以加强创客空间的自主管理和提升创客空间的服务质量，实现创客空间的自我管理和学生创客的自我教育相结合。三是要制定相关配套的管理制度，加强对创客空间的管理，包括创客空间设备的使用流程等。制定的管理制度要切实可行，要符合学生创客的利益和实际情况，保证学生创客的安全，符合创客空间的长期发展。例如，学生创客经过技能培训后才能使用相关设备。这些管理制度的颁布施行能够有效减少学生因操作不当造成的风险，也培养了学生的规则意识。

（三）高校创客空间要加强宣传工作，促进创客文化传播

高校创客文化培育既是高校落实国家创新驱动发展战略的时代要求，

也是高校创客教育提质增效的重要引擎。① 现阶段我国高校创客空间的宣传不足，宣传方式单一，平台建设不完善和内容更新少，造成高校师生对创客空间关注度不足，创客空间资源浪费和创客文化的传播作用不明显，因此，高校必须加强对创客空间的宣传工作，促进高校创客文化的形成和传播。第一，高校创客空间负责人要提高认识，加强对国务院、省、市有关创客空间文件的学习，深化对推进"大众创业、万众创新"战略重要性的认识。第二，高校要实现创客空间的开放共享，避免创客空间成为少数教师和学生的场所。同时，开展具有校本特色的创客大赛和创客成果展览观摩，通过大赛吸引更多的学生参与创客活动。第三，搭建创客空间宣传平台，促进创客空间宣传渠道的多元化和有效性。高校创客空间在开展创客活动和大赛前后，可对相关活动进行报道宣传，以提升其影响力和感召力，同时加强宣传平台建设和宣传渠道的多元化，除了通过广播电台、宣传海报、公告栏等宣传方式之外，也可以利用微信、微博、知乎、贴吧等学生经常使用的新媒体进行宣传与推广，将最新作品、赛事、业界领军人物等信息发布于此以发挥舆论的导向作用。② 第四，高校应安排专人负责创客空间的宣传工作。当前，很多高校创客空间隶属创新创业学院或创新中心，高校可在该机构之下专设人员全面统筹创客空间的宣传工作，将这一工作落实到个人，同时安排学生创客或助管进行辅助。

---

① 匡艳丽、郝其宏：《反思与构建：高校创客文化培育的实践路径》，《黑龙江高教研究》2018 年第 9 期。

② 万超、魏来：《创客教育：高校创新型人才培养的新视角》，《东北大学学报》（社会科学版）2017 年第 5 期。

参考文献

一　中文文献

贲可荣、张彦铎：《人工智能》，清华大学出版社，2013。

曹培杰：《反思与重建：创客教育的实践路径》，《教育研究》2017 年第 10 期。

陈亚军：《"世界"的失而复得——新实用主义三大家的理论主题转换》，《中国社会科学》2012 年第 1 期。

陈向明、赵康：《从杜威的实用主义知识论看教师的实践性知识》，《教育研究》2012 年第 4 期。

陈亚军：《古典实用主义的分野及其当代效应》，《中国社会科学》2014 年第 5 期。

储朝晖：《杜威与陶行知：走出"投射效应"》，《北京大学教育评论》2019 年第 2 期。

崔国富、朱美英：《"从做中学"与教育的生存论解读——杜威实用主义生存论学习与教育思想探析》，《外国教育研究》2005 年第 4 期。

程天君：《从"纯粹主义"到"实用主义"——教育社会学研究方法论的新动向》，《教育研究与实验》2014 年第 1 期。

陈解放：《美国合作教育的实用主义本质及其给我们带来的思考》，《中国高教研究》2001 年第 12 期。

陈刚、石晋阳：《创客教育的课程观》，《中国电化教育》2016 年第 11 期。

陈鹏、黄荣怀：《设计思维：从创客运动到创新能力培养》，《中国电化教育》2017 年第 9 期。

陈珊、韩芳：《美国北卡罗莱纳州立大学创客教育及启示》，《比较教育研究》2017 年第 1 期。

陈珊、韩芳：《美国创客教育的内涵与特征》，《教育探索》2016 年第 9 期。

程子彦：《孵化行业良莠不齐忙烧钱　众创空间同质相似无差异　张江高科探索差别化众创模式》，《中国经济周刊》2016 年第 10 期。

常耀中：《高校创客空间的多专业支持与跨学科合作——以清华 X—空间为例》，《经济研究导刊》2016 年第 22 期。

陈艳：《中国众创空间运行模式研究——基于对比视角分析》，《科技创新与应用》2017 年第 20 期。

陈晓曦、梁佳：《中美创客空间运营模式比较》，《企业经济》2017 年第 4 期。

陈永霖、金伟琼：《中美高校创客教育比较研究》，《高等工程教育研究》2017 年第 1 期。

陈武、李燕萍：《众创空间平台组织模式研究》，《科学学研究》2018 年第 4 期。

陈向明、赵康：《从杜威的实用主义知识论看教师的实践性知识》，《教育研究》2012 年第 4 期。

〔美〕C. 莫里斯、孙思：《美国哲学中的实用主义运动》，《世界哲学》2003 年第 5 期。

蔡慧英等：《创客教育教师准备好了吗——智能时代创客教师知识发展的影响因素探析》，《远程教育杂志》2019 年第 3 期。

蔡歆、祁红：《高阶思维培养：小组合作学习的升级之路》，《中小学管理》2019 年第 9 期。

陈洪源：《明晰创客教育的育人指向》，《中国教育学刊》2019 年第 11 期。

陈珊、韩芳：《美国创客教育的内涵与特征》，《教育探索》2016 年第 9 期。

陈珊、韩芳:《美国北卡罗莱纳州立大学创客教育及启示》,《比较教育研究》2017 年第 1 期。

程慧平、万莉:《学术期刊评价指标结构研究——基于结构方程模型》,《情报杂志》2014 年第 11 期。

邓慧慧:《杜威的心理观及其影响》,《当代教育评论》2018 第 8 辑。

董标:《教育哲学学科起源考辨——从低位关注论高位观照》,《教育学报》2018 年第 3 期。

丁道勇:《警惕"做中学":杜威参与理论辩正》,《全球教育展望》2017 年第 8 期。

刁振强:《众创时代高校创客空间的构建研究》,《高等工程教育研究》2016 年第 2 期。

杜枫:《中美众创空间商业模式的比较与分析》,《现代经济信息》2017 年第 3 期。

丁琪、张丽萍:《深圳众创空间发展现状、问题与对策研究》,《特区经济》2017 年第 8 期。

董安美、庄绍勇、尚俊杰:《学生高阶思维在翻转课堂的课堂互动中的发生路径》,《现代教育技术》2019 年第 2 期。

傅骞:《从创新实践到人格培养——创客教育目标发展综述》,《电化教育研究》2017 年第 6 期。

冯加渔:《民主的多重面向:杜威 Democracy and Education 中文译名的世纪流变》,《华东师范大学学报》(教育科学版)2019 年第 2 期。

冯平:《在人生的泥泞中前行——杜威价值哲学的力量》,《书城》2019 年第 4 期。

符玲玲等:《专业化众创空间的培育策略研究》,《创新科技》2018 年第 9 期。

傅骞、王辞晓:《当创客遇上 STEAM 教育》,《现代教育技术》2014 年第 10 期。

付瑶、杨畋:《基于共词分析的我国关联数据研究进展探析》,《图书馆学研究》2013 年第 4 期。

冯璐、冷伏海:《共词分析方法理论进展》,《中国图书馆学报》2006

年第 2 期。

傅骞、郑娅峰：《创客教育区域推进策略研究》，《中国电化教育》2018 年第 5 期。

顾红亮：《杜威"教育即生活"观念的中国化诠释》，《教育研究》2019 年第 4 期。

郭法奇：《杜威的中国之行：教育思想的百年回响》，《教育研究》2019 年第 4 期。

耿阳、洪晓楠、张学昕：《技术之本质问题的探究：比较海德格尔与杜威技术哲学思想》，《自然辩证法研究》2011 年第 10 期。

顾红亮：《近 20 年来杜威哲学研究综述》，《哲学动态》1997 年第 10 期。

谷立霞、闫丽平、张新社：《创客视角下众创空间综合评价指标体系构建——基于因子分析法的实证研究》，《中小企业管理与科技》（中旬刊）2017 年第 11 期。

郭法奇：《杜威与现代教育：几个基本问题的探讨》，《教育研究》2014 年第 1 期。

高云峰：《创客与 STEAM 教育结合的实践》，《力学与实践》2016 年第 1 期。

郭运庆：《创客教育的现状、问题与未来发展方向——访广州市教育信息中心"智创空间"创始人王同聚老师》，《数字教育》2016 年第 4 期。

黄玉蓉、王青、郝云慧：《创客运动的中国流变及未来趋势》，《山东大学学报》（哲学社会科学版）2018 年第 5 期。

黄书光：《实用主义教育思想在中国的传播与再创造》，《高等师范教育研究》2000 年第 5 期。

韩芳、陈珊：《创客时代的美国大学：挑战与应对》，《比较教育研究》2017 年 6 期。

韩芳、陈珊：《卡内基梅隆大学创客教育的课程开发：机构、途径与特征》，《电化教育研究》2017 年第 7 期。

胡莹莹：《高校创客空间的主体性缺位问题探究》，《科技创业月刊》2016 年第 2 期。

胡星等：《高校创新实验室创客空间的建设模式探究》，《实验室研究与探索》2016年第7期。

海砚：《众创空间需要回归商业本质》，《中关村》2017年第3期。

和学新、田尊道：《杜威教育理论的中国化及其启示》，《全球教育展望》2015年第1期。

何克抗：《论创客教育与创新教育》，《教育研究》2016年第4期。

黄兆信、赵国靖、唐闻捷：《众创时代高校创业教育的转型发展》，《教育研究》2015年第7期。

金慧等：《新媒体联盟〈地平线报告〉（2016高等教育版）解读与启示》，《远程教育杂志》2016年第2期。

敬凤：《信息技术背景下课程形态内涵及应用》，《黑龙江科学》2019年第15期。

柯华庆：《论杜威的实效主义教育观》，《教育研究》2010年第10期。

〔美〕克里斯·安德森：《创客：新工业革命》，萧潇译，中信出版社，2012。

匡艳丽、郝其宏：《反思与构建：高校创客文化培育的实践路径》，《黑龙江高教研究》2018年第9期。

李象益：《探寻创客教育的本质》，《人民政协报》2017年8月9日，第11版。

刘盼汝、张皓泓：《我国高校创客教育的实施现状分析与改革应对》，《安徽文学》（下半月）2017年第1期。

卢俊勇、陶青：《杜威"教育无目的论"及其当代价值》，《教育科学研究》2019年第5期。

刘长海：《杜威的实用主义道德观及其德育思路》，《高等教育研究》2010年第2期。

刘放桐：《杜威哲学的现代意义》，《复旦学报》（社会科学版）2005年第5期。

卢俊勇、陶青：《全科还是分科：我们到底需要什么样的小学教师？——杜威的思想及其启示》，《外国教育研究》2018年第9期。

刘黎明：《西方自然主义教育目的观的历史演变》，《教育史研究》2017年第2期。

刘云杉：《兴趣的限度：基于杜威困惑的讨论》，《华东师范大学学报》（教育科学版）2019 年第 2 期。

刘放桐：《重新认识杜威的"实用主义"》，《探索与争鸣》1996 年第 8 期。

李春玉、李春琴：《永恒主义和要素主义教育若干基本观点的比较》，《通化师院学报》1994 年第 3 期。

李彤彤：《创客式教学：面向核心素养培养的 STEAM 课程教学新范式》，《中国电化教育》2018 年第 9 期。

李双寿、杨建新、王德宇：《高校跨学科创客教育平台建设理念及实践》，《现代教育技术》2017 年第 8 期。

罗宗潮、刘倪同、刘婉铃：《"研究院 + 众创空间"创新运营模式探究》，《科技创新导报》2017 年第 31 期。

刘文良：《当前高校创客教育的困惑与超越》，《现代远程教育研究》2017 年第 5 期。

刘巍伟：《高校创客空间建设机制研究——基于美国 HEMI 高校的实践启示》，《教育发展研究》2017 年第 11 期。

李双金、郑育家：《高校众创空间的组织模式选择——基于控制权的视角》，《上海经济研究》2018 年第 8 期。

李双寿等：《高校众创空间建设实践——以清华大学 i. Center 为例》，《现代教育技术》2015 年第 5 期。

刘小芳、张联民、刘毅：《国内众创空间研究的文献分析》，《江苏科技信息》2018 年第 10 期。

陆佳明、杨爱群、周洋：《我国高校创客空间运行实证分析及完善对策》，《江苏商论》2017 年第 8 期。

芦亚柯：《我国众创空间的运行模式、制度环境及制度创新策略》，《商业经济研究》2017 年第 4 期。

李燕萍、陈武：《中国众创空间研究现状与展望》，《中国科技论坛》2017 年第 5 期。

李同月：《众创空间存在的问题及解决路径》，《天津科技》2018 年第 10 期。

楼旭明、孟华敏：《基于解释结构模型的高校创客空间关键影响因素分析》，《经济研究导刊》2017 年第 35 期。

李凌、王颉：《"创客"：柔软地改变教育》，《中国教育报》2014 年 9 月 23 日，第 5 版。

李彤彤：《创客式教学：面向核心素养培养的 STEAM 课程教学新范式》，《中国电化教育》2018 年第 9 期。

李卫东：《大学组织行为发生机制的理论分析框架》，《清华大学教育研究》2015 年第 2 期。

李艺潇等：《大学生创客教育的实践探索》，《学校党建与思想教育》2019 年第 16 期。

李卢一、郑燕林：《中小学创客空间建设的路径分析——来自美国中小学实践的启示》，《中国电化教育》2016 年第 6 期。

林崇德：《构建中国化的学生发展核心素养》，《北京师范大学学报》（社会科学版）2017 年第 1 期。

李伟铭、黎春燕、杜晓华：《我国高校创业教育十年：演进、问题与体系建设》，《教育研究》2013 年第 6 期。

刘树林、李博：《创客教育与课程教学的融合：方式、问题、对策》，《现代教育技术》2018 年第 9 期。

林琳、沈书生、李艺：《谈设计思维发展高阶思维何以可能——基于皮亚杰发生认识论的视角》，《电化教育研究》2019 年第 8 期。

米银俊、许泽浩：《全过程融合构建创客教育生态系统》，《中国高等教育》2016 年第 11 期。

毛红芳、吴耀武：《我国创客研究热点知识图谱》，《中国高校科技》2018 年第 7 期。

马飞：《教育即沟通：杜威〈民主主义与教育〉的当代诠释》，《当代教育科学》2018 年第 5 期。

龚志武等：《新媒体联盟 2015 地平线报告高等教育版》，《现代远程教育研究》2015 年第 2 期。

庞钰平：《创客教育的价值潜能及其争议》，《教育现代化》2017 年第 32 期。

潘美康：《探讨面向创客教育的众创空间与生态构建》，《中国校外教育》2018 年第 6 期。

潘莹莹：《杜威的道德观与道德教育观》，《当代教育评论》2018 第 8 辑。

潘洪建：《杜威的民主观及其教育意义》，《当代教育评论》2018 第 8 辑。

庞庆举：《杜威教育哲学中的民主及其人性论视角》，《全球教育展望》2017 年第 8 期。

潘岳、张路：《我国众创空间的运营和发展探讨》，《江苏科技信息》2016 年第 35 期。

庞敬文等：《创客教育支持学生核心素养发展模型研究》，《中国电化教育》2018 年第 5 期。

彭正梅、伍绍杨、邓莉：《如何培养高阶能力——哈蒂"可见的学习"的视角》，《教育研究》2019 年第 5 期。

乔凤天：《创客教育面临的问题与对策》，《人民政协报》2017 年 9 月 20 日，第 11 版。

钱满素：《作为美国民族精神的实用主义》，《社会科学论坛》1999 年第 Z3 期。

齐青：《Web of Science 的检索和应用》，《图书馆工作与研究》2013 年第 2 期。

邱均平主编《信息计量学》，武汉大学出版社，2007。

饶书林、田友谊：《创客教育本质的悖离与回归》，《中国教育学刊》2017 年第 9 期。

R. 罗蒂：《实用主义：过去与现在》，张金言译，《国外社会科学》2000 年第 4 期。

石火学、周琼：《我国高校发展创客教育的思考》，《创新与创业教育》2017 年第 3 期。

盛宁：《传统与现状：对美国实用主义的再审视》，《美国研究》1995 年第 4 期。

苏佩尧：《高校"创客"实验室开放的内涵与误区》，《实验技术与管理》2017 年第 1 期。

石中英：《20 世纪美国教育哲学的发展》，《比较教育研究》2002 年第 6 期。

宋秋英：《"创中学"引领美国基础教育》，《人民教育》2015 年第 22 期。

涂诗万：《杜威高等教育思想中的"进步主义"》，《北京大学教育评论》2018 年第 1 期。

唐德森：《众创空间的内涵、功能与作用研究》，《合作经济与科技》2017 年第 18 期。

涂诗万：《美国近二十年杜威教育思想研究新进展》，《教育学报》2012 年第 2 期。

谭敏、杨丹：《国外众创空间发展实践简考及启示》，《重庆行政》2018 年第 5 期。

王志强、李菲、卓泽林：《美国高校创客教育与 STEM 教育的融合：理念、路径、启示》，《复旦教育论坛》2016 年第 4 期。

王佑镁等：《触摸真实的学习：迈向一种新的创客教育文化——国内外创客教育研究述评》，《电化教育研究》2017 年第 2 期。

王佑镁：《当前我国高校创客教育实践的理性认识综述》，《现代远程教育研究》2017 年第 4 期。

王莹、江胜尧：《高校创客教育发展生态模式探析》，《黑龙江高教研究》2017 年第 1 期。

王圣丹、王水莲：《我国高校众创空间运营模式及支持系统探索》，《产业与科技论坛》2017 年第 1 期。

王岩：《从"美国精神"到实用主义——兼论当代美国人的价值观》，《南京大学学报》1998 年第 2 期。

王成兵：《杜威哲学的复兴及其原因》，《学术论坛》2002 年第 1 期。

王正平：《教育伦理学：作为一门学科的形成与发展》，《上海师范大学学报》（哲学社会科学版）2019 年第 2 期。

王有升：《论教育的内在尺度——对"什么是真正的教育"的追问》，《南京师大学报》（社会科学版）2017 年第 6 期。

魏伟华：《众创时代高校创客空间建设的思考》，《教育评论》2017 年第 3 期。

王荣：《面对众创空间倒闭，我们该如何看待？》，《华东科技》2016 年第 4 期。

王同聚：《基于"创客空间"的创客教育推进策略与实践——以"智创空间"开展中小学创客教育为例》，《中国电化教育》2016 年第 6 期。

吴磊、徐姗：《杭州市"众创空间"的运行效果调查及影响因素分析》，《生产力研究》2017 年第 10 期。

万力勇、康翠萍：《互联网＋创客教育：构建高校创新创业教育新生态》，《教育发展研究》2016 年第 7 期。

王丽平、李忠华：《高校创客文化的发展模式及培育路径》，《江苏高教》2016 年第 1 期。

王涛：《高校众创空间的发展定位与建设路径探微》，《南京理工大学学报》（社会科学版）2015 年第 5 期。

王迷迷：《高校众创空间的组织构建与服务机制研究》，《信息技术与信息化》2016 年第 8 期。

王晓松：《地方普通高校建构创客空间生态系统的思考》，《中国成人教育》2016 年第 19 期。

吴杰、战焰磊、周海生：《"众创空间"的理论解读与对策思考》，《科技创业月刊》2017 年第 1 期。

王佑镁、陈赞安：《从创新到创业：美国高校创客空间建设模式及启示》，《中国电化教育》2016 年第 8 期。

吴燕蕾：《美国近二十年来杜威民主教育思想研究综述》，《教育学术月刊》2014 年 7 期。

邬大光：《芝加哥大学之旅：纪念杜威访华 100 年》，《复旦教育论坛》2019 年第 3 期。

王佑镁等：《设计思维：促进 STEM 教育与创客教育的深度融合》，《电化教育研究》2019 年第 3 期。

王敏、徐宽：《美国图书馆创客空间实践对我国的借鉴研究》，《图书情报工作》2013 年第 12 期。

王筱雯、王天泥：《基于人工智能的图书馆空间再造与服务》，《图书与情报》2018 年第 3 期。

王佑镁：《发现创客：新工业革命视野下的教育新生态》，《开放教育研究》2015 年第 5 期。

王志强、卓泽林：《美国中小学创客教育的现状、理念与挑战》，《比较教育研究》2016 年第 7 期。

伍文臣、饶敏、胡小勇：《创客教育进学校：组织模式与案例介绍》，《中小学信息技术教育》2016 年第 7 期。

王志强、杨庆梅：《美国教育创客空间的发展逻辑、核心议题与未来展望》，《比较教育研究》2019 年第 7 期。

王志强、李菲、卓泽林：《美国高校创客教育与 STEM 教育的融合：理念、路径、启示》，《复旦教育论坛》2016 年第 4 期。

王志强、卓泽林：《美国中小学创客教育的现状、理念与挑战》，《比较教育研究》2016 年第 7 期。

王志强、卓泽林、姜亚洲：《大学在美国国家创新系统中主体地位的制度演进——基于创新过程的分析》，《教育研究》2015 年第 8 期。

王佑美、陈赞安：《从创新到创业：美国高校创客空间建设模式及启示》，《中国电化教育》2016 年第 8 期。

王佑镁等：《触摸真实的学习：迈向一种新的创客教育文化——国内外创客教育研究述评》，《电化教育研究》2017 年第 2 期。

王志强、陈倩倩：《创造 – 创新 – 创作：荷兰创客教育的发展理念与实践路径》，《外国中小学教育》2019 年第 7 期。

万超、魏来：《创客教育：高校创新型人才培养的新视角》，《东北大学学报》（社会科学版）2017 年第 5 期。

吴俊杰：《创客运动与 STEM 教育——专访"创客教父"Mitch Altman》，《中小学信息技术教育》2013 年第 12 期。

许秀玲：《基于架构要素的高校创客教育生态系统培育路径》，《科技创业月刊》2017 年第 18 期。

肖文鹏等：《十年：创客教育回首与展望》，《中国信息技术教育》2017 年第 18 期。

肖义群：《杜威的思维观及教育意义》，《当代教育评论》2018 第 8 辑。

向蓓莉：《教育中的自由智慧——以杜威的自由主义哲学为视角》，《开放时代》2004 年第 5 期。

夏正江：《杜威教育目的论略》，《教育理论与实践》1994 年第 3 期。

〔美〕小威廉姆·E. 多尔：《后现代课程观》，王红宇译，教育科学出版社，2000。

〔美〕米哈里·希斯赞特米哈伊：《创造力：心流与创新心理学》，黄珏苹译，浙江人民出版社，2015。

邢美凤、许德山：《可视化的共词聚类系统分析及实现》，《现代图书情报技术》2011 年第 Z1 期。

谢作如：《"虽然很困难，但我们都在努力"——"第一届中小学 STEAM 教育创新论坛"的共识》，《中国信息技术教育》2013 年第 10 期。

杨寿堪：《杜威反传统的经验自然主义哲学——〈经验与自然〉基本思想述评》，《人文杂志》2003 年第 5 期。

闫志明、孙承毅：《论创客教师的知识基础》，《教育研究》2018 年第 6 期。

闫寒冰、单俊豪：《美国创客教育教材分析——以 "Design and Discovery" 为例》，《中国电化教育》2017 年第 5 期。

杨建新等：《美国高校创新教育实验室和社会创客空间考察》，《现代教育技术》2015 年第 5 期。

虞莘桐、高若颖、蒋力：《"众创空间"国内相关研究综述及展望》，《中国集体经济》2017 年第 14 期。

杨晓哲、任友群：《数字化时代的 STEM 教育与创客教育》，《开放教育研究》2015 年第 5 期。

袁利平、廖欣：《我国高校创新创业教育研究的主题构成与未来趋势》，《贵州师范大学学报》（社会科学版）2019 年第 5 期。

杨建新等：《美国高校创新教育实验室和社会创客空间考察》，《现代教育技术》2015 年第 5 期。

尤越、贾苹：《图书馆创客空间发展实践研究及建议》，《图书馆杂志》

2015 年第 5 期。

杨晓彤、谢作如、钟如光：《网络空间支持的中小学创客教学模式研究》，《电化教育研究》2017 年第 1 期。

约翰·W. 麦耶、布利安·罗恩：《制度化的组织：作为神话与仪式的正式结构》，〔美〕沃尔特·W. 鲍威尔、〔美〕保罗·J. 迪马吉奥主编《组织分析的新制度主义》，姚伟译，上海人民出版社，2008。

杨现民：《建设创客课程："创课"的内涵、特征及设计框架》，《远程教育杂志》2016 年第 3 期。

阎光才：《识读大学：组织文化的视角》，教育科学出版社，2002。

赵冬梅、梁小帆：《关联主义学习理论视阈下创客教育研究》，《电化教育研究》2017 年第 11 期。

朱玉平、张学军：《基于 CDIO 理念的创客教育研究与实践》，《教育现代化》2017 年第 36 期。

周洋：《基于活动理论的高校创客教育：要素结构与实践策略》，《黑龙江工业学院学报》（综合版）2017 年第 11 期。

张茂聪、秦楠：《再论创客及创客教育》，《教育研究》2017 年第 12 期。

张斌贤：《超越"克雷明定义"：重新理解进步主义教育的出发点》，《清华大学教育研究》2018 年第 4 期。

张集胜：《杜威的社会观》，《当代教育评论》2018 年第 8 辑。

张斌贤、周梦圆：《儿童中心学校的兴起与美国教育变革》，《全球教育展望》2018 年第 10 期。

张斌贤：《呼唤专业化的杜威教育思想研究者》，《教育科学研究》2019 年第 5 期。

邹红军、杨伦、柳海民：《教育：个体建构意义世界的民主生活——杜威教育哲学的生活之维》，《教育理论与实践》2018 年第 10 期。

张华：《论杜威与中国教育改革》，《华东师范大学学报》（教育科学版）2019 年第 2 期。

张国清：《民主、科学与哲学——罗蒂对杜威哲学的解读》，《复旦学报》（社会科学版）2006 年第 1 期。

周娜：《陶行知的身心观及其教育影响》，《南京晓庄学院学报》2018年第5期。

仲建维、涂悦：《外来的杠杆：20世纪20年代中国教育改革中的杜威》，《华东师范大学学报》（教育科学版）2019年第2期。

张淑妹：《隐藏的教育目的——关于杜威教育思想的思考》，《教育伦理研究》2017年第00期。

赵可云、何克抗、王以宁：《杜威实用主义思想对教育技术实验研究的启示》，《开放教育研究》2010年第1期。

张乐梅、王正宏：《面向大学生创客的众创空间在线学习资源系统设计》，《中国教育信息化》2018年第9期。

赵呈领、申静洁、蒋志辉：《一种整合创客和STEM的教学模型建构研究》，《电化教育研究》2018年第9期。

郑燕林：《美国高校实施创客教育的路径分析》，《开放教育研究》2015年第3期。

张巧娜：《美国高校图书馆创客教育实践研究——以DeLaMare科学与工程图书馆为例》，《图书馆建设》2017年第10期。

张希胜、曾小娟：《美国高校图书馆创客空间构建的经验及其对国内的启示》，《大学图书情报学刊》2017年第3期。

曾路、郑湛、杨雅歌：《创客空间的商业化发展研究——以美国TechShop创客空间为例》，《图书馆理论与实践》2016年第8期。

张耀一：《创客空间运作：理论逻辑、模式选择及案例研究》，《江淮论坛》2017年第3期。

赵天闻：《高校创客空间的路径设计》，《教育现代化》2017年第38期。

张哲等：《高校学生创客空间采纳行为意向影响因素研究——以"数字媒体制作"创客空间为例》，《开放教育研究》2016年第1期。

张绍丽、郑晓齐：《高校众创空间构建及实现路径研究》，《现代教育管理》2017年第7期。

张伟、贾艳玲：《国内外众创空间发展研究》，《科技经济导刊》2018年第27期。

赵慢、戴维奇：《互联网思维下众创空间建设思考》，《科技创业月刊》2018 年第 3 期。

张玉利、白峰：《基于耗散理论的众创空间演进与优化研究》，《科学学与科学技术管理》2017 年第 1 期。

赵逸靖、千庆兰：《中国国家级众创空间分布特征与影响因素分析》，《广州大学学报》（自然科学版）2018 年第 3 期。

众创空间课题研究组：《众创空间——经济新常态下的一种发展趋势》，《科技智囊》2017 年第 12 期。

众创空间研究课题组：《众创空间的"前世今生"》，《科技智囊》2017 年第 11 期。

张九庆：《众创空间的空与实》，《中国科技论坛》2017 年第 1 期。

蔡宜旦：《从"创客"到"创业"：高校众创空间创业生态圈的构建》，《青少年研究与实践》2016 年第 4 期。

《2016 众创空间变革进入"深水区"》，《中国文化报》2016 年 12 月 31 日，第 5 版。

钟志贤：《促进学习者高阶思维发展的教学设计假设》，《电化教育研究》2004 年第 12 期。

赵永生、刘毳、赵春梅：《高阶思维能力与项目式教学》，《高等工程教育研究》2019 年第 6 期。

张茂聪等：《创客教育：本质、功能及现实反思》，《现代教育技术》2016 年第 2 期。

周雪光：《组织社会学十讲》，社会科学文献出版社，2003。

赵文平：《德国工程教育"学习工厂"模式评介》，《比较教育研究》2017 年第 6 期。

郑燕林：《美国高校实施创客教育的路径分析》，《开发教育研究》2015 年第 3 期。

周静、潘洪建：《美国 Tinker 教育：源起、内涵、演进与价值意蕴——兼对我国 STEM 及创客教育的启示》，《远程教育杂志》2019 年第 1 期。

郑燕林、李卢一：《技术支持的基于创造的学习——美国中小学创客教育的内涵、特征与实施路径》，《开发教育研究》2014 年第 6 期。

张茉楠：《国际创新创业发展战略新趋势及启示》，《宏观经济管理》2016 年第 1 期。

朱婕：《MINT 教育：德国经济发展的内驱动》，《开封教育学院学报》2019 年第 3 期。

张蓓：《英国工业 2050 战略重点》，《学习时报》2016 年 2 月 15 日，第 2 版。

曾韦蜻、刘敏榕：《高校图书馆创客空间定位与服务研究》，《数字图书馆论坛》2018 年第 2 期。

祝智庭、孙妍妍：《创客教育：信息技术使能的创新教育实践场》，《中国电化教育》2015 年第 1 期。

正非：《STEM 中学：孕育美国"科学、技术、工程和数学"创新人才的摇篮》，《中国民族教育》2013 年第 3 期。

二　英文文献

Abram, Stephen, "Makerspaces in Libraries, Education, and Beyond," *Internet@ Schools* 20 （2013）.

Ali, P. Zachary, et al., "The Value of Campus Collaboration for Higher Education Makerspaces," International Symposium on Academic Makerspaces, 2016.

Amabile, Teresa M., "The Social Psychology of Creativity: A Componential Conceptualization," *Journal of Personality and Social Psychology* 45 （1983）.

Ahn, In-Ja, and Younghee Noh, "A Study and Survey of the Perception towards Makerspaces of the Public Library," *International Journal of Knowledge Content Development & Technology* 8 （2018）.

Andrews, C., "Learning and Teaching in Library Makerspaces: A Literature Review on Making Literacies," International Symposium on Academic Makerspaces, 2017.

Blättel-Mink, Birgit, "MINT, The German National Initiative for More Women in SET: Interview with Barbara Schwarze, Coordinator of MINT,

Competence Center Technology – Diversity – Equal Chances, Inc. , Bielefeld, Germany," Equal Opportunities International, 2009.

Barrett, Thomas, et al. , "A Review of University Maker Spaces," Georgia Institute of Technology, 2015.

Blikstein, Paulo, Sylvia Libow Martinez, and Heather Allen Pang, eds. , *Meaningful Making: Projects and Inspirations for Fab labs + Makerspaces*, Constructing Modern Knowledge Press, 2016.

Bolman, Lee G. , and Terrence, E. Deal, *Modern Approaches to Understanding and Managing Organizations*, San Francisco: Jossey – Bass, 1984.

Bensimon, Estela M. , "The Meaning of 'Good Presidential Leadership': A Frame Analysis," *The Review of Higher Education* 12 (1989) .

Barrett, Thomas, et al. , "A Review of University Maker Spaces," 122nd Annual Conference & Exposition of the American Society for Engineering Education, Seattle, 2015.

Blikstein, Paulo, "Digital Fabrication and 'Making' in Education: The Democratization of Invention," *FabLabs: Of Machines, Makers and Inventors*, Bielefeld: Transcript Publishers, 2013.

Bird, Deborah, M. Arch, and Dip Teach, "We Are All in This together: Building a Network of Makerspaces in California Community Colleges," 2nd International Symposium on Academic Makerspaces, 2017.

Bowden, Jordan James, "Who Makes a Makerspace? Makerspace Governance in Toronto, Ontario, and London, Ontario," Ph. D. diss. , McGill University, McGill University, 2016.

Bullock, Shawn Michael, and Andrea J. Sator, "Maker Pedagogy and Science Teacher Education," *Journal of the Canadian Association for Curriculum Studies* 13 (2015) .

Buchman, Michael R. , and Daniel S. Dorsch, "Building Strategic Partnerships with Non – Maker Entities to Foster a Maker Culture," Proceedings of the 2nd International Symposium on Academic Makerspaces, Cleveland, 2017.

Böhm, Thomas, Christian Ramsauer, and Matthias Helmut Friessnig, "The

Role of Academic Makerspaces in Product Creation: Matching between Hardware Entrepreneur's Requests and Maker Movement Elements on Offer," Beitrag in International Symposiumon Academic Makerspaces, 2017.

Blackley, Susan, et al. , "Makerspace and Reflective Practice: Advancing Pre – service Teachers in STEM Education," *Australian Journal of Teacher Education* (*Online*) 42 (2017) .

Burke, John, "Making Sense: Can Makerspaces Work in Academic Libraries," Miami University Middletown, Proceedings of the ACRL 2015 Conference, 2015.

Benjes – Small, Candice, et al. , "Makerspace or Waste of Space: Charting a Course for Successful Academic Library Makerspaces," At the Helm: Leading Transformation, Proceedings of the ACRL Virtual Conference, Baltimore, MD: Association of College and Research Libraries, 2017.

"Ons Onderwijs 2032 Advisory Report," Bureau Platform Onderwijs 2032, Nederland : Impressed Druk, 2016.

Carruthers, Alex, "Bigger than Our Buildings: The Exciting Potential of Online Makerspaces," *Feliciter* 60 (2014) .

Chen, Chaomei, "CiteSpace II: Detecting and Visualizing Emerging Trends and Transient Patterns in Scientific Literature," *Journal of the American Society for Information Science and Technology* 57 (2006) .

Cohen, Jonathan D. , et al. , "Educators' Perceptions of a Maker – based Learning Experience," *The International Journal of Information and Learning Technology* (2017) .

Corbat, Josh. , "Teacher Education in the Makerspace: A Synthesis of Peripheral Literature," Culpepper, Martin L. , "Types of Academic Makerspaces, Their Import to the Education Mission, and the Characteristics of their Culture and Community," Proceedings of the 1st International Symposium on Academic Makerspaces, Paper No. 10, 2016.

Cooke, Malcolm, et al. , "Models for Curricular Integration of Higher Education Makerspaces," Proceedings of the 3rd International Symposium on Academic Makerspaces, Paper No. 22, 2018.

Culbertson, Kendall, et al., "10 Technologies and Resources for Maker-spaces," 2017.

Chris Anderson, *Makers: The New Industrial Revolution*, New York: Crown Publishing Group, 2012.

Denzin, Norman K., and Yvonna S. Lincoln, "Strategies of Qualitative Inquiry," Thousands Oaks, C. A.: Sage, 2008.

Douma et al., *Maker Education Theory and Practice in the Netherlands*, Nederland: Platform Maker Education, 2016.

Dougherty, Dale, *Free to Make: How the Maker Movement is Changing Our Schools, Our Jobs, and Our Minds*, North Atlantic Books, 2016.

Dougherty, Dale., "The Maker Movement," *Innovations: Technology, Governance, Globalization* 7 (2012).

Davies, E. V. A. N., R. Morris, and A. Jariwala., "Trust as the Foundation for a Successful Balance of Power in a Student Run Academic Makerspace," Proceedings of the International Symposium of Academic Makerspaces, 2017.

Dousay, Tonia, "An Evolving Makerspace for Teacher Education," *International Journal of Designs for Learning* 8 (2017).

Dowell, Zachary J., and Brie J. Lindsey, "Making Across the Curriculum: Multidisciplinary Making at Folsom Lake College," In Proceedings of 2nd ISAM, Paper No. 115, 2017.

Dugmore, Penny, H. Lindop, and B. Jacob, "Making the Makers: An Exploration of a Makerspace in a City Library," LIANZA Conference, 2014.

Forest, Craig, et al., "Quantitative Survey and Analysis of Five Maker Spaces at Large, Research – oriented Universities," American Society for Engineering Education Annual Conference Proceedings, 2016.

Feng – Tian, Q. I. A. O., "Results and Strategies of Maker Education in China's Basic Education," *DEStech Transactions on Social Science, Education and Human Science* (2017).

Forest, Craig R., et al., "The Invention Studio: A University Maker Space and Culture," *Advances in Engineering Education* 4 (2014).

Forest, Craig, et al., "Quantitative Survey and Analysis of Five Maker Spaces at Large, Research – oriented Universities," American Society for Engineering Education Annual Conference Proceedings, 2016.

Filippi, Margaux, and Daniel S. Dorsch, "Quantifying Success in a Student – run Makerspace: A CaseStudy and Survey – Based Analysis," Proceedings of the International Symposium on Academic Makerspaces, 2017.

Farritor, Shane, "University – based Makerspaces: A Source of Innovation," *Technology & Innovation* 19 (2017).

Feng – Tian Qiao, "Results and Strategies of Maker Education in China's Basic Education," 4th International Conference on Social Science, 2017.

Griffith, Marlene, and Ann Connor, "Democracy's Open Door: The Community College in America's Future," *Journal of Higher Education* (1994).

Grayburn, Jennifer, and Ammon Shepherd, "Beyond the Page: Outreach and Research in Academic Library Makerspaces," 2nd International Symposium for Academic Makerspaces, Case Western Reserve, Cleveland, O. H., 2017.

Galaleldin, Mohamed, et al., "The Impact of Makerspaces on Engineering Education," Proceedings of the Canadian Engineering Education Association, 2016.

Gershenfeld, Neil, "How to Make almost Anything: The Digital Fabrication Revolution," *Foreign Affaris* 91 (2012).

Gilbert, Jane, "Educational Makerspaces: Disruptive, Educative or Neither," *New Zealand Journal of Teachers' Work* 14 (2017).

Holzmann, Patrick, Erich Hartlieb, and Michael Roth, "From Engineer to Entrepreneur – Entrepreneurship Education for Engineering Students: The Case of the Entrepreneurial Campus Villach," *International Journal of Engineering Pedagogy* (*iJEP*) 8 (2018).

Haug, Carla, "Here's How We Did It: The Story of the EPL Makerspace," *Feliciter* 60 (2014).

Halverson, Erica Rosenfeld, Kimberly Sheridan, "The Maker Movement in Education," *Harvard Educational Review* 84 (2014).

Hsu, R., "The World is Ours to Make: The Impact of the Maker Movement," *EDN Network* (2015).

Haji, M. N., and M. Filippi, "Academic Makerspaces as Preparation for Careers in Industry," Proc. Int. Symp. Acadademic Makerspaces, 2018.

Imam, Ramy, Leonard Ferron, and Amit S. Jariwala, "A Review of the Data Collection Methods Used at Higher Education Makerspaces," 3rd International Symposium on Academic Makerspaces, 2018.

Imam, Ramy, et al., "Development and Impact of a Data Collection System for Academic Makerspaces," 2nd International Symposium on Academic Makerspaces, 2017.

Jeannette M. Wing, "Computational Thinking," *Communications of the ACM* 49 (2006).

Johnson, Larry, et al., "NMC Horizon Report: 2016 Higher Education Edition," *Journal of Guangzhou Open University* (2016).

Kim, Youngmoo E., et al., "Making Culture: A national Study of Education Makerspaces," Philadelphia, P. A.: Drexel University, 2018.

Kishbaugh, Aaron, "An Exploratory Case Study of Cross – disciplinary Project – based (ie maker) Curricula as a Catalyst for Entrepreneurship," International Symposium on Academic Makerspaces Paper, 2018.

Lawrence, Tom M., "IUPUC Spatial Innovation Lab 2nd International Symposium on Academic Makerspaces." ISAM 2017, Paper No. 107.

Law, John, et al., "Policy and the Mapping of Scientific Change: A Co – word Analysis of Research into Environmental Acidification," *Scientometrics* 14 (1988).

Levy, Bryan, et al., "MAKER: How to Make a University Maker Space," Proceedings from 2016 ASEE Annual Conference & Exposition, New Orleans, Louisiana, 2016.

Lewis, Arthur, and David Smith, "Defining Higher Order Thinking," *Theory into Practice* 32 (1993).

Lindsey, B., and M. D. DeCillis, "The Maker Movement and K – 12 Education: Current Status and Opportunities for Engagement in California," California Council on Science and Technology, 2017.

Lanci, Sarah, et al. , "Developing a Measure of Engineering Students' Makerspace Learning, Perceptions, and Interactions," American Society of Engineering Education, 2018.

Lagoudas, M. Z. , et al. , "Assessing Impact of Maker Space on Student Learning," 2016 ASEE Annual Conference & Exposition Proceedings, 2016.

L. S. Vygotsky, *Mind in Society*, Cambridge: Harvard University Press, 1978.

Martinez, Sylvia Libow, and Gary Stager, *Invent to learn: Making, Tinkering, and Engineering in the Classroom*, California: Construting Modern Knowledge, 2013.

Matthews, Mark, "Sink or Swim: A Novel Engineering Course Embeds Rigorous Math and Physics in Project – based Learning," *ASEE Prism* 26 (2016) .

Miles, Matthew B. , A. Michael Huberman, and Johnny Saldaña, *Qualitative Data Analysis: A Methods Sourcebook*, Thousand Oaks, C. A. : Sage, 2014.

Markham, Thom, "Project based Learning a Bridge just Far Enough," *Teacher Librarian* 39 (2011) .

McDonald, Fiona, et al. , "Makerspaces and the Remaking of Higher Education," Higher Education Research and Development Society of Australasia Inc. , 2016.

Martin, Lee, "The Promise of the Maker Movement for Mducation," *Journal of Pre – College Engineering Education Research* (*J – PEER*) 5 (2015) .

Memon, Basit, Anzar Khaliq, and Gulraiz Khan, "Making Engineers Relevant (again) in Our Neck of the Woods ISAM," In Prodeedings of the 2nd ISAM, Paper No. 100, 2017.

Meyer, Bill, et al. , "What is Independent Learning and What Are the Benefits for Students," Department for Children, Schools and Families Research Report, 2008.

Musick Peery, Katie, and Morgan Chivers, "Intentionally Cultivating Diverse Community for Radically Open Access Makerspaces," In Praceedings of the 3rd ISAM, Paper No. 16, 2018.

Mark Hatch, *The Maker Movement Manifesto*, New York: McGraw – Hill, 2014.

Malcolm, Cooke and Craig R. Forest, "Models for Curricular Integration of Higher Education Makerspaces," ISAM, 2018.

Nilsson, Elisabet M. , "The Making of a Maker – space for Open Innovation, Knowledge Sharing and Peer – to – Peer Learning," *Designs on E – learning*, *Helsinki, Finland* (2011) .

O'Connell, Brian, "Going from Curious to Maker: New User Experiences in a University Makerspace," Proceedings of Open, the Annual Conference, National Collegiate Inventors and Innovators Alliance, 2015.

Okerlund, Johanna, et al. , "Towards a Design Space of Short – session Making Workshops for Middle School – aged Students," International Symposium on Academic Makerspaces, 2018.

Sleigh, Andrew, et al. , "Open Dataset of UK Makerspaces: AUser's Guide," London: Nesta, 2015.

Papavlasopoulou, Sofia, Michail N. Giannakos, and Letizia Jaccheri, "Empirical Studies on the Maker Movement, a Promising Approach to Learning: A literature Review," *Entertainment Computing* 18 (2017) .

Pepper – Kittredge, Carol, and Paul DeVoe, "Creating a Network of Community Colleges with Makerspaces: California's CCC Maker Model," Proceedings of the 1st International Symposium on Academic Makerspaces, 2016.

Peery, Morgan Chivers1and Katie Musick, "Walking the Walk: Iterative Design in Student Staff Service Learning Projects," In Proceedings of the 2nd ISAM, Paper No. 70, 2017.

Peters, Dane L. , "Making" is Montessori 2. 0: An Interview with Dale Dougherty," *Montessori Life* 29 (2018) .

Pepper – Kittredge, Carol, Deborah Bird, and Brie Lindsey, "Growing A Network of Makerspaces in California Community Colleges: Moving Towards Implementation and Adoption," Proceedings of the 3rd International Symposium on Academic Makerspaces, 2018.

Pepper – Kittredge, Carol, and Paul DeVoe, "Creating a Network of Community Colleges with Makerspaces: California's CCC Maker Model," Proceedings of the 1st International Symposium on Academic Makerspaces, 2016.

Rodgers, Lennon, and Karl Williamson, "Quantifying the Changes in Shop – user Demographics and Interdisciplinary Activity after a Makerspace was Added," Proceedings of International Symposium on Academic Makerspaces, 2018.

Rosenbaum, L. F., and B. Hartmann, "Making Connections: Project Courses Improve Design Self – efficacy and Interdisciplinary Awareness," Proceedings of International Symposium on Academic Makerspaces, Aug 3 – 5, 2018.

Rouse, Rob, Katie Krummeck, and Rickey Crum, "University Makerspaces as Workplaces for K – 12 STEMEducators," Proceedings of the International Symposium on Academic Makerspaces Conference, 2017.

Rupert, N., and Jariwala Amit, S., "Development of a Smartphone Application for Makerspace Management," Proceedings of the 3rd International Symposium on Academic Makerspaces, 2018.

Rieken, Finn, et al., "Corporate Makerspaces as Innovation Driver in Companies: A Literature Review – based Framework," *Journal of Manufacturing Technology Management* (2019).

Reis, Dan, "Kickbox – A Personal Innovation Kit for Student Makers ISAM," In Proceedings of the 2nd ISAM, Paper No. 47, 2017.

Rosenbaum, L. F., and Hartmann, B., "Making Connections: Project Courses Improve Design Self – efficacy and Interdisciplinary Awareness," Proceedings of International Symposium on Academic Makerspaces, 2018.

Rouse, Rob, et al., "Extending the Reach of Academic Makerspaces into K – 12 Schools: Delivering Maker – Based Instruction with a Mobile Makerspace," International Symposium on Academic Makerspaces, 2018.

Rutherford, Amanda C., Matthew Griffin, and Brad Stanton, "Moving Towards a Diverse University Maker Culture ISAM," Proceedings of the 2nd International Symposium on Academic Makerspaces, Paper No. 36, 2017.

Santella, Anthony P., et al., "Creating an I & E Accelerator to Spark and

Develop Impactful Student Ideas in a Makerspace," In Proceedings of the 2nd ISAM, Paper No. 118, 2017.

Santo, Rafi, et al. , "Maybe a Maker Space? Organizational Learning about Maker Education within a Regional Out – of – school Network," *HRL Makerspace Expansive Learning Fablearn Submission* (2015) .

Schoop, Eldon, et al. , "MakerLens: What Sign – in, Reservation and Training Data Can (and Cannot) Tell You about Your Makerspace," Proceedings of the 3rd International Symposium on Academic Makerspaces, Paper No.06, 2018.

Schrock, Andrew Richard, " 'Education in Disguise': Culture of a Hacker and Maker Space," *InterActions: UCLA Journal of Education and Information Studies* 10 (2014) .

Shea, Pip, "Hacker Agency and the Raspberry Pi: Informal Education and Social Innovation in a Belfast Makerspace," *Making Our World: The Hacker and Maker Movements* (2016) .

Sheridan, Kimberly, et al. , "Learning in the Making: A Comparative Case Study of Three Makerspaces," *Harvard Educational Review* 84 (2014) .

Sleigh, Andrew, Hannah Stewart, and Kathleen Stokes, "Open Dataset of UK Makerspaces a User's Guide," London: Nesta, 2015.

Sullivan, Patricia, et al. , "Transiting to a Student – managed Maker Space," Venture Well Proceedings of Open, the Annual Conference, National Collegiate Inventors & Innovators Alliance, 2016.

Svanæs, Dag. , "A Maker Approach to Computer Science Education: Lessons Learned from a First – year University Course," *Workshop of Making as a Pathway to Foster Joyful Engagement and Creativity in Learning* (2015) .

Sweeny, Robert W. , "Making and Breaking in an Art Education Makerspace," *Journal of Innovation and Entrepreneurship* 6 (2017) .

Tan, Mingjie, Yongqi Yang, and Ping Yu. , "The Influence of the Maker Movement on Engineering and Technology Education," *World Transactions on Engineering and Technology Education* 14 (2016)

Terranova, Brandon, Lunal Khuon, and A. Fontecchio, "Makerspaces First:

A First – year Engineering Program in an Academic Makerspace," Proceedings of the 2nd International Symposium on Academic Makerspaces, Paper No. 120, 2017.

Tham, J. , "Writing in the Making: Integrating Design Thinking, Collaboration, and Material Literacy with Technical Writing Pedagogy," Proceedings of the 2nd International Symposium on Academic Makerspaces, Paper No. 48, 2017.

Tierney, William G. , " Organizational Culture in Higher Education: Defining the Essentials," *The Journal of Higher Education* 59 (1988).

Torralba, Juan, et al. , "Developing an Engineering Identity through Immersive Design Challenges in Academic Makerspaces: A Qualitative Case Study," Conference: American Society for Engineering Education – 126th Annual Conference and Exposition, 2019.

Tomko, M. , et al. , "Observations on Guiding Principles, or Best Practices, in University Makerspaces," Proceedings of the 2nd International Symposium on Academic Ma-kerspaces, Paper No. 56, 2017.

Van der Poel, J. , et al. , "Maker Education – theory and Practice in the Netherlands: White Paper for Platform Maker Education Netherlands," *Waag Technology & Society* (2016).

Wallace, Martin K. , et al. , "Maker Competencies and the Undergraduate Curriculum," Proceedings of the 3rd International Symposium on Academic Makerspaces, Paper No. 05, 2018.

Wallace, Martin K. , et al. , "Making Maker Literacies: Integrating Academic Library Makerspaces into the Undergraduate Curriculum," Proceedings of the 2nd International Symposium on Academic Makerspaces, Paper No. 61, 2017.

Whyte, Jess, and Chelsea Misquith, "By Invitation Only: The Role of Personal Relationships in Creating an Inclusive Makerspace Environment," International Symposium on Academic Makerspaces, 2017.

Wilczynski, Vincent, and Malcolm N. Cooke. , "Identifying and Sharing Best Practices in International Higher Education Makerspaces," *ASEE Annual Conference & Exposition* (2017).

Wilczynski, Vincent, and Andrew McLaughlin, "Similarities and Differences between Academic Centers for Entrepreneurship, Innovation, and Making," Proceedings of International Symposium on Academic Makerspaces, Cleveland, Ohio, 2017.

Wilczynski, Vincent, "A Classification System for Higher Education Maker-spaces," ASEE Annual Conference Proceedings, 2017.

Wilczynski, Vincent, et al., "The Value of Higher Education Academic Makerspaces for Accreditation and Beyond," *Planning for Higher Education* 46 (2017).

Wilczynski, Vincent, and Aaron Hoover, "Classifying Academic Makerspaces: Applied at ISAM 2017," Proceedings of the International Symposium on Academic Makerspaces, 2017.

Wilczynski, Vincent, and Malcolm N. Cooke, "Identifying and Sharing Best Practices in International Higher Education Makerspaces," ASEE Annual Conference & Exposition, Columbus, O. H., 2017.

Wilczynski, Vincent, and Ronald Adrezin, "Higher Education Makerspaces and Engineering Education," ASME 2016 International Mechanical Engineering Congress and Exposition, American Society of Mechanical Engineers Digital Collection, 2016.

Wong, Anne, and Helen Partridge., "Making as Learning: Makerspaces in Universities," *Australian Academic & Research Libraries* 47 (2016).

Wong – Welch, Jenny, "Build IT @ SDSU Library, Insights from an Academic Library Student – run Makerspace," FabLearn 2015 Conference on Creativity and Fabrication in Education, Stanford University, 2015.

Xing, Bo, and Tshilidzi Marwala, "Implications of the Fourth Industrial Age for Higher Education," *Tp chí Nghiên cu dn tc* (2017).

Yi, Fang, and Melinda Baumann, "Guiding principles for Designing an Accessible, Inclusive, and Diverse Library Makerspace," International Symposium on Academic Makerspaces, 2018.

三　网络资源

《创新创业教育汇聚中国新动能》，中华人民共和国教育部网站，2019 年 10 月 10 日，http：//www. moe. gov. cn/fbh/live/2019/51300/sfcl/201910/t20 191010_402406. html。

《第五届大学生创新创业大赛 457 万人参赛创历史新高》，《新京报》 2019 年 10 月 10 日，https：//baijiahao. baidu. com/s？id＝164698655343897 6236&wfr＝spider&for＝pc。

《关于印发山东省学校创客空间建设指导意见的通知》，山东省教育厅 （省委教育工委）网站，2017 年 3 月 15 日，http：//edu. shandong. gov. cn/ art/2017/3/15/art_11990_7738935. html。

《国务院办公厅关于发展众创空间推进大众创新创业的指导意见》，中国 政府网，2015 年 3 月 11 日，http：//www. gov. cn/zhengce/content/2015 - 03/11/content_9519. htm。

《国务院关于大力推进大众创业万众创新若干政策措施的意见》，中国 政府网，2015 年 6 月 16 日，http：//www. gov. cn/zhengce/content/2015 - 06/16/content_9855. htm。

《国务院关于推动创新创业高质量发展打造"双创"升级版的意见》， 中国政府网，2018 年 9 月 26 日，http：//www. gov. cn/zhengce/content/ 2018 - 09/26/content_5325472. htm。

《教育部办公厅关于征求对〈关于"十三五"期间全面深入推进教育 信息化工作的指导意见（征求意见稿）〉意见的通知》，中华人民共和国教 育部网站，2015 年 9 月 2 日，http//www. moe. edu. cn/srcsite/A16/s3342/ 201509/t20150907_206045. html。

《介绍深化高校创新创业教育改革及中国"互联网＋"大学生创新创 业大赛以赛促创、以赛促教有关情况》，中华人民共和国教育部网站， 2019 年 10 月 10 日，http：//www. moe. gov. cn/fbh/live/2019/51300/。

《科技部关于印发〈发展众创空间工作指引〉的通知》，中华人民共和 国科学技术部网站，2015 年 9 月 8 日，http：//www. most. gov. cn/mostinfo/

xinxifenlei/fgzc/gfxwj/gfxwj2015/201509/t20150914_121587. htm。

清华创客空间官网，2019 年 12 月 30 日，http：//www. thumaker. cn/。

《全国高校广泛开展创新创业教育——种下追逐梦想的种子》，新华网，2019 年 10 月 27 日，http：//www. xinhuanet. com/politics/2019 - 10/27/c_1125157000. htm。

维基百科，2013 年 4 月 8 日，http：zh. wikipedia. org/wik - i/% E9% BB % 91% E5% AE % A2% E7% A9% BA% E9% 97% B4。

温州大学创新创业学院官网，http：//edu. shandong. gov. cn/art/2017/3/15/art_11990_7738935. html。

《习近平：决胜全面建成小康社会 夺取新时代中国特色社会主义伟大胜利——中国共产党第十九次全国代表大会报告》，新华网，2017 年 10 月 27 日，http：//www. xinhuanet. com//politics/19cpcnc/2017 - 10/27/c_11218675 29. htm。

徐思彦：《初访 Artisan's Asylum：车库俱乐部》，2014 年 5 月 8 日，http：//www. Leiphone. com/us - hackerspace - tour - artisans - asylum. html。

《中国"互联网+"大学生创新创业大赛举办五年》，中华人民共和国教育部网站，2019 年 10 月 2 日，http：//www. moe. gov. cn/fbh/live/2019/51300/mtbd/201910/t20191012_402886. html。

《中国"互联网+"大学生创新创业大赛：创新创业的实践课》，中国经济网，2019 年 10 月 12 日，http：//district. ce. cn/newarea/roll/201910/12/t20191012_33325158. shtml。

《中国科学院国家科学图书馆打造创意空间的实践》，2013 年 7 月 28 日，http：//kan. we ibo. com/con/3604788806544179。

《2018 清华大学"创客日"暨"创响中国"活动举办》，清华大学新闻网，2018 年 11 月 30 日，http：//news. tsinghua. edu. cn/publish/thunews/9649/2018/20181129095941221878832/20181129095941221878832. html。

"A Blueprint：Maker Programs for Youth," New York Hall of Science, http：//nysci. org/wp - content/uploads/nysci _ maker _ blueprint. pdf, 2015 - 5 - 13.

Alexander Nikolas Walzer, "Fab Academy," http：//www. fabacademy.

org/archives/nodes/barcelona/index. html, 2015 – 04 – 20.

Biomedical Engineering, Mechanical Engineering and Materials Science, "Student – Built Device Clears the Way For Surgeons," https：//seas. yale. edu/news – events/news/student – built – device – clears – way – surgeons, 2019 – 11 – 11.

Bonime W. , "World Maker Faire Comes To New York, How the Maker Movement Is Solving Diversity in Tech", https：//www. forbes. com/sites/westernbonime/2018/08/26/world – maker – faire – comes – to – new – york – how – the – maker – movement – is – solving – diversity – in – tech/#4f02533e71c7, 2018 – 08 – 26.

Castleton State University, "Join the Maker Movement with 3D Printing," http：//www. Castleton. edu/academics/professional development continuing education, 2015 – 04 – 20.

Catherine, Davidson, "State of Making Report (MakeSchools Higher Education Alliance)," http：//www. wtoutiao. com/p/wacoPI. html.

"Course Descriptions," http：//jacobsinstitute. berkeley. edu/learn/courses/, 2019 – 11 – 1.

"Current Courses," http：//ceid. yale. edu/about – 1/#courses, 2019 – 10 – 11.

Dian Schaffhauser, "12 Technologies To Dominate STEM Education," http：//campustechnology. com/articles/2013/10/21/12 – technologies – to – dominate – stem – education. aspx, 2015 – 6 – 20.

"Drexel's ExCITe Center Releases First National Study of K – 12 Education Makerspaces," https：//drexel. edu/now/archive/2018/June/ExCITe – Center – Release – National – Study – k – 12 – Education Makerspaces/, 2019 – 1 – 8.

Emily Harris, Mark Winterbottom, Maria Xanthoudaki, Inka de Pijer, "A Practitioner Guide for Developing and Implementing Tinkering Activities," https：//www. researchgate. net/publication/306066132 _ A _ PRACTITIONER _ GUIDE _ FOR _ DEVELOPING _ AND _ IMPLEMENTING _ TINKERING _ ACTIVITIES, 2018 – 7 – 12.

"EXCITE Center, Making Culuture. A National Study of Education Makerspaces," https://drexel. edu/excite/engagement/learning – innovation/making – culture – report/.

"Fact Sheet: President Obama Announces Over $240 Million in New STEM Commitments at the 2015 White House Science Fair," https://www. whitehouse. gov/the – press – office/2015/03/23/fact – sheet – president – obama – announces – over – 240 – million – new – stem – commitmen, 2015 – 2 – 23.

FAB9, "The Maker Movement: How Hackerspaces, Makerspaces, and Fab Labs are Revolutionising the Way We Make and Live," https://medium. com/@ fab9au/the – maker – movement – a550e68a9ad3, 2018 – 8 – 20.

Goli Mohammadi, "Maker Movement Blossoms in Germany," https:// makezine. com/2015/06/03/maker – movement – blossoms – germany/, 2015 – 6 – 3.

Heather Michele Moorefield – Lang, "When Makerspaces Go Mobile: Case Studies of Transportable Maker Locations," *Library Hi Tech* 33 (2015), https://doi. org/10. 1108/LHT – 06 – 2015 – 0061.

"How to Sync Your Makerspace With Your Curriculum," https://rossier online. usc. edu/maker – education/sync – with – curriculum/, 2019 – 10 – 15.

"Innovation Station: Creat'R Lab Serves as Testing Ground for New Ideas," https://medium. com/ucr – magazine/innovation – station – d2174df64481.

"I Maker Mobile Partners with the City of Moreno Valley," https:// cccmaker. com/imake – mobile – partners – with – the – city – of – moreno – valley/.

"Innovation Place: Creat'R Lab," https://library. ucr. edu/research – services/creativity – and – discovery/creatr – lab.

"Innovation Place: Creat'R Lab," https://library. ucr. edu/research – services/creativity – and – discovery/creatr – lab.

"Jump – staring Startups in the Creat'R Lab," Retrieved from https://libr ary. ucr. edu/about/news/jump – starting – startups – in – the – creatr – lab, 2019 – 8 – 12.

Jones, S., "More Than an Intervention: Strategies for Increasing Diversity and Inclusion in STEM," *Journal for Multicultural Education* 10 (2016), https://doi. org/10. 1108/JME – 12 – 2015 – 0046.

Kurti, R. S., Kurti, D., Fleming, L., "Practical ImplEmentation of an Educational Makerspace: Part 3 of Making an Educational Makerspace," *Teacher Librarian* 42 (2014), http://www. teacherlibrarian. com/2014/12/17/educational – makerspaces – 2/.

Kall T., Miller J., "Announcing the First White House Maker Faire," https://obamawhitehouse. archives. gov/blog/2014/02/03/announcing – first – white – house – maker – faire, 2014 – 2 – 3.

Karien Verméulen, "Proceedings of Fab Learn Netherlands 2018," http://fablab. nl/proceedings – of – fablearn – netherlan9ds – 2018/, 2018 – 9 – 25.

"Leading the Maker Movement," http://makermedia. com, 2015 – 4 – 20.

"List of Hacker Spaces," https://wiki. hackerspaces. org/List_of_Hacker_Spaces, 2019 – 6 – 6.

"Library Journal," http://www. thedigitalshift. com/2013/10/k – 12/community – is – key – to – successful – library – maker – spaces – the – digital – shift – 2013/.

"Maker Faire UK," http://www. makerfaireuk. com/, 2016 – 11 – 5.

Martinez. S., Stager G. S., "How the Maker Movement is Transforming Education," http://www. weareteachers. com. /Hot topics/special reports/how – the – maker – movement – is – transformingeducation, 2019 – 8 – 20.

McCue, R., "Flipping the Makerspace to Maximizing Active Learning Time in Introductory Workshops," Presentation at International Symposium on Academic Makerspaces, Cleveland, O. H., 2017, https://dspace. library. uvic. ca/handle/1828/8619.

"Maker Education," https://en. wikipedia. org/wiki/Maker_education. "The Maker Education Initiative' Smission", http://maker. org/about – us/mission, 2015 – 4 – 17.

"MIT Facts 2019: Makerspaces," https://web. mit. edu/facts/makerspaces.

html.

"Moreno Valley College: I Maker Innovation Center," https://mvcs temssc. com/micenter/.

"MIT Facts 2019: Makerspaces," https://web. mit. edu/facts/makerspaces. html.

Makowski Emily, "Welcome to The Deep: A New Creative Space Opens as Maker Culture Continues to Thrive at MIT," http://news. mit. edu/2019/ mit – welcome – to – the – deep – new – project – manus – makerspace – 0408, 2019 – 4 – 8.

"MIT Project Manus Making the Future: MIT's Maker Culture and the Metropolitan Warehouse Makerspace," https://betterworld. mit. edu/making – the – future – mits – maker – culture – and – the – metropolitan – warehouse – makerspace/.

Makerscene, "Overzicht Van Makerspaces, Fablabs Hackerspaces," https:// www. makerscene. io/, 2018 – 12 – 10.

"National Science and Technology Council Federal Science, Technology, Engineering, and Mathematics (STEM) Education 5 – Year Strategic Plan," Committee on STEM Education, http://www. whitehouse. gov/sites/default/ files/microsites/ostp/stem_stratplan_2013, 2015 – 6 – 17.

"Nesta Digital Makers," http://www. nesta. Org. uk/project/digital – makers/, 2018 – 5.

"Nation of Makers," https://obamawhitehouse. archives. gov/nation – of – makers, 2019 – 8 – 26.

"New Brunswick Government. Funding to Support Innovation, Hands – on Learning in Schools," https://www2. gnb. ca/content/gnb/en/news/news _ release. 2019. 09. 0512. html, 2019 – 9 – 25.

"Nation of Makers", https://obamawhitehouse. archives. gov/nation – of – makers, 2019 – 1 – 8.

"New Commitments in Support of the President's Nation of Makers Initiative to kick off 2016 National Week of Making," https://www. whitehouse. gov/

the – press – office/2016/06/17/fact – sheet – new – commitments – support – presidents – nation – makers – initiative，2016 – 9 – 10.

"Project Manus Catalyst Fund：How to Best Support Project Manus，" http：//project – manus. mit. edu/wp – content/uploads/2018/07/Project – Manus – Catalyst – Fund_Final. pdf.

"Project Manus：MakerLodge，" https：//project – manus. mit. edu/maker – lodge.

Plemmons，A.，"Teachers in the Makerspace：An Exploration Experiment，" Expect the Miraculous http：//expectmiraculous. com/2015/02/17/teachers – in – the – makerspace – an – exploration – experiment/.

Peterson，K. M.，"Community is key to Successful Library Make Spaces，" http：//www. edutopia. org/blog/6 – strategies – funding – makerspace – paloma – garcia – lopez，2013.

"President Obama launches 'Educate to Innovate' Campaign for Excellence in Science，Technology，Engineering & Math（Stem）Education，" https：//www. white house. gov，2014.

"Project Manus：MakerLodge，" https：//project – manu s. mit. edu/maker – lodge，2019 – 8 – 12.

Staff M. E.，"Making Change & Taking Stock：How the Maker VISTA Program Impacted Schools & Communities，" https：//makered. org/blog/maker – vista – program – impact – schools – communities/，2019 – 1 – 15.

"Teaming Process，" https：//www. teamingxdesign. com/team – process，2019 – 10 – 1.

"The Make Impact Consortium，" https：//makeimpactconsor tium. com/about – us/.

"Tinkering Fundamentals：Motion and Mechanisms，" https：//www. coursera. org/lecture/tinkering – motion – mechanisms/motion – and – mechanisms – activities – UlkJT，2018 – 6 – 30.

"The Weissman Foundry，" https：//www. foundry. babson. edu/the – weissman – foundry，2019 – 11 – 11.

Tom Kalil, Roberto Rodriguez, "Building a Nation of Makers, https：// www. whitehouse. gov/blog/2015/05/04/building － nation － makers, 2015 － 6 － 21.

"The Make Impact Consortium," https：//makeimpactconsor tium. com/ about － us/.

The White House, "Remarks by the President at the National Academy of Sciences Annual Meeting," https：//www. energy. gov/articles/remarks － presi dent － national － academy － sciences － annual － meeting, 2009 － 04 － 27.

"The Competitiveness and Innovative Capacity of the United States," U. S. Department of Commence, http//www. commerce. gov/sites/default/files/ documents/2012/january/competes_010511_0. pdf.

Vossoughi, S. & Bevan, B. , "Making and Tinkering：A Review of the Literature," Commissioned Paper for Successful Out － of School STEM Lear- ning：A Consensus Study, Board on Science Education, National Research Council, Washington, DC, http：//sites. nationalacademies. org/cs/groups/dbass esite/documents/webpage/dbasse_089888. pdf, 2014.

Western Bonime, "World Maker Faire Comes to New York, How the Maker Movement is Solving Diversity in Tech," https：//www. forbes. com/ sites/westernbonime/2018/08/26/world － maker － faire － comes － to － new － york － how － the － maker － movement － is － solving － diversity － in － tech/# 68a1da0371c7, 2018 － 08 － 26.

Waag Society, "Petitie：Maken Moet Weer Terug in Het Onderwijs," https：//waag. org/nl/article/petitie － maken － moet － weer － terug － het － onderwijs, 2014 － 04 － 11.

致　谢

　　历时三年，这部书稿终告完成。细细思量起来，从参与导师赵中建教授的"欧盟创新政策热点问题研究"算起，我了解并涉入"创新、创业与高等教育的变革"这一宏大主题，已有十余年的时间了，我陆续选取了"研究型大学与美国国家创新系统的演进""创新驱动引领下的中国高等教育变革""创业教育的内生演进与组织变革""教育创客空间的价值理念与实践路径"等作为自己的研究主题。掩卷思量，饮水思源，在此谨表达本人对恩师华东师范大学赵中建教授、北京师范大学刘宝存教授、杭州师范大学黄兆信教授、美国威斯康星大学麦迪逊分校 Thomas. S. Popkewitz 教授、Adam R. Nelson 教授、Clifton Conrad 教授的拳拳谢意。

　　创新、创业、创客教育这一领域的研究，天然地具备了多学科交叉的特征：它既要求研究者具备一定的管理学、经济学、教育学，乃至经济史与心理学的知识，又是一个具有庞大内容结构与实践导向的新兴领域。对任何一个试图进入这个领域的研究者而言，他们所面临的挑战都是巨大的。首先，研究者要有一种"不求甚解，观其大略"的格局，在促进创新与创业的人类近现代发展史的视野下，通过历时性的梳理与共时性的比较，来获得一种创新创业是如何影响高等教育变革的"思维导图"。其次，我们今天所说的"创新创业教育"，就其词源而言，则需要研究者分别对"创新"和"创业"的概念溯源进行严谨的讨论与界定，进而对二者之间的关系进行学理性分析。最后，研究者要具有较强的学科整合能力与团队合作能力，综合运用多学科的方法研究创新创业教育。虽然本书的写作建立在自己多年来深耕于创新创业教育领域的基础之上，但笔者仍然时时感受到一种强烈的"学无止境"与"力有不逮"的压力，应该说，倘若没有课题组成员的倾力协助，本书不可能付梓，现一并致谢。

　　首先，本书的完成要特别感谢杭州师范大学的黄兆信教授。黄兆信教授是国内最早的进入创业教育领域并持续开展理论研究与实践探索的学者。如果说攻读博士学位期间的研究我更多关注的是从创新的角度理解美国高等教育的发展史，那么正是在工作之初的几年中，黄兆信教授带领我进入了对中国高校创业教育的实践探索之中，从而使创新与创业教育之间研究的结合成为可能。黄兆信教授严谨务实的学术态度、对创新创业教育经久热诚的研究热情、20年坚持专注此领域的研究态度，极大地提升了中国创新创业教育研究的理论水平，丰富了该领域的实践探索。本课题的研究关注于教育创客空间的领域，在研究实施与著作撰写过程中，黄教授给予了充分的支持、帮助与肯定，在此表达深深的谢意。

　　其次，本书的撰写离不开诸多师友及团队成员的支持。在此，我要感谢韩国群山大学创业系的杨庆梅博士，她在课题研究过程中提供了大量丰富的研究文献，特别是在案例研究的部分，对美国教育创客空间的课程形态与学习机制的内容进行了全面的梳理。感谢我的同门周蕾博士，她利用自己在美国访学的便利条件，为本课题的进行提供了大量前沿的、鲜活的案例素材及文献资料。特别是在她本人也面临博士学位论文写作的巨大压力下，依然积极参与这项课题并牵头完成美国高校教育创客空间的案例比较部分，我表示衷心的感谢。同时，也非常感谢我的硕士研究生郭宇、章珍珍两位同学，对创客研究的文献综述、文献计量学分析部分做出了重要的贡献。两位同学合作完成了课题前期的文献资料综述章节，特别是利用专业知识进行了国际国内创客研究的文献计量学分析，有力地支撑了本课题的后期研究。对于上述几位同学在本书写作过程中的支持，我表示诚挚的谢意。感谢章珍珍同学在书稿整体校对方面付出的辛勤努力。谢谢你们！

　　在本书的出版过程中，我还要感谢全国教育科学规划课题办公室的项目及经费支持，感谢温州大学人文社科处的支持，感谢温州大学教育学院对课题研究的支持，感谢社会科学文献出版社史晓琳女士对本书选题的认可及编辑过程中耐心细致、严谨踏实的指导帮助。感谢顾萌编辑为本书的最终面世，所做的一切努力。

王志强

2021年12月20日于茶山明心湖畔

图书在版编目（CIP）数据

培育未来的智造者：高校创客空间的理念逻辑与运行机制/王志强等著．--北京：社会科学文献出版社，2022.2

ISBN 978 - 7 - 5201 - 9773 - 1

Ⅰ.①培…　Ⅱ.①王…　Ⅲ.①高等学校 - 创造教育 - 研究 - 中国　Ⅳ.①G640

中国版本图书馆 CIP 数据核字（2022）第 027825 号

培育未来的智造者：高校创客空间的理念逻辑与运行机制

著　　者 / 王志强 等

出 版 人 / 王利民
责任编辑 / 史晓琳　梁力匀
文稿编辑 / 顾　萌
责任印制 / 王京美

出　　版 / 社会科学文献出版社·国际出版分社（010）59367142
　　　　　地址：北京市北三环中路甲 29 号院华龙大厦　邮编：100029
　　　　　网址：www. ssap. com. cn
发　　行 / 社会科学文献出版社（010）59367028
印　　装 / 三河市龙林印务有限公司

规　　格 / 开本：787mm × 1092mm　1/16
　　　　　印 张：18.5　字 数：291 千字
版　　次 / 2022 年 2 月第 1 版　2022 年 2 月第 1 次印刷
书　　号 / ISBN 978 - 7 - 5201 - 9773 - 1
定　　价 / 128. 00 元

读者服务电话：4008918866